영유아과학교육

유칠선 · 김희영 · 김현령 · 최유경 · 김채연

창지사

머리말

급속하게 변화하는 4차 산업혁명 시대 속에서 우리는 인공지능, 로봇기술, 생명과학이 주도하는 일상생활의 급격한 변화를 경험하고 있다. 4차 산업혁명이 요구하는 창의 · 융합형 인재는 인문학적 상상력과 과학기술 창조력을 갖추고 바른 인성을 기반으로 새로운 지식을 창조하며, 지식을 융합하여 새로운 가치를 창출할 수 있는 사람이다. 이러한 창의 · 융합형 인재 양성은 경제, 정치, 산업에 영향을 미칠 뿐 아니라 나라의 국력을 결정하는 중요한 요인임을 알 수 있다.

이러한 창의 · 융합형 인재 양성은 2019 개정 누리과정의 놀이중심 교육과 개정 누리과정 후속 조치 사업 등에서 강조하듯이, 영유아가 생활 속에서 놀이를 통해 배우는 실제 내용을 존중하고 지원해 가면서 자연스럽게 유아중심 · 놀이중심 교육과정을 실천하는 것을 통해서 가능하다. 따라서 저자들은 유아교육현장에서 교사가 영유아와 함께 놀이하고, 영유아의 자발적 · 창의적인 놀이를 지원하며 접근할 때 과학은 '실험하는 것', '어려운 것'이 아니라 '쉽다', '재미있다', '자연을 관찰하고 놀이하는 것'이라고 떠올릴 수 있을까? 를 고민했던 질문이 이 책의 주요 내용이 되었다.

이 책에서는 영유아의 일상생활에서 볼 수 있고 쉽게 경험할 수 있는 여러 현상에 대하여 능동적인 과학감각을 길러 주고 창의적인 방법으로 생각하여 일상생활 속에서 놀이를 통해 탐색할 것을 강조하고 있다. 또한 시대적 변화의 요구를 고려하여 상상력과 과학기술 창조력을 증진하기 위해 영유아들의 창의적 생각과 다양한 사고과정을 알 수 있도록 일과 속에서 접근할 수 있는 통합적인 접근방법을 강조하였다. 즉, 과학 내용에 따라 창의성 기반 접근, 자연탐구 기반 등으로 접근하는 것이 적합할 수도 있으며, 또는 미술 활동 기반 접근방법이 보다 나은 교육 효과를 가져올 수 있음을 영유아들과 활동하며 경험했던 다양한 실제 사례를 통해 제시하였다. 그러므로 예비 유아교사들이 과학교육의 내용에 따라 다양한 접근방법이 있음을 이해하는 데 도움이 될 것이며, 유아교육기관의 교사는 이것을 영유아의 흥미, 창의성, 유아교육기관과 지역문화 특색에 따라 다양하게 활용하고 영유아들과 재구성하여 새롭게 창안해야 할 것이다.

영유아의 주위에는 언제나 과학이 존재하고 있다. 영유아들은 모든 것을 자신의 위치에서 바라볼 뿐만 아니라 자신의 관점에서 해석하기 때문에 과학은 영유아를 둘러싸고 있는 주변 생활환경에서부터 출발되어야 한다. 이러한 기본적 관점을 토대로 한 영유아과학교육은 유아교육기관에서의 놀이중심 과학 활동 운영에 기여할 수 있도록 구성하였다.

1장은 영유아과학교육의 이해로 영유아과학교육의 개념, 목적 및 목표, 중요성, 현대사회와 영유아과학에 대해 다루었으며, 2장은 영유아과학교육의 역사로 영유아과학교육의 사상, 영유아과학교육의 발달 과정, 영유아과학교육의 최근 동향을 포함하였다. 3장은 영유아과학교육의 이론적 기초로 성숙주의 이론, 행동주의 이론, 구성주의 이론, 다중지능 이론, 뇌 과학 이론의 내용을 포함하였다.

4장은 우리나라 국가수준 교육과정과 영유아과학교육으로 표준보육과정의 자연탐구영역(0~2세), 2019 개정 누리과정의 자연탐구영역(3~5세), 자연탐구 내용과 놀이 활동 이해에 대한 내용을 다루었다. 5장은 영유아과학교육의 내용으로 생명과학, 물상과학, 지구과학의 내용을 다루었으며, 6장은 영유아과학교육에서의 교수-학습방법으로 영유아과학교육에서 교수-학습모형, 영유아과학교육에서의 교수-학습방법을 포함하였다.

7장은 영유아과학교육에서의 교사로 영유아과학교육에서 교사의 과학적 소양, 영유아과학교육에서 교사의 역할에 대해 다루었으며, 8장은 영유아과학교육에서의 환경으로 실내환경과 실외환경의 내용을 포함하였다. 9장은 영유아과학교육에서의 평가로 영유아과학교육 평가의 개념과 기준, 영유아과학교육을 위한 평가 내용, 영유아과학교육을 위한 평가방법을 포함하였으며, 10장은 영유아과학교육에서의 통합적 교육방법으로 창의성 기반 접근, 융합인재교육 기반 접근, 문학적 기반 접근, 자연탐구 기반 접근, 미술 활동 기반 접근, 요리 활동 기반 접근을 포함하였다.

아직 미흡한 부분이 많지만 선배, 동료 여러분의 조언을 받는 가운데 더 좋은 책으로 발전시키고자 하며 예비교사들과 현직교사들에게 많은 도움이 되기를 바란다.

이 책이 완성되기까지 유아들을 온몸으로 사랑하며 행복하게 활동한 사례와 사진을 풍부하게 제공하여, 행복한 과학책이 나올 수 있도록 많은 도움을 주신 대전과학기술대학교 혜천유치원의 김영남 원감 선생님과 교사들께 감사의 말을 전한다. 그리고 창지사 편집진을 비롯한 임직원 여러분께도 감사드린다.

2021년 7월

저자 일동

차례

CHAPTER

1

영유아과학교육의 이해

1. 영유아과학교육의 개념

1) 과학의 개념

과학(科學, science)은 자연현상이나 사물을 관찰하여 얻은 결과를 바탕으로 체계적으로 정리한 법칙이나 지식을 의미한다.

과학(science)은 '지식(knowledge)'을 뜻하는 라틴어 scientia에서 유래하였다. 18세기 계몽주의 시대까지, 'science'는 체계적이거나 혹은 정확하게 기록된 모든 종류의 지식(knowledge)을 가리켰다. 계몽주의 시대를 전회로 과학(science)은 서서히 자연과학(natural science)으로 그 의미가 축소되었다. 자연과학은 오늘날 우리에게 익숙한 방식으로 물리학, 화학, 생물학, 지구과학으로 구분된다. 또한 자연과학, 즉 과학의 교육 내용은 과학적 지식, 과학적 과정 기술, 과학적 태도로 간주한다.

이상과 같은 과학의 정의에 기인해 자칫 과학적 지식은 불변하는 것으로 여겨질 수 있다. 그러나 천동설이 지동설로 대치되었듯이 과학적 지식은 한계를 가지며, 언제든 새로운 발견과 반증에 의해 바뀔 수 있다. 이렇듯 과학적 지식은 자연 세계에 대한 끊임없는 문제제기와 탐구과정을 통해 새로운 가설을 제기하고, 이를 검증하기 위해 실험하거나 증명하는 과정에서 축적된 것이다.

읽어 보면 도움 되는 기사

선생님이 들려주는 과학이야기(한강식, 속리산중 교사)

제목: 그때는 맞고 지금은 틀리다

과학 지식은 인간의 관찰과 탐구의 결과물들로 구성되기 마련이다. 과학자는 진리를 추구하지만 결국 인간의 한계를 벗어날 수 없다. 관찰은 틀릴 수 있고, 논리에는 허점이 생길 수 있다. 한 시대의 사람들에게 진실로 믿어졌던 사실이 미래 세대에서는 엉뚱한 상상으로 평가받는 일도 종종 있다.

천동설은 만물이 지구를 중심으로 돈다는 우주관이다. 기원전 4세기부터 약 2000년 동안 사람들에게 잘못된 우주관을 심어 주었다. 만물이 아니라 지구가 움직인다는 가장 결정적인 증거는 '연주시차'였지만, 최초의 연주시차 측정은 관측 기술의 한계로 1838년에서야 이루어졌다.

라부아지에의 질량 보존의 법칙(1774)은 화학 반응 전후에 질량 변화가 없다고 주장한다. 하지만 화학 반응 과정에서는 대부분 열에너지의 출입이 발생한다.

아인슈타인의 상대성 이론(1905)에서는 질량-에너지 등가원리(E=mc2)에 의해 화학 반응 시 출입하는 열에너지(E)만큼 미세한 질량 변화(m)가 나타나므로 질량 보존의 법칙은 근사적으로 성립할 뿐이라고 설명한다.

그렇다면 잘못된 지식으로 판단된 과거의 과학 지식들은 모두 무가치한 것일까.

(중략)

그때는 맞고 지금은 틀리다. 과학은 그렇게 발전해 왔다. 잘못된 과학 지식조차 과학의 발전 과정에서 중요한 역할을 해왔다. 과학이 건강하게 발전하려면 실패는 두려움의 대상이 아니라 포용의 대상이어야 한다. 실패 안에서도 배울 점들이 많고, 실패를 딛고 일어서면 더 새로운 가능성이 열리기 때문이다.

〈충청타임즈, 2020.07.01〉

2) 영유아과학교육의 개념

과학은 자연 세계에 대한 끊임없는 문제제기와 탐구과정에서 다양한 과학적 과정 기술을 활용하여 축적된 과학적 지식이다. 이러한 점을 고려할 때, 세상에 대해 끊임없이 '왜'라는 질문을 하고 무언가를 알아가고자 하는 호기심을 가진 영유아들에게 과학을 경험하게 하고 가르치는 것은 매우 의미 있는 일이다. 그렇다면 영유아에게 과학을 가르치는 것, 즉 영유아과학교육의 의미를 영유아의 특성과 관련지어 알아볼 필요가 있다.

미국과학교사협회(NSTA, National Science Teachers Association, 2014)는 주변 세계를 관찰, 탐색 및 발견할 수 있는 영유아들의 능력과 성향은 과학 학습을 위한 기본 능력이기 때문에, 영유아과학교육, 즉 생애 초기 영유아들이 과학을 경험하고 학습하는 것은 영유아의 호기심과 주변 세계를 탐험하는 즐거움을 키워 이후 과학 학습을 위한 토대를 마련할 수 있도록 지원하는 것이라고 하였다.

린드(Lind, 2005)는 영유아가 본성적으로 문제를 해결하고자 하는 성향을 가지고 있으므로, 영유아과학교육이란 영유아 스스로 과학을 배울 수 있도록 과학하기(doing science)를 지원하는 것이라고 하였다.

킬머와 호프만(Kilmer & Hofman, 1995)은 영유아과학교육이란 영유아 스스로 질문하고, 답을 찾고, 조사하고, 자료를 수집하는 과정을 경험하며 사실을 암기하는 것으로 보기보다는, 세상을 이해하려는 사고방식을 배울 수 있도록 지원하여 영유아들이 과학적 탐구에 참여하고, 창의적인 사고가 발달할 수 있도록 돕는 것이라 하였다.

또한 찰스워스와 린드(Charlesworth & Lind, 2010)는 영유아가 과학을 하는 것은 영유아의 학습에서 자연스럽고 중요한 부분으로, 자연 세계에 대한 영유아의 호기심이 학습과 놀이를 위한 강력한 촉매제 역할을 하는 것으로 보았다. 그러므로 영유아가 호기심을 가지고 세상을 이해하려는 욕구는 자신을 둘러싼 세상의 현상과 물질을 탐구하기 위해 과학적 과정 기술을 사용할 수 있도록 한다. 나아가 영유아들이 서로 협력하는 태도, 대 · 소 근육의 조절, 언어 및 수학의 이해 등을 포함한 중요한 기술을 사용하고 개발할 수 있도록 돕는 교육이라 하였다.

영유아과학교육에 대한 학자들의 견해를 정리해 보면, 영유아과학교육이란 영유아의 자연 세계에 대한 호기심과 탐구하는 태도를 격려하여 주변 세계의 과학적 사실과 현상을 발견하고 탐구하도록 함으로 영유아의 과학적 능력과 문제해결능력을 길러 주고 과학적 성향이 발달할 수 있도록 돕는 교육이라 할 수 있다.

3) 유아들의 과학에 대한 생각

앞서 살펴보았듯이 과학은 라틴어의 'Scientia'에서 유래된 것으로 '지식', 즉 '무엇을 알아낸다'는 뜻이 포함되어 있다. 따라서 과학은 우리가 일상생활을 하며 경험하는 주변의 여러 자연현상과 사회적인 관계 속에서 관찰하고 탐구하며, 과학적 과정을 통하여 궁금한 것을 알아보려고 생각하고 고민하는 것, 시행착오의 과정을 거치며 자신의 지능을 활용한 탐구과정이다. 또한 이러한 탐구과정에서 자료 및 정보를 찾아내고 사람, 자연, 사물과의 상호작용과정에서 특정 사실이나 원리를 찾고 발견하고 구성한 지식이라고 정의할 수 있다.

이는 D시에 위치한 H유치원의 만 5세 유아들에게 '내가 생각하는 과학이란' 질문에 영유아들이 그림이나 글로 표현한 결과에 의해서도 확인할 수 있다.

여름에는 눈이 안 오고 겨울엔 눈이 내림

햇빛을 받으면 꽃이 점점 커지고 꽃이 피이요

여름에는 더워서 견디기가 힘든 것

궁금한 것을 실험하는 것

자연을 관찰하는 것

새로운 것을 만들어 내는 것

[그림 1-1] 영유아가 그린 '내가 생각하는 과학이란'

영유아들은 과학에 대하여 생활 속에서 쉽게 경험하는 것들 중 자신에게 의미 있고, 자신의 눈높이에서 혹은 자신의 지능으로 구성된 과학적 사실이나 지식(여름에는 눈이 안 오고 겨울에는 눈이 내리는 것, 햇빛을 받으면 꽃이 점점 커지고 꽃이 피는 것, 여름에는 더워서 견디기가 힘든 것 등)과 과학의 과정(궁금한 것을 실험하는 것, 자연을 관찰하는 것, 알아가는 것, 재미있는 것, 신기한 것 등)으로 생각하고 있음을 알 수 있다.

4) 예비 유아교사의 과학과 영유아과학교육에 대한 생각

유치원이나 어린이집의 교사로 진출하게 될 예비 유아교사가 가지는 과학, 영유아과학교육에 대한 생각을 알아보는 것도 영유아과학교육 실천을 위해 유의미할 것이다. D대학교 예비 유아교사들이 '내가 생각하는 과학이란' 질문에 그림이나 글로 표현한 결과에 의해서도, 과학이 탐구중심, 과정중심적인 속성을 가지고 있음을 유추해 볼 수 있다.

실험하는 것, 즐거운 것

일상생활 속에서 궁금한 것을 관찰하고 실험하는 것

일상생활에서 발견하는 것, 창의적인 것

과학은 어려운 것, 기계를 사용하는 것

[그림 1-2] 예비 유아교사의 과학에 대한 생각

예비 유아교사들은 '과학'을 그동안 학교교육 교과를 통해 배운 과학적 사실이나 지식(물리, 화학, 생물, 지구과학의 모든 물리적 · 화학적 현상 등)과 과학의 과정(실험을 많이 하고 즐거운 것, 창의적인 것, 새로운 것, 알아가는 것, 관찰, 어려운 것 등)으로 정의하고 있으며, 과정중심의 과학의 중요성을 인식하고 있음을 알 수 있다. 한편 과학은 어려운 것으로 인식하는 의견이 있었는데, 이는 예비 유아교사들의 어린 시절 기억을 조사해 보면 학교에서 원리와 법칙을 암기하는 데 중점을 둔 과학교육의 결과로, 즐거운 과학적 경험이 적고, 과학에 대한 두려움이 있다(황의명 외, 2019)는 점에서 그 원인을 찾아볼 수 있다. 일부 예비 유아교사가 가지는 과학에 대한 부정적 태도는 유아들에게도 영향을 주기 때문에, 긍정적으로 개선할 수 있도록 예비 유아교사들에게 지식을 많이 습득하게 하기보다는 궁금해하는 것을 적극적으로 알아가는 태도와 능력을 증진하는 과정중심의 과학적 경험과 인식의 전환을 위한 계기를 마련해 주는 것도 중요하다고 본다.

나아가 영유아과학교육에 대한 예비 유아교사들의 생각을 알아보기 위하여 B대학교에서 유아과학교육을 수강하는 예비 유아교사들을 대상으로 '영유아과학교육'에 대한 은유분석을 실시하였다. 은유분석은 어떤 대상에 대한 인식을 알아보는 효과적인 방법 중의 하나이므로, 은유분석을 통해 영유아과학교육에 대한 예비 유아교사들의 생각을 알아보았다. 이를 위한 은유분석방법의 예시는 다음과 같이 제시하였다.

> [은유분석] 영유아과학교육은 ______ 와/과 같다.
> 왜냐하면 ______________ 때문이다.

은유분석을 통한 영유아과학교육에 대한 예비 유아교사들의 생각은 다음과 같았다.

호기심, 몰입, 즐거움이 있는 교육

* 영유아과학교육은 물음표와 같다.
왜냐하면 호기심에서 시작되는 것이기 때문이다.

* 영유아과학교육은 놀이와 같다.
왜냐하면 호기심을 풀어 가는 재미있는 활동이기 때문이다.

* 영유아과학교육은 블랙홀과 같다.
왜냐하면 유아들도 모르게 빠져드는 매력이 있기 때문이다.

주변 세계, 생활 경험 중심의 교육

* 영유아과학교육은 풍선과 같다.
왜냐하면 관심을 가지고 불면 풍선이 커지듯이 유아들이 과학을 경험하다 보면 상상력과 과학적 지식이 쌓이기 때문이다.

* 영유아과학교육은 동화책과 같다.
왜냐하면 과학은 일상생활의 다양한 경험과 상상들을 직접, 간접적으로 실현해 볼 수 있기 때문이다.

* 영유아과학교육은 의식주와 같다.
왜냐하면 유아들의 삶에 있어 필요하기 때문이다.

새로운 것(사고)을 탐색하고 배우는 교육

* 영유아과학교육은 숲과 같다.

왜냐하면 숲에서는 매일 새로운 것을 발견하듯이 과학교육에서도 매번 새로운 것을 배울 수 있기 때문이다.

* 영유아과학교육은 양파 껍질과 같다.
왜냐하면 탐구하고 또 탐구해도 계속 새로운 매력이 있기 때문이다.

기본이 되는 교육

* 영유아과학교육은 출발점과 같다.
왜냐하면 영유아들이 살아가는 데 필요한 지식이 과학에서 시작되기 때문이다.

* 영유아과학교육은 거름과 같다.
왜냐하면 꼭 필요한 영양분 역할을 하기 때문이다.

미래 성장의 바탕이 되는 교육

* 영유아과학교육은 로켓과 같다.
왜냐하면 유아를 우주라는 과학에 보낼 수 있도록 준비하는 시기이기 때문이다.

* 영유아과학교육은 인간과 같다.
왜냐하면 언제나 발전 가능성과 무궁무진한 잠재성이 있기 때문이다.

예비 유아교사들은 '영유아과학교육'에 대해서 호기심 · 몰입 · 즐거움이 있는 교육, 생활중심 교육, 새로운 것을 탐색하고 배우는 교육, 기본이 되는 교육으로 정의하였다. 예비 유아교사들은 과학에 대해 가지고 있는 개념(과학적 사실이나 지식, 과학적 과정)보다는 확장되는 개념으로 영유아과학교육을 이해하고 있었다. 예비 유아교사가 생각하는 영유아를 위한 과학교육은 영유아들이 일상생활을 하며 직면하는 문제들에 대해 궁금증을 가지고 세상을 알아 가고, 창의적으로 생각하여 좀 더 편리하고 풍요로운 현재의 삶을 살아 가고 미래의 삶을 준비하는 것으로, 영유아과학교육의 중요성을 강조해 볼 수 있다.

TED 뷰 로토, 에이미 오툴(Beau Lotto, Amy O' Toole): 과학은, 아이들을 포함해서, 모든 사람의 것이다(TED Global, 2012. 6).

과학과 놀이의 공통점은 무엇일까? 신경과학자인 뷰 로토는 영유아를 포함해서 모든 사람이 과학에 참여해야 하고, 발견의 과정을 통해서 인식이 바뀐다고 생각한다.

그는 "블랙어톤 꿀벌(Blackawton Bees)" 프로젝트의 결과를 논문으로 발표하였다. 이 프로젝트를 통해 유아들의 과학자적 역량을 발견하고, 과학은 인간의 존재의 방식으로, 과학실험은 놀이(게임)와 같다고 주장한다.

"누구든 매일 과학을 한다. 그만큼 과학은 우리 생활의 일부이며 놀이 그 이상도 그 이하도 아니다. … (중략) … 호기심과 흥미, 순수함과 열정은 과학을 하는 데 있어 가장 기본적이고도 중요한 일이다"(뷰 로토, 신경과학자, UCL대학교)

2. 영유아과학교육의 목적 및 목표

1) 영유아과학교육의 목적

영유아과학교육의 목적 및 목표는 과학교육의 흐름과 무관하지 않다. 과학교육은 사회의 변화에 따라 그 목적이 변화되어 왔다. 조형숙 외(2014)는 시대에 따른 과학교육의 목적을 다음과 같이 정리한다.

- 1950년대 후반부터 1980년대까지는 산업기술 시대에 새로운 과학을 창조할 수 있는 유능한 과학자를 양성하는 것이었다.
- 1980년대 중반부터 1990년대 정보화 시대로 접어들면서 소수의 과학 엘리트에 의해 주도되는 과학이 아니라 일반 대중이 과학을 이해하고 실생활에 활용할 수 있는 과학적 소양(scientific literacy)을 가지도록 교육하는 것이었다. 그럼에도 '과학의 대중화'는 과학 엘리트가 대중에게 과학을 가르치는 방식을 취했기 때문에 일반 대중이 과학을 이해하고 실생활에 활용할 수 있는 과학적 소양을 증진하는 데 한계가 있었다.
- 1990년대 초반부터 후반까지는 대중이 과학적 지식 중심의 과학적 소양보다 과학적 탐구능력과 태도 중심의 과학적 소양을 갖춤으로써, 일상생활의 문제뿐 아니라 사회적 문제해결을 위해 과학적 소양을 활용할 수 있는 '대중의 과학화'를 목적으로 하였다.
- 2000년대 이후 과학교육의 목적은 과학의 긍정적인 영향과 더불어 과학이 환경오염, 자연 파괴, 인터넷 및 스마트폰 중독 등의 부정적인 영향을 깨닫고 '지속가능발전'교육에 대한 관심을 가지고 자연과 사람의 공존의식 함양과 이를 실천하기 위해 지식, 기술, 태도를 교육하는 '인본주의적 과학', 즉 '과학의 인간화'를 추구하는 것이다. 특히, 유아교육현장에서 '과학의 인간화'를 실천할 수 있는 방안으로 생태과학, 배려의 과학, 예술로 빛나는 과학, 나를 위한 과학을 제시하였다.

영유아교육현장에서의 '과학의 인간화' 사례

다음은 유아들이 숲에서 놀이를 하는 상황에서 '자연과 인간의 공존을 위한 이해와 실천'을 하는 모습이다. 나리반 유아들이 자연을 체험하는 방식의 근간에는 자연에 대한 존중과 깊은 이해가 바탕이 되어 있다. 나리반 유아들은 자연을 인간과 공존해야 하는 존재로서 인식하는 공생적 인간, 호모 심비우스(최재천, 2011)로서의 면모를 드러내어, 자연과 인간의 지속가능한 삶을 가능하게 하는 기본적인 문해력을 가지고 있다.

(민형이가 모기에 물리자 수현이는 비목 잎을 하나 떼어 준다. 수현이는 비목 잎을 떼기 전에 떨어져 있는 나뭇잎을 하나 주워 비목나무 아래에 놓아 준다.)
수현: 비목은 모기 퇴치에 좋아요. 생강나무도요. 여기는 생강나무는 없지만 비목은 있어요. 선생님도 모기에 물리면 문지르세요. 모기 물린 다음에는 제일 좋아요.
연구자: 어떻게 좋아?
수현: 갖다 대면 시원해요. 자 냄새 한번 맡아 보세요. (연구자의 코에 갖다 대고) 냄새도 시원해요. 이것 때문에 모기에 물리면 좋은가 봐요.
(민형이는 한참 후에 붙였던 비목 잎을 나무 아래에 묻는다)

〈1회기 관찰, 2013. 6. 11.〉

모기에는 비목 잎, 생강나무 잎을 붙이면 시원하고요, 피가 나면 감나무 잎하고 뽕나무 잎이 좋아요. 나뭇잎을 찢으면 실 같은 신기한 것이 나오는데요. 피가 날 때 약 보다 더 잘 나아요. … 중략 … 숲에 와서 동생반일 때, 형아들하고 누나들한테 배운 거예요. … 중략 … 숲에 가서 나뭇잎은 모기 물리거나 피가 날 때 필요할 때만 따는데요. 따기 전에 나무에게 미안하니까 나뭇잎 하나 거름으로 줘요. 그리고 다 쓴 나뭇잎도 나무에게 돌려주지요.

〈수현, 비형식면담, 2013. 6. 11.〉

(웃으며) 제가 예전에 강의를 들었는데 인디언들이 자연물을 사용할 때는 자기의 머리카락이나 신체의 일부를 자연물에게 주었다고 하더라구요. 그래서 우리 반 아이들도 그냥 나뭇잎이나 열매를 따게 할 수 없겠고, 그래서 생각해 낸 것이 나뭇잎을 따기 전에 떨어져 있는 나뭇잎을 주워서 거름으로 주게 한 거죠.

〈나리반 교사 비형식면담, 2013. 6. 11.〉

> 나리반 유아들은 자연체험을 하는 중 벌레에 물리거나 피가 나는 경우, 교사가 가지고 있는 상비약으로 치료하는 모습보다는 위의 사례나 면담에서 드러난 바와 같이, 나뭇잎을 가지고 치료하는 모습을 보였다. 특히 모기에 물렸을 때는 더욱 그러했다. 이러한 유아들의 모습은 일견 자연을 훼손하는 것으로 비춰질 수 있겠으나, 유아들이 치료를 위하여 나뭇잎을 떼기 전에 취하는 모습을 주목하면, 유아들의 행동이 얼마나 생태적이며 공생을 위한 행동임을 이해할 수 있다.
>
> 김현령(2015). 〈유아들의 자연체험에서 나타나는 생태적 문해력에 관한 연구〉에서 발췌

영유아과학교육의 목적에 대해 여러 학자의 관점은 다음과 같다.

샬리에와 브리튼(Chaille & Britain, 2002)은 구성주의적 관점에서 과학의 내용과 과정이 영유아의 지식 구성과 관련이 있다고 본다. 과학의 내용은 영유아가 현상과 사물을 탐구하는 과정에서 자연스럽게 습득할 수 있는 것이다. 따라서 샬리에 등(Chaille et al., 2002)은 영유아과학교육의 목적을 영유아가 과학의 과정을 통해 과학의 내용을 습득하는 지식의 구성이라고 본다.

마틴(Martin, 2003)은 과학적 태도, 과학적 과정 기술, 과학적 지식을 향상시키는 것을 과학교육의 목적으로 보았고, 특히 과학적 태도를 증진하는 것을 강조하였다. 과학적 태도는 호기심, 끈기성, 개방성, 협동성, 솔직성, 객관성, 비판성으로 구분되며, 영유아의 과학적 태도는 영유아가 자연 세계를 탐구하는 과정에서 과학적 지식을 구성하는 데 바탕이 된다.

사회의 변화에 따른 과학교육의 목적과 여러 학자의 견해를 살펴본 바, 영유아과학교육의 목적은 다음과 같이 정리할 수 있다. 영유아과학교육은 영유아가 자신의 주변 세계, 사물, 현상에 대한 경험과 탐구를 통해 적극적으로 지식을 구성하여 '지속발전 가능한 사회를 이끌어 나갈 책임 있는 시민의 기초, 과학적 소양을 갖춘 시민의 기초를 다지는 것'을 그 목적으로 한다.

2) 영유아과학교육의 목표

사회 변화에 따라 과학교육의 목적이 변화되어 온 것처럼, 영유아과학교육의 목표 또한 새로운 지향점을 설정하게 된다. 21세기 사회에서는 영유아가 일상생활 속에서 과학을 이해하고 활용할 수 있는 과학적 소양을 갖춘 시민의 기초를 다지고자 하였다. 또한 4차 산업혁명 시대의 도래와 시민사회의 성숙 등은 유아교육 패러다임 변화를 요구하고(교육부, 2018), 2015 세계경제포럼에서는 4차 산업혁명 시대에 필요한 인재의 역량으로 창의성, 문제해결능력, 협업능력, 도전정신, 호기심, 자발성, 사회문화적 감수성 등을 제시하였다.

황의명 외(2019)는 영유아의 과학적 소양의 기초를 형성하기 위한 과학교육의 목표를 다음과 같이 제시하였다.

- 일상생활 속에서 접하는 사물과 현상에 대해 호기심을 갖는다.
- 주변에 대해 의문을 갖고 적극적으로 탐구하기 위한 과학적 태도를 기른다.
- 일상생활에서 활용하고 있는 간단한 과학적 도구 및 기계에 관심을 갖고 기능을 이해한다.
- 과학적 과정기술을 증진한다.
- 영유아의 일상생활 및 경험과 관련된 과학적 지식을 습득한다.
- 자연에 대한 체험을 통해 중요성을 인식한다.
- 창의적, 비판적 사고를 기른다.

2019 개정 누리과정(교육부, 보건복지부, 2019) 자연탐구영역의 목표는 '탐구하는 과정을 즐기고, 자연과 더불어 살아가는 태도를 가진다.'로 제시되어 있으며, 이를 위한 구체적인 목표는 다음과 같다.

- 일상에서 호기심을 가지고 탐구하는 과정을 즐긴다.
- 생활 속의 문제를 과학적으로 탐구한다.

- 생명과 자연을 존중한다.

이상에서 검토한 유아과학교육의 목표를 바탕으로, 사회 변화에 따라 새로운 지향점을 설정하도록 요구받는 영유아과학교육의 목표에 대해 구체적으로 제시하면 다음과 같다.

첫째, 영유아가 일상생활 속에서 주변 세계, 사물, 현상에 대해 탐구하는 과정을 즐긴다.

영유아들이 '과학자들이 사용하는 것과 같은 탐구기법을 사용한다'(Alison, 2009; 지성애, 김치곤, 2011에서 재인용)는 것은 규명된 사실이다. 영유아는 일상생활 속에서 눈으로 보고, 손으로 만지고, 몸으로 느끼며 적극적으로 탐구하고자 하며(김현령, 2013), 탐구하는 과정에서 다양한 과학적 과정 기술을 활용한다.

▶ [영유아 과학적 경험의 실제]

- 영유아는 비오는 날 바깥놀이를 나가서 장화를 이용해 '뜨고 가라앉는 실험'을 하면서 탐구하는 과정을 즐긴다.
- 영유아는 물체를 비커 속에 넣었을 때는 물체가 커져 보이는 것을 관찰하면서 탐구 과정을 즐긴다.

▶ [교사의 지원]

영유아기부터 일상생활 속에서 주변 세계, 사물, 현상에 대해 탐구하는 과정을 즐길 수 있도록 교사는 적절한 환경을 제공하고 영유아의 과학적 사고를 촉진하는 효과적인 질문을 해야 한다. 또한 교사는 영유아의 탐구 과정과 문제해결 과정에서 함께 배우며 성장하는 태도를 가지며 영유아가 다양한 과학적 과정 기술을 활용해 과학 학습(learning)을 확장하도록 지원해야 한다.

〈표 1-1〉 과학적 과정 기술

구분	내용
관찰하기	• 오감각을 활용하여 보고, 듣고, 만지고, 냄새 맡고, 맛보는 행동 포함(Martin, 2001) • 단순히 보는 것이 아니라 의도를 가지고 보는 행위 • 관찰하기는 모든 과학의 출발점 예) 물이 사라지는 현상에 주목하는 것(증발의 개념 경험)
분류하기	• 다양한 자료에서 유사한 속성을 바탕으로 범주화하는 과정 • 유사한 속성으로 범주화하는 과정에서 공통된 속성을 추상화하는 능력이 요구됨 예) 물에 뜨는 물체와 가라앉는 물체를 구분하여 범주화하는 것(공통된 속성 발견→부력의 개념 경험)
측정하기	• 영유아기 초기의 측정 방법 : 어림하기 등 비정량적 방법으로 측정함 • 점차 정량적 방법으로 측정함 예) 교실에서 기르는 식물의 성장 측정하기
예측하기	• 이미 알고 있는 지식이나 경험을 바탕으로 앞으로 일어날 일을 예상하는 사고 과정(Martin, 2001) 예) 감자를 물에 넣으면 어떻게 될까? 만약, 파프리카를 물에 넣으면 어떻게 될까?
의사소통하기	• 생각이나 말을 주고받는 것뿐 아니라 그림이나 그래프, 관찰일지 작성 등 다양한 방식으로 의사소통함 • 의사소통하기를 통해 협력적 탐구학습이 촉진됨(조형숙 외, 2014) 예) 장수풍뎅이의 성장 단계 관찰일지 작성
실험하기	• 궁금한 점을 알아보기 위해서 직접 조작하여 탐구하는 것 예) 우유의 부패 속도와 온도의 관계를 알아보기 위해 냉장고와 상온에 두고 실험하기 예) 바람의 세기와 부채 힘 조절과의 관계를 알아보기

둘째, 영유아는 일상생활 속에서 경험하는 문제를 과학적으로 탐구하며 과학적 태도를 증진한다.

영유아는 세상에 대한 타고난 호기심과 흥미를 보이는 과학적 자아(scientific self)(Koch, 2013)를 가지고 있다. 과학적 자아가 충만한 영유아는 주변의 사물과 현상에 대해 의문을 가지고 적극적으로 탐구하며 다양한 과학적 태도를 함양한다.

▶ [영유아 과학적 경험의 실제]

- 영유아는 과학영역에서 장수풍뎅이의 성장과정에 호기심을 가지고 지속해서 관찰하여 장수풍뎅이의 특징에 대해 경험한다.
- 영유아는 교실 안에서 경험한 주제(공룡)에 대해 모래놀이터에서 여러 명의 유아가 힘을 모아 공룡세상을 협력하여 구현하며 공룡에 대한 지식의 확장을 경험한다.

▶ [교사의 지원]

영유아가 일상생활 속에서 경험하는 문제를 과학적으로 탐구하기 위한 과학적 태도를 증진시키기 위해 교사는 영유아의 과학놀이를 관찰하여 적절한 환경을 제공하고 영유아의 호기심을 유지하기 위한 효과적인 질문을 해야 한다. 또한 교사는 영유아의 탐구 과정과 문제해결 과정에서 영유아가 보이는 태도에 정서적으로 지지하며 과학에 대한 긍정적인 경험을 할 수 있도록 지원해야 한다.

〈표 1-2〉 과학적 태도

구 분	내 용
호기심	• 신기하고 궁금한 것을 탐구하려는 태도 • 탐구나 학습에 동기가 되는 태도
적극성	• 탐구 과정이나 문제해결 과정에 적극적으로 참여하려는 태도
객관성	• 수집된 자료, 이미 알고 있는 지식이나 경험을 근거로 결론을 내리려는 태도 예) 다양한 방법으로 궁금이상자 속의 물체를 알아맞힐 때 영유아들이 알고 있는 사전 경험을 활용하는 태도 예) 하얀 가루가 설탕인지 소금인지를 구별할 때 영유아들이 만져 보고, 냄새 맡고, 맛을 보면서 탐색하는 태도
비판성	• 타인의 설명이나 결론에 대해 옳고 그름을 판단하기 위해 증거에 근거하여 판단하려는 태도 예) 달팽이의 배설물 색깔이 매번 다른 이유에 대해 영유아의 의견이 서로 다를 때 책을 찾아보고 그 원인을 알아보려는 태도
개방성	• 새롭게 밝혀진 사실이나 근거에 따라 자신의 주장이나 기존에 가지고 있었던 생각이나 지식을 바꾸려는 태도 예) 숲에서 발견한 도토리를 놀잇감으로 가지고 놀이하고자 하는 영유아가 도토리는 다람쥐의 먹이이니 함부로 다룰 수 없는 것이고 보호해 줘야 한다는 생각을 수용하는 태도

구분	내용
협동성	• 탐구 과정이나 문제해결 과정에서 서로 협력하는 태도 예) 장수풍뎅이를 관찰할 때 돋보기를 돌려가며 관찰하는 태도
끈기성	• 탐구 과정이나 문제해결 과정에서 포기하지 않고 계속해서 해결하려는 태도 예) 자석을 활용해서 피라미드를 만들 때 계속된 실패에도 끝까지 만들어 보려는 태도

셋째, 영유아는 일상생활 속에서 과학적 태도를 가지고 과학적 과정 기술을 활용하는 탐구 과정을 통해 과학적 지식을 습득한다.

영유아기는 발달적 특성상 과학적 개념을 정확하게 습득하고 습득된 과학적 개념을 '일반화'하는 일보다, 과학적 현상에 대해 호기심을 가지고 그것을 탐색해 보려는 태도가 중요하다(윤은주, 2004). 이러한 과정을 통해 습득된 영유아의 과학적 지식은 즐거운 학습의 경험이 담긴 지식이라 할 수 있다. 영유아의 과학은 '이해' 중심이기보다 '하기' 중심이어야 하며, 영유아는 호기심을 가지고 과학적 과정 기술을 즐기는 것을 통해 과학적 지식을 형성하고 습득한다.[1]

▶ [영유아 과학적 경험의 실제]

그림이 사라지는 것을 통해 '증발'이라는 과학적 개념을 즐겁고 신기한 것으로 경험하는 아이들

(김현령, 2013)

유아1: 물이 필요합니다. 얘들아! 우리가 그린 그림이 없어지고 있어.
유아2: 누가 우리 그림을 지웠어. 위에 다시 그려 보자 얘들아. 또 지워지는지.
유아3: 물이 수증기로 가니까 그렇지. 나 물 좀 묻히고 올게.
… 중략 …
유아1: 얘들아, 동굴 가면 그림이 잘 보인대. 동굴에 가서 그려 보자.(유아들이 붓에 물을 묻혀서 동굴로 간다.)
유아들: 진짜다. 그림이 잘 안 지워진다.
유아3: 햇빛이 없으니까 그렇겠지.
유아들: 와 신기하다!/ 정말 신기하다.

1) 영유아기의 발달적 특성상 과학학습의 일차적 목표는 태도 형성과 과정중심의 과학학습이며, 이 과정에서 과학적 지식은 과학적 사실이나 과학적 개념을 습득하게 한다.

▶ [교사의 지원]

영유아가 과학 하기를 '좋아하게' 하는 것이 일차적 목표이고 이를 통한 과학적 지식의 습득이 부차적인 과학학습의 목표라면, 교사 자신도 과학학습을 '좋아하고', 영유아가 그러한 과학학습을 할 수 있도록 도와주거나 함께 학습하는 것을 좋아해야 한다. 즉, 교사는 영유아와 함께 과학 하기를 즐기며 함께 배우며 성장하는 태도를 가져야 한다.

〈표 1-3〉 과학적 지식[2)]

구분	내용
과학적 사실 (scientific fact)	• 관찰 가능한 자연현상이나 물질, 물체의 속성 예) 물은 0°C에서 얼기 시작한다. 물은 100°C에서 끓기 시작한다. 금속은 열을 전달한다. 등
과학적 개념 (scientific concept)	• 자연현상이나 물질, 물체의 속성 등에 대한 사람들의 생각 예) 액체가 기체로 변하는 현상을 '증발'이라고 한다. 대표적인 증발의 예로는 물이 수증기로 변하는 것이다.
과학적 이론 (scientific theory)	• 자연현상이나 여러 가지 현상 등을 설명하는 일반적인 논리체계 • 언제든지 설명력 있는 이론이 등장하면 수정되거나 폐기 가능 예1) 천동설이 폐기되고 지동설이 설명력을 획득함 예2) 창조론보다는 진화론이 더욱 설명력 있는 이론임 예3) 아인슈타인의 상대성 이론, 다윈의 진화론
과학적 법칙 (scientific law)	• 자연현상의 관찰 내용, 실험의 결과에서 규칙성이 발견되는 경우, 이를 법칙이라고 함 • 법칙은 자연현상이나 여러 가지 현상을 예측 가능하게 함 예) 만유인력의 법칙, 에너지 보존의 법칙

마지막으로, 자연에 대한 경험을 통해 자연과 더불어 살아가는 태도를 증진한다.

2) 과학적 지식은 과학적 사실, 과학적 개념, 과학적 이론, 과학적 법칙으로 구분한다(Martin, 2003). 과학적 이론과 법칙을 구분하는 것은 쉬운 일은 아니다. 과학적 이론과 법칙에 대해 좀 더 알아보고자 하는 예비 유아교사는 What's the difference between a scientific law and theory?를 참고하기 바란다.

생명과 자연에 대한 존중과 자연과 더불어 살아가는 태도는 그냥 얻어지는 것이 아니라 배워서 습득해야 한다(최재천, 2013). 오늘날의 현실에서 이러한 태도를 증진시키기 위해서는 교육의 장이 꼭 교실이어야 한다는 당위에서 벗어날 필요가 있다(Orr, 1992/2013). 교실에서 자연으로 교육 공간의 확장을 통해 영유아는 자연에 대한 다채로운 경험과 자연과 더불어 살아가는 태도를 증진한다.

▶ [영유아 과학적 경험의 실제]

민지: 비가 오니 좋아. 유준: 맞지? 민지: 신기한 것이 너무 많아. 민달팽이, 지렁이……. 유준: 버섯도. 민재: 버섯은 진짜 축축한 것 좋아하지. 민기: 그래서 자라는 거지. 봉민: 지렁이랑 민달팽이도. 비가 오면 나오잖아. 유민: 지렁이랑 걔네들은 미끄러운 것 좋아해. 민지: 땅속에 살던 것이 나오는 거지? 유민, 민기: 비 안 오는 날은 땅속에 있다가 나와. 민재: 그럼 비 안 오는 날 우리가 뛰어다니면 얘네들은 땅속에서 많이 놀라겠네. 봉민: 적이 쳐들어왔다고 생각하겠다. (김현령, 2015)	비로 인해 변화된 숲 생태계를 경험하며 숲에서 조우한 동식물의 특성을 알게 되고, 숲의 주인은 유아가 아닌 숲에 살고 있는 수많은 생명임을 지각하게 된다. 이를 통해 생명과 자연에 대한 존중과 자연과 공존하는 태도를 가지게 된다.

▶ [교사의 지원]

교사는 교실에서 숲으로 교육적 공간을 확장함으로써 영유아가 생명과 자연에 관심을 가지며 생명과 자연을 존중하고 자연과 더불어 살아가는 태도를 가질 수 있도록 지원한다.

3. 영유아과학교육의 중요성

영유아가 성인이 되어 맞이하게 될 미래에 과학의 발전으로 변화된 인간의 삶과 생활을 현시점에서 상상하기는 매우 어렵다. 물론 모든 영유아가 장차 과학자로 성장할 이유는 없다. 그러나 미래에 놀라운 과학의 시대를 살아갈 영유아가 영유아기에 풍부한 과학적 경험을 통해 과학에 대한 긍정적이고 올바른 태도를 형성하여 앞으로의 삶을 대비하는 것은 의미가 있다. 영유아에게 과학은 지식의 체계라기보다는 사고를 촉발하는 탐색방법이며, 궁금해하는 것을 알아가고자 하는 문제해결의 과정이라고 볼 때, 영유아가 과학 경험을 통해 무언가를 체득하는 것은 오늘의 삶에서 미래의 삶을 준비하는 밑거름이 될 것이다.

피아제(Piaget)는 "교육의 근본 목적은 단순히 이전 세대의 사람들이 했던 것을 반복하는 정도의 능력을 지닌 사람으로 키우는 것이 아니라 새로운 것을 할 수 있는 사람으로 키우는 것, 즉 창의적이고, 발견적이고, 발명적인 사람으로 키우는 것이다."라고 하였다(Chaillé & Britain, 2002). 영유아는 과학을 경험함으로써 창의적으로 탐구하고 과학적으로 사고하는 법을 배울 수 있다. 다시 말해, 영유아는 과학적 경험을 통해 피아제가 언급한 창의적이며 새로운 것을 발견하고 발명할 수 있는 사람으로 성장할 수 있다.

이를 바탕으로 영유아기 과학교육의 중요성에 대해 구체적으로 살펴보고자 한다.

1) 영유아과학교육의 중요성

첫째, 영유아는 세상에 대한 타고난 호기심과 흥미를 보이는 과학적 자아(scientific self)를 가지고 있다. 영유아에게 과학은 일상생활의 연장이다. 영유아는 놀이를 통해 발견하고, 탐구하는 방법을 익힌다. 영유아는 호기심이 많으며 주변 세계에 대한 질문과 사물의 움직임에 대한 탐구 욕구로 가득 차 있다. 이러한 영유아의 호기심은 과학자의 그것과 자주 비견된다. 보통 사람들이 당연하게 받아들이는 현상들에 대해 의문을 가지고 해답을 발견하고자 탐구하는 태도는 영유아와 과학자 모두에게서 발견된다.

1965년 양자전기역학 연구로 노벨 물리학상을 수상한 리처드 파인만(Richard Feynman)은 "왜 그럴까?" 하는 질문을 자주 던졌으며, 수수께끼를 풀듯 주위에 대한 호기심을 해소하곤 했다고 한다. 파인만의 이러한 태도는 영유아들이 흔히 하는 "비는 왜 오는 거예요?", "하늘은 왜 파래요?" 등의 질문과 매우 비슷하다.

따라서 교사는 영유아의 타고난 호기심과 흥미를 촉진하고 충족시키며, 이 과정에서 촉발된 질문을 소중히 여기고 진지하게 응답하여 영유아의 과학적 탐구를 지원해야 한다. 호기심과 흥미는 학습과 탐구의 동기가 되므로, 교사는 영유아가 과학적 경험을 풍부하게 할 수 있도록 영유아의 일상생활에서 보이는 호기심 어린 질문에 적극적으로 반응해야 한다. 이와 같이 영유아기 과학교육은 일상생활의 많은 것에 호기심과 흥미를 촉진하여 영유아의 과학자적 성향의 발달을 지원하고, 이후 학습에 있어 과학뿐 아니라 다른 교과목에 대한 학습 태도의 기초를 마련하므로 매우 중요하다.

다음은 리처드 파인만(Richard Feynman)이 '접시의 움직임에 대한 방정식'을 발견하게 된 일화이다.

한번은 카페에 앉아 있었는데, 한 사내가 장난삼아 나한테 접시를 하나 던지는 거예요. 접시가 공중에 솟아오르자 뒤뚱거리며 회전하기 시작했고, 그 때 나는 접시에 그려진 코넬대학 마크도 회전하는 것을 목격했지요. 그런데 접시의 뒤뚱거림보다 마크의 회전이 빨라 보였어요. 나는 달리 할 일도 없고 해서, 회전하는 접시의 운동을 계산하기 시작했어요. 그리고 각도가 약간 주어지는 경우 마크의 회전속도가 접시의 뒤뚱거림보다 2배 빠르다는 사실을 알아냈어요.… (내가 접시 물리학 공식을 도출해 내는 것을 본 한 동료가) "어, 파인만(Feynman), 그게 왜 그렇지? 그런데 그게 왜 중요하지? 왜 그런 계산을 해?" 하고 말을 건넨 것을 아직도 기억해요. 나는 대답했어요. "뭐? 중요성과는 아무 관계없어, 그저 재미로 하고 있어." 그의 반응이 나를 제지하지는 못했지요. 나는 작심했어요, 물리학을 즐기기로, 그리고 내가 좋아하는 것은 무엇이든 하기로 말이에요. (Feynman, 1985)

"파인만의 가장 큰 업적은 과학이 얼마나 재미있고 즐거운지를 보여준 것이다."

존 그리빈(John Gribbin), 영국 과학저술가

둘째, 영유아기 과학교육의 중요성은 과학적 경험을 통해 과학적 개념과 과학적 사고에 대한 기초를 마련할 수 있다는 것이다. 영유아는 호기심을 바탕으로 과학적 경험을 지속하며, 그 과정에서 나타나는 다양한 현상을 관찰, 분석, 비교, 분류하는 등의 과학 과정 기술을 활용함으로써 과학적 사고를 구성하게 된다. 예를 들어, 물이 끓어 수증기가 되어 사라지거나 맑은 날 붓으로 벽에 물그림을 그리는 경험을 통해 영유아는 물이 사라지는 현상을 관찰하게 된다. 이 과정에서 영유아는 '물이 날아갔다'는 표현으로 '증발'이라는 개념을 이해하게 된다. 또한 영유아가 물이 든 비커에 연필과 같은 물체를 담가 보며 꺾여 보이거나 물 밖에 있는 물체보다 상대적으로 크게 보이는 현상을 관찰하게 되는 경우에도, 영유아는 '꺾이는 성질'이나 '돋보기 성질'이라는 언어를 사용하며 '굴절'이라는 개념을 이해하게 된다. 이러한 난순한 과학 활동에서노 엉유아는 과학적 개념을 이해하고 과학적 사고를 촉발할 수 있다.

영유아기 과학교육에서 교사가 영유아의 자연스러운 호기심을 촉진하고 기본적인 과학 개념에 익숙해지도록 지원한다면, 영유아가 자신의 주변 세계를 이해하고 또한 주변 세계가 어떻게 작동하는지에 대한 이해를 도울 수 있다.

물이 든 비커를 가지고
굴절과 관련된 현상을 경험하고 있는 유아

셋째, 영유아기 과학교육의 중요성은 과학적 경험을 통해 일상생활과 관련된 과학에 대한 비판적 문제를 인식하고 그에 대한 문제해결능력은 영유아기의 과학적 경험에서 기를 수 있다는 것이다. 현대를 살아가는 영유아의 일상생활은 과학기술의 이기(利器) 속에 살아간다 해도 과언이 아니다. 과학기술의 발달로 인해 영유아를 포함한 현대인들은 풍요를 경험하지만, 환경기술이나 정보통신기술의 발달로 인해 경험하는 부정적인 문제는 심각하다.

영유아는 일상생활 속에서 환경오염의 피해나 자연재해를 경험하게 된다. 영유아는 봄철 황사나 미세먼지의 농도가 높아 바깥놀이를 나가지 못하게 되고, 지구온난화의 영향으로 발생한 가뭄, 폭우, 산사태와 같은 극단적인 기상현상으로 인해 일상이나 건강과 안전이 위협을 받기도 한다. 영유아가 교사와 함께 이러한 환경문제의 원인에 대해 알아가는 과정에서 과학에 대한 비판적 문제 인식과 문제해결 방안에 대한 사고를 경험해 볼 수 있다.

예를 들어, 미세먼지 농도가 높아 바깥놀이를 나가지 못한 어느 날, 교사와 함께 바깥놀이를 나갈 수 없는 원인에 대해 이야기를 나누거나 과학동화를 읽으며 그 원인을 알아본다면, 대기 오염이라는 문제를 해결하기 위해 영유아가 가까운 거리는 걸어 다닌다거나 자전거를 타고 다니는 습관을 기르는 '문제해결능력'을 갖출 수 있게 된다. 또 다른 예로, 손쉽게 사용하는 일회용품이 생태계에 미치는 영향에 대한 동영상을 본다면, '일회용품'에 대한 비판적 문제 인식과 일회용품을 사용하지 않거나, 불가피하게 사용해야 한다면 최소한으로 사용하는 방법 등의 문제해결 방법을 찾아보고, 이를 실천할 수 있을 것이다. 마지막으로 영유아가 지구온난화로 인해 북극의 얼음이 녹아 서식처를 잃어 가는 북극곰, 열대 우림의 파괴로 서식처를 잃어 가는 코끼리, 오랑우탄 등의 이야기를 들으며, 동물들이 위기에 처한 이유를 알게 되고 위기에 처한 동물을 도와주기 위한 방법을 고민하게 된다.

여기서 주목할 점은 과학에 대한 비판적 문제의식과 문제해결능력은 갑자기 습득되는 것이 아니라, 영유아기부터 일상생활 속의 지속적인 과학적 경험에서 싹튼다는 것이다. 영유아가 가지는 이러한 태도는 자연과 인간의 관계에 대한 건전한 세계관 형성과 미래 지속가능한 발전(sustainable development)의 토대가 될 것이다.

마지막으로 영유아기 과학교육은 영유아의 신체발달, 인지발달, 언어발달, 사회-정서발달을 돕는다.

■ 영유아과학교육은 영유아의 신체발달을 돕는다.

영유아는 호기심을 바탕으로 주변 세계를 탐구하는 과정에서 신체를 다양한 방식으로 움직이게 된다. 예를 들어, 모래놀이터에서 모래를 파기도 하고 겉모래와 속모래의 차이를 탐구하고, 모래를 뭉치기 위해 물을 섞어 모래가 잘 뭉쳐지는 물의 비율을 조절하며 대근육과 소근육을 이용하게 된다. 또한 모래를 그릇에 담아서 다른 장소에 옮겨 부으면서 눈과 손의 협응력이 향상된다.

■ 영유아과학교육은 영유아의 인지발달을 돕는다.

영유아는 일상생활 속에서 다양한 과학적 질문과 탐구를 통해 물질과 물체, 현상에 대한 속성을 기초로 유사점, 차이점을 분류하거나 범주화할 수 있다. 또한 영유아는 다양한 과학적 경험을 통해 시행착오를 겪으며 문제해결능력을 기를 수 있다. 예를 들어, '달팽이는 무엇을 먹어요?', '달팽이 똥은 어디서 나와요?', '달팽이 똥은 어떤 색깔이에요?' 등과 같은 호기심에 대한 해답을 탐구하는 과정에서 영유아는 스스로 과학적 지식을 구축할 뿐 아니라 사고능력, 문제해결능력 등을 기를 수 있다.

■ 영유아과학교육은 영유아의 언어발달을 돕는다.

영유아는 과학적 경험을 통해 다양한 과학 용어나 새로운 곤충, 물체, 물질 등에 대한 어휘를 알게 되며, 친구들과 상호작용하는 과학 활동에서는 대화하고 서로 의견을 조율하는 등 의사소통기술을 기를 수 있다. 예를 들어, 숲놀이를 하며 다양한 나무, 꽃, 곤충의 이름을 알아보게 되고, 우연히 발견한 이름 모를 곤충의 특징을 살펴볼 때 이미 알고 있는 곤충과 비교, 분석하면서 유아들이 대화하고 서로의 의견을 조율하며 '잠정적인 이름'을 짓는 과정에서 의사소통기술을 발달시킬 수 있다.

■ 영유아과학교육은 영유아의 사회성발달을 돕는다.

영유아들은 과학적 경험을 하며 다른 친구들과 협력적으로 탐구하면서 자신뿐 아니라 다른 친구들의 호기심, 생각, 입장 등에 대해 이해할 수 있게 되고, 의견이 다를 경우 충분한 토의를 거쳐 결론을 내기도 한다. 예를 들어, 과학영역에서 돋보기를 활용해서 장수풍뎅이를 관찰할 때, 돋보기를 사이좋게 돌려가며 관찰하는 협력적인 과학 활동을 통해 사회성을 발달시킬 수 있다.

■ 영유아과학교육은 영유아의 정서발달을 돕는다.

영유아들은 동식물을 돌보며 관찰을 하거나 모래, 흙을 만지며 과학적 경험을 하는 과정에서 정서적인 안정감을 느낀다. 예를 들어, 영유아는 흙놀이나 모래놀이를 하며 부정적인 감정을 해소하기도 하고, 상상의 나래를 펴며 놀이하는 과정에서 자유로움과 행복감 같은 정서적 안정감을 느끼게 된다.

4. 현대사회와 영유아과학

1) 지속 가능한 발전과 영유아과학

현대사회에서 과학은 기술과 접목되어 인간의 상상을 현실화하면서 인간의 삶에 편리함과 풍요를 가져다주었다. '과학기술'은 일상생활 속에서 활용되고 우리의 사고와 행동양식을 새롭게 변화시키고 있다. 과학은 과학자들의 실험실이나 연구실에서 전유되는 것이 아니라 인간의 삶에 깊숙이 침투되어 있어, 과학에 대한 무지는 일상의 불편함을 감내해야 함은 물론이고 때로는 비과학적이고 비합리적이라는 오명을 써야 하는 상황까지 이르렀다.

오늘날과 같은 과학의 시대에 보다 편리하고 합리적인 생활을 하려면 영유아기에 과학적 태도와 지식을 습득하는 것이 중요하다. 또한 나라의 경제 발전은 그 나라의 과학의 발전 수준과 밀접한 관계가 있다. 영유아기의 풍부한 과학적 경험은 탐구 정신이 강한 아이로 길러낸다. 이 아이들은 장차 미래 과학을 즐기고 과학기술을 잘 활용하는 성인으로 성장할 개연성이 높으므로, 탐구심이 강한 아이들이 많을수록 그 나라의 경제 발전과 미래가 담보될 수 있다.

그럼에도 오늘날 과학은 인간에게 낙관적인 삶만을 안겨 주는 것은 아니다. 생태계 훼손, 환경오염, 자원 남용으로 인한 자원의 고갈 등으로 인해 인간의 삶은 위협받고 있다. 이처럼 인간 삶은 불확실성과 위기의식의 증가로 인해 과학의 지향점을 수정해야 하는 상황을 맞이하게 되었다. '지속 가능한 발전'이 그 대안인데, 지속 가능한 발전(environmentally sound and sustainable development: ESD)이란 '미래의 세대가 그들의 필요를 충족시킬 수 있는 가능성을 손상시키지 않는 범위에서 현재 세대의 필요를 충족시키는 개발'이다(WCED, 1987). '환경적으로 건전하고 지속 가능한 개발'의 개념이 지속 가능한 개발의 핵심이며, 이는 환경 보전과 경제 발전 그리고 사회 발전을 조화시켜 현 세대 인류의 삶의 질을 향상시키고 이것이 미래 세대에게 전달되기를 지향한다.

지속 가능한 발전은 사회, 환경, 경제가 추구하는 목적의 공통적 교집합이 되는데, 첫 번째 요소인 사회는 자연과 조화를 이룬 건강하고 생산적인 삶을 지향하고, 두 번째 요소인 환경은 현재 세대가 쾌적한 삶을 누릴 뿐 아니라 후대 세대 또한 그러한 혜택을 받도록 깨끗한 환경을 조성하는 것을 목표로 한다. 세 번째 요소인 경제는 생태계와 환경을 훼손하지 않고 인간이 지속적으로 발전할 수 있는 경제 개발을 추구하는 것을 목표로 한다(송응식, 2014).

이를 실현하고 구체화하기 위한 방안으로 지속가능발전교육의 필요성이 제기되었다. 지속가능발전교육에서 다루는 핵심적인 교육 개념은 인권 존중, 생태적 다양성 존중, 그리고 문화적 다양성의 존중이다(유네스코한국위원회, 2005). 즉, 지속가능발전교육은 자연과 사람의 개성과 다양성을 존중하고, 함께하는 공존의식의 함양과 실천을 위한 태도, 기술, 지식교육이다(조형숙 외, 2014). 지속가능발전교육은 현대사회에서 과학과 과학기술을 분리하기는 어렵지만, 과학의 본질에 가까운 모습으로 과학을 재정립해야 할 필요성을 제기하고 이에 기반한 교육의 실천에 대한 필요성을 제기한다.

원래 과학(science)은 '지식(knowledge)'을 뜻하는 라틴어 '스키엔티아(scientia)'에서 유래한 말로, 주로 자연현상에 대한 관찰과 이해를 일반화하여 이론이나 법칙으로 체계화하는 학문이다. 과학은 자연에 대한 이해를 바탕으로 이를 활용하기 위한 노력의 과정으로 인간의 생존적 · 문화적 욕구를 충족시켜 삶의 질을 향상하는 데 기여하였다. 그런데 만약 오늘날과 같이 과학의 결과가 자연 생태계 파괴, 환경오염 등으로 인해 인간의 생존과 삶을 해친다면, 과학의 본질은 왜곡되고 훼손된다고 할 수 있다.

따라서 과학을 통해 인간이 생태적인 다양성과 인간적인 가치를 실현하는 지속가능한 삶을 가능하게 하고 실천하기 위해서는 어린 시기부터 자연과 혹은 일상생활에서 풍부한 과학적 경험을 하도록 하여, 영유아가 관계 맺는 모든 것들에 대해 생명성을 느끼는 교육을 통해 건전한 세계관을 형성하는 것이 중요하다. 영유아기부터 자연에서의 풍부한 과학적 경험을 하고, 이를 교실 안의 과학적 경험으로 통합하는 경험은 인간과 자연의 이해를 보다 고양시켜 오늘날 팽배해 있는 인간 중심주의 사고에서 벗어나는 기회가 될 수 있다. 영유아기의 풍부한 과학적 경험은 과학에 대한 폭넓은 사고의 스펙트럼을 제공하고, 이것은 인간과 지구상의 모든 존재와의 관계를 온전하게 이해하는 바탕이 되고 나아가 미래의 지속가능한 발전(sustainable development)의 토대가 될 것이다.

'MAN'
– 스티브 커츠(Steve Cutts)가 보여주는 불편한 진실

〈스티브 커츠(Steve Cutts)가 2012년 12월에 발표한 단편 애니메이션 'Man'〉
애니메이션 'Man'은 50만 년 전에 나타난 인간이 지구상의 생명과 환경을 파괴하는 과정을 3분 36초 동안 보여주고 있다. 인간의 탐욕과 편의로 동식물을 남획하는 초기 인류의 모습부터, 산업화를 이루어 내어 물질적 풍요를 얻었으나 지구를 황폐하게 만든 인간의 발자취를 보여준다. 결국 인간 또한 종말에 이른다는 경고의 메시지를 풍자적으로 담아 내고 있다. 이 작품은 우리 인간이 겪고 있는 문제점의 근원을 유머스럽지만 비판적인 시선으로 드러내며, 현시점에서 인간의 행동과 세계관의 변화에 대한 필요성을 제기한다.

[지식채널e] 검소한 과학, 적정기술
2020년 5월 20일 방송

〈인류의 공존을 위한 노력, 스탠포드대학교 생명공학과 마누 프라카시(Manu Prakash) 교수〉
어린 시절 가지고 놀던 실팽이에서 아이디어를 얻어 종이 원심분리기(paperfuge)를 제작하였다. 종이 원심분리기는 전기가 풍부하지 않은 지역에서 사용하는 데 적합하다. 이 종이 원심분리기는 혈액에서 말라리아균을 15분 만에 분리해 낼 수 있다.
마누 프라카시(Manu Prakash)가 생각하는 과학은 '약자를 위한 과학', '누구나 누릴 수 있는 과학', '따뜻한 과학'이다. 이는 지속 가능한 발전교육에서 인류의 공존과 인권 존중에 과학이 기여해야 하는 바를 시사한다.

CHAPTER

2

영유아과학교육의 역사

현대 영유아과학교육의 추세와 전망을 이해하기 위해서는 영유아과학교육의 역사를 살펴보는 것이 필요하다. 영유아과학교육 사상의 흐름을 근대(19세기 이전)와 현대(20세기 이후)로 나누어 살펴본 후 미국과 우리나라의 영유아과학교육의 발달 과정을 알아보며, 영유아과학교육의 최근 동향을 살펴보기로 한다.

1. 영유아과학교육의 사상

1) 근대(19세기 이전)

[그림 2-1] 코메니우스

근대 과학교육은 코메니우스(Comenius, 1592~1670)의 『대교수학(The Great Didactics)』에서 자연과학을 새로운 교과목으로 언급하면서 감각경험을 통한 실물교육의 필요성을 주장한 이후부터 발전하기 시작하였다(문미옥, 신현옥, 김영숙, 류칠선, 2013). 실물이 유아가 닿을 수 있는 범위 내에 놓여 있을 때, 유아는 감각기관 및 이미지의 흔적을 남길 수 있다. 코메니우스는 『세계도회(Orbis Sensualium Pictus)』를 통해 유아의 이해를 촉진하기 위해 문자뿐 아니라 내용을 설명하는 그림을 넣은 세계 최초의 시각 교재를 제작하였으며, 과학과 관련된 교육 내용을 〈표 2-1〉과 같이 제시하였다(한유미, 2020).

〈표 2-1〉 코메니우스의 과학과 관련된 교육 내용

구 분	내 용
자연과학	물, 흙, 공기, 불, 눈, 서리, 돌, 쇠, 나무, 풀, 새, 물소리, 소 등을 알게 하고 신체부위의 이름과 사용을 학습하게 한다.
광학	빛, 어두움, 그림자를 구별하고 이름을 알며, 흰색, 검정색, 빨간색 등 주요 색들을 구별하게 한다.
천문학	하늘, 태양, 달, 별 등의 의미를 알며, 해와 달은 매일 뜨고 짐을 알게 한다.
기계학	손으로 행하도록 실제로 가르치거나 허락한다.

[그림 2-2] 로크

로크(Locke, 1632~1704)는 『백지설(Tabura Lasa)』에서 경험이 지식의 출발점이라 하였다. 로크는 외부 세계의 자극들을 지각하고 받아들임으로써 지식이 획득된다고 보았으며, 유아의 모든 감각들을 개발시키는 교육방법(읽기 활동뿐만 아니라 보고, 듣고, 맛보고, 냄새 맡고, 만져 보는 등의 오감을 통한 활동들을 포함)을 제시하였다. 로크의 사상은 여러 가지 인간발달 영역 중에서 오감을 소지한 신체발달에 역점을 두게 되었으며, 그는 유아의 흥미를 유발하기 위하여 학습에 최초로 놀잇감을 도입하기도 했다.

[그림 2-3] 루소

루소(Rousseau, 1712~1778)는 영유아의 흥미를 고려한 자연주의적 경험의 중요성을 강조하였으며, "자연으로 돌아가라."는 주장을 하였다. 루소에게 교육의 장(場)은 자연 세계이며, 어린이는 자연 세계 속에서 자유롭게 놀이를 하고 실물교육을 통하여 사물들에 대한 감각경험을 갖게 된다고 하였다. 루소는 저서 『에밀(Emile, 1762)』에서 실물의 양을 재고 수를 계측하고 무게를 비교할 수 있도록 주의, 기억, 사고의 토대인 오감의 발달과 감각기관의 훈련에 힘써야 한다고 하였다. 또한 루소는 "아이가 12세가 되었을 때 아직 오른손과 왼손을 구별할 줄 몰라도 건전한 감각만 갖고 있으면 머지않아 이성의 꽃이 필 것이다."라고 하여 암기에 의한 지식교육은 의미가 없음을 지적하였으며, 연습과 경험을 통해 배울 수 있도록 해주어야 한다고 하였다.

페스탈로치(Pestalozzi, 1746~1827)는 유아의 직접경험을 강조하여 실물학습을 통한 직관교육을 계획하였다. 언어적 교수방법과 달리 실물학습은 유아의 직접적인 경험을 강조하여 사물을 세심히 관찰하고, 단순 기억보다는 감각을 동원하거나 생각을 하도록 격려한다. 페스탈로치는 수많은 개념을 학습하는 최선의 길은 헤아리기, 측정하기, 느끼기, 만지기와 같은 과정들을 포함한 조작적 경험을 통해 일어나며, 실물교육은 직관주의(intuitionism)에 의거한다고 하였다. 직관주의란 모든 인식은 직관에서부터 출발하며, 모든 직관의 기초로서의 수 · 형 · 언어를 중시해야 한다는 원리이다. 즉, 페스탈로치의 관점에서 직관은 외계의 인상을 결합하여 능동적으로 개념을 구성하는 과정으로서, 유아는 구체적인 경험이 있을 때보다 명확한 직관을 발달시킬 수 있다는 것이다.

[그림 2-4] 페스탈로치

[그림 2-5] 프뢰벨

프뢰벨(Freobel, 1782~1852)은 아동중심 교육과정에서 은물(Gifts)을 통한 감각교육의 자연과학을 과학교육과정에 포함하여 감각경험에 기초한 과학교육의 필요성을 주장하였다. 프뢰벨은 1840년 최초로 유치원(kindergarten)이라는 이름으로 유아를 위한 교육시설을 설립함으로써 아동중심 교육과정과 과학교육과정에 기여하였다. 그는 유아의 개인차를 고려하여 교육과정을 계획해야 한다고 보았으며, 자연과학, 수학, 음악, 미술 등을 유치원 교육과정에 포함시켰다. 이 당시 유아를 위한 과학교육은 주로 자연감상, 동식물 기르기 등 감각적 경험에 기초한 자연학습을 위주로 이루어졌다.

19세기 영유아과학교육은 이러한 여러 학자들의 노력에도 불구하고 조직적인 실험을 통한 과학교육이 아닌 관찰을 통한 감각적 경험에 기초한 과학적 사실의 설명과 언어적인 교수방법을 벗어나지 못한 소극적인 자연학습 수준으로서, 유아의 과학적 개념 이해나 태도를 형성하기 위한 체계적인 교육에 도달하지 못했다.

2) 현대(20세기 이후)

[그림 2-6] 몬테소리

20세기 들어 몬테소리(Montressori, 1870~1952)는 감각경험에 기초한 몬테소리 교구를 통하여 과학학습이 이루어지도록 하였다. 몬테소리는 유아가 끊임없이 주변 환경으로부터 자극을 받고 정보를 얻으며 스스로 탐색하고 학습하는 자발적인 존재이며, 교사는 유아의 요구와 흥미에 일차적으로 관심을 두어야 한다고 보았다. 또한 오감의 발달 중 특히 시각과 촉각의 발달이 인지적 성장과 추상적 개념의 이해에 기본적인 것임을 발견하고, 같은 과제를 반복하는 방법을 통해 감각발달을 도와주는 교수자료들을 고안, 제작하였다.

[그림 2-7] 듀이

듀이(Dewey, 1859~1952)는 환경과의 상호작용을 통한 유아의 일상생활 속에서 흥미와 경험을 중심으로 한 과학교육학습을 주장하였다. 듀이는 자연주의와 프뢰벨의 상징주의를 비판하면서 진보주의 교육사상을 제창하였다. 진보주의는 교육의 실용성을 강조하는 입장으로서, 교과중심 교육과정보다 유아의 흥미중심, 생활중심 교육과정을 표방한다.

또한 그는 초등교육과정에 과학교육이 통합되어야 한다고 주장했으며, 이에 따라 당시 학교에서는 과학교육 내용으로 유아의 생활 주변과 실생활에 유용한 주제 및 유아의 경험 안에 있는 주제를 선정하였다(이선경, 1996).

이 외에도 듀이는 유아의 과학교육방법으로 과학자들이 사용하는 과정적 방법을 지지하였다. 유아는 암기함으로써 과학적 사실이나 원리를 이해할 수 없는 반면,

과정적 방법은 과학 그 자체를 이해하기 위한 최선의 방법이며, 과학의 과정을 연습하는 것은 결국 사회 경제와 산업 문제를 이해하는 기초가 된다는 것이다(이경우, 이정화, 1998).

2. 영유아과학교육의 발달 과정

1) 미국

미국의 영유아과학교육의 발달 과정은 현대 과학의 시작(1860~1940년대), 과학교육의 개혁기(1950~1970년대), 현대적 동향(1980년~현재)으로 나누어 볼 수 있다.

(1) 현대 과학의 시작(1860~1940년대)

미국 현대 과학의 출발은 19세기 후반부터이다. 이 시기 초등과학 교육과정에는 자연학습과 초등과학의 두 가지 대립되는 접근방법이 있다(김정희 외, 2020).

첫째, 자연학습은 자연에 대한 사랑을 발달시킬 수 있도록 돕는 것에 초점을 둔 아동중심적인 교수방법이 강조되었다. 교육 내용은 식물, 동물, 생태학이 있었으며, 지역사회 환경이 강조되었다. 자연연구운동(Nature-Study Movement)은 진보주의적인 성향으로 전인교육과 관련이 있었으며, 과학을 예술, 언어, 문학 등과 통합된 부분으로 간주하여 학제 간 접근을 하였다(한유미, 2013). 자연학습은 현대의 환경교육운동(Environmental Education Movement)과 같은 맥락이다. 고전적인 자연연구는 1890년대에서 1910년까지 전국의 초등학교에서 기초과학 프로그램으로 이용되었다.

둘째, 초등과학운동(Elementary Science Movement)은 초등과학 교육과정에 생명과학, 물리학 등 폭넓은 분야를 포함시켰다. 유치원에서 8학년까지 연속된 프로그램이 만들어졌으며, 초등과학의 내용은 부모와 교사에 의해 각 학년에서 중요하다고 생각한 개념이나 원리들로 개발되었다. 초등과학은 학년이 높아질수록 추상적인 내용을 다루고 있었다. 1920년대 이후의 시기는 전쟁으로 인하여 정치 · 경제적 측면에서 격동의 시기였고, 기술이 급격히 발전한 시기였다. 초등학교 과학교과 과정은 상품화된 교과서를 교재로 한 '과학책 읽기' 프로그램이었다. 산업사회가 요구하는 능력을 습득하기 위해 과학정보 읽기가 활기를 보였고, 조직화된 과학정보의 적용을 강조하였다. 직접적인 체험학습을 통한 발견보다는 실용적인 과학기술을 중점으로 두었다. 모든 학년에 교과는 전형화되었고, 새로운 과학발달의 내용이나 결과가 추가로 교과서에 제공되지는 않았다.

이후 진보주의 교육운동은 실험학교를 탄생시켰고, 학교에서의 과학교육은 아동이 자연현상을 직접 경험하고 과학을 아동의 정서적 · 신체적 복지뿐 아니라 통합적인 교육과정에 연결시킬 수 있는 기회가 되었다. 1930년대에는 과학교육에 영향을 끼친 보고서가 발간되었다. 그중 하나는 1932년 전국교육연구학회(National Society for the Study of Education)의 「과학교수 프로그램(A program for science teaching)」이다. 이 보고서는 아동과학교육의 내용이 그들의 일상생활과 관련된 것이어야 하며, 교과목의 효율적 가치는 아동의 흥미와 복지의 충족 정도에 따라 평가해야 한다고 주장하였다. 과학교수는 사실 전달 이상을 의미하며, 관찰, 실험, 가설설정 과정에 아동이 능동적인 학습자로 참여해야 함을 제안하였다. 두 번째로는 1938년 진보주의 교육연합(Progressive Education Association)이 출판한 「일반 교육에서의 과학(Science in general education)」이다. 이 보고서에서도 아동의 심리와 욕구를 기초로 한 프로그램을 제안하였고, 과학과 일생생활 간에 유의한 상관성이 있음을 강조하였다. 진보주의 교육연합에서 제시한 과학의 목적은 아동의 사고능력을 계발하기, 과학을 정보와 구별하여 이해하게 하기, 문제해결에 유용한 태도나 성향을 계발하기, 문제해결과 관련된 특정 기술이나 능력을 개발하기이다.

(2) 과학교육의 개혁기(1950~1970년대)

미국은 2차 세계대전 이후 과학기술은 엄청난 속도로 발전하였지만 이러한 요구를 충족할 만큼 과학자를 충분히 배출하지 못하고 있다는 사회적인 불안감이 조성되어 있었다. 1950년 설립된 미국과학재단(The Science Foundation)은 과학기술 인력이 부족하고 고등학교 교육과정이 과학기술의 급속한 변화에 적합하지 않음을 지적하면서, 진부한 교과서를 바꾸어야 하며 과학교사에게 과학연수를 받게 하여 과학교수방법을 향상시켜야 한다고 주장하였다.

이러한 가운데 스푸트니크 쇼크라 불리는 1957년 소련의 인공위성 발사는 미국의 학교 내 과학교육의 개혁에 결정적인 영향을 미친 원인이 되었다. 생활중심 교육과정은 비체계적인 비판을 받았고, 학문중심 교육으로 과학교육운동이 생겼다. 또한 과학교육학회가 설립되었고, 과학자, 교육학자, 심리학자, 교사 등이 교육과정 개발에 함께 참여하였다. 이들이 개발한 프로그램은 시범에 의한 실험보다는 직접적인 실험에 초점을 둔 활동으로 구성되었고, 교사용 안내서도 발간되었다. 특히 피아제(Piaget)와 브루너(Bruner)의 인지이론은 "연령에 관계없이 유아의 인지발달단계에 맞는 주제라면 어떠한 주제든 효과적으로 가르칠 수 있다."는 주장을 하였는데, 이는 유아과학 교육과정을 변화시켰다(이기현, 2010).

1960년대 초반에 과학교육에 대한 관심이 증가하고 인지발달에 대한 연구가 활발해지면서 초등과학교육에 대한 지원을 강화시켰으며, 유 · 초등과학교육에 재정적 지원이 강화되어 500여 종의 과학교육 프로그램이 개발되었다. 이러한 프로그램은 대개 피아제(Piaget), 브루너(Bruner), 가네(Gagne) 등의 이론에 기초하고 있는데, 현재까지 사용되는 대표적인 것으로는 Science Curriculum Improvement Study(SCIS), Science · A Process Approach(SAPA), Elementary Study(ESS) 등이 있다.

1970년대 중반 성취도 검사 점수 저하와 학업능력 향상에 대한 부모들의 요구에 의해 과학교육 개선 프로그램은 비판을 받게 되고, 기초로의 회귀운동(back-to-basic)이 등장하였다. 그 결과 탐색적 학습에서 공식을 암기해 풀거나 지필식(paper&pencil) 학습으로 회귀하는 현상이 발생하였다. 이를 통해 많은 선택과목들이나 열등생의 자동 진급 문제에 대한 문제제기가 있었으며, 학생들이 좋아하는 쉬운 과목들이 비판을 받고 어려운 교과목들이 강조되었다. 교육의 초점은 '기초'에 있었고, 학교는 기초 기술에 집중해야 한다는 주장이 두각을 보였다. 그 결과 과학교육에 비해 읽기, 수학, 의사소통 등 학업의 기초 기술을 가르치는 것을 우선시하였다. 1970년대 후반에 대표적인 유아과학교육 프로그램인 까미(Kamii)와 드브리스(Devries)의 물리적 지식 활동 프로그램(Physical Knowledge Activities: PKA)이 개발되었다.

(3) 아동과학교육의 현대적 동향(1980년대)

1960~1970년대 미국에서 과학교육과정이 기대에 미치지 못하는 결과를 가져오면서 사회적 변화의 요구에 따라 Project 2061과 STS(Science-Technology-Society) 등의 새로운 과학교육을 지향하게 되었다(황의명, 조형숙, 2019).

① Project 2061

Project 2061은 새로운 과학교육으로의 전환을 위해 1990년에 AAAS(American Association for the Advancement of Science)의 후원을 통해 완성되었다. Project 2061의 명칭은 2061년까지 모든 미국인이 생활 속에서 과학을 이해하고 과학에 관련된 사회적 문제에 대해 올바른 인식을 하고 의사결정할 수 있는 능력을 갖출 것을 지향한다는 의미이다. 이 프로젝트(American Association for the Advancement of Science, 1990; Association for the Advancement of Science, 1993)는 과학능력의 개념에 기초한 프로젝트로 기본방향과 교육 목표는 〈표 2-2〉와 같다.

〈표 2-2〉 Project 2061 기본방향과 교육 목표

구 분	내 용
기본방향	• 과학교육을 통해 과학적 지식의 학습뿐 아니라 과학적 기술의 본질에 대한 이해가 이루어질 수 있도록 해야 한다. 과학적 기술의 본질에 대한 이해란 과학적 탐구와 실용적 요구에 의해 창안된 것으로, 모든 과학적 기술은 통제되며, 과학적 기술은 부작용을 수반할 수 있고 과학 기술과 사회체제는 서로 영향을 주고 받는 관계임을 인식한다. • 과학교수방법의 효과적인 접근은 유아들의 질문을 기초로 하여 교사가 적극적으로 유아의 질문에 대하여 탐구하면서 문제를 함께 해결해 가는 과정을 중시한다.

구분	내용
기본방향	• 모든 국민에게 과학적 소양을 갖게 한다는 목적에 부합하기 위해, 여성에 대한 과학교육의 기회 확대와 어릴 때부터의 과학교육의 필요성을 강조한다. • 분리된 교과로서의 과학교육이 아닌 통합적 접근을 통한 과학교육과정의 운영이 중요하다. 특히, 과학에 관해 읽기, 쓰기와 같은 언어영역과의 통합적 접근을 강조한다. • 급속히 발전하고 있는 과학기술을 실생활에 편리하게 활용할 수 있는 능력을 키우기 위해서 컴퓨터 등의 실용과학교육을 강조한다. • 1960년대 새과학교육과정의 실패가 교사교육에 대한 관심 부족에 있었으므로, 유아를 위한 과학교육과 더불어 과학적 교양인으로서의 교사를 길러내기 위한 방안을 두어야 한다.
교육 목표	• 자연 세계와 친해지고 세계의 다양성과 독특함을 인정 • 과학적 중요 개념과 원리의 이해 • 과학 · 수학기술에 의존하게 되는 요소 • 과학 · 수학기술이 시사하는 인간 기업과 그들의 한계에 대한 인식 • 과학적 사고의 개발 • 개인과 사회의 목적을 위한 과학 지식과 사고방법의 사용

Project 2061에 주도되고 있는 최근 과학교육의 기본방향과 목표는 실생활 속에서 과학적 문제를 해결하기 위한 능력을 모든 사람이 갖출 수 있도록 하기 위해, 어릴 때부터 통합적 접근에 의해 교사와 함께 적극적으로 탐구과정에 참여할 수 있도록 하는 과학의 생활화를 위한 것이라고 할 수 있다.

② STS접근(Science-Technology-Society)

STS는 과학-기술-사회의 관계를 나타내기 위해 처음으로 사용한 용어이며, 이것은 과학과 기술 사이, 과학과 사회 사이, 기술과 사회 사이의 관계를 통합적으로 말하는 것이다. 즉, 과학기술은 사회 속에서 발생하고 진보하기 때문에 과학기술과 사회와의 관계를 중요시하는 것이 STS(Science-Technology-Society)인 것이다.

STS 교육은 과학자들이 다루는 개념이나 방법이 아니라 유아들이 생활 속에서 실제로 경험하고 접할 수 있는 과학의 내용과 방법을 학교 과학교육의 대상으로 다루도록 함으로써 미래 생활에서 과학을 이해하고 활용할 수 있는 실질적인 능력을 기를 것을 지향한다. 따라서 유아들이 앞으로 살아가는 과정에서 흔히 만날 수 있는 실제적인 문제를 주로 다룬다. STS 교육에서는 유아들에게 과학과 기술의 발달에 따른 사회적 문제(오염문제, 인구증가, 식량난, 에너지 고갈 등)를 해결할 수 있는 교육과 미래 사회에 과학과 기술이 어떻게 현명하게 이용되어야 하는가에 대한 윤리와 가치 측면의 교육을 강조하고 있다. STS 교육은 과학과 관련된 가치 및 의사결정 과정이 포함되어야 한다.

STS의 교육 목적, 교수-학습방법, 교사의 역할(NSTA, 1990; Yager, 1993)은 〈표 2-3〉과 같다.

〈표 2-3〉 STS의 교육 목적, 교수-학습방법, 교사의 역할

구 분	내 용
교육 목적	• 과학 · 기술 · 사회의 상호작용을 이해하고, 의견을 교환할 수 있는 능력을 기른다. • 기술의 효용성과 타당성을 평가할 수 있는 능력을 기른다. • 민주 시민으로서의 권리와 책임을 의미 있게 활용할 수 있는 능력 등이 통합된 종합적 능력을 기른다.
교수-학습방법	• 유아에게 자율성, 주도성, 지도성 등을 스스로 발휘할 수 있도록 격려한다. • 유아가 스스로 의문을 풀어나갈 수 있도록 돕는다. • 유아가 질문할 수 있도록 충분한 시간과 여유를 준다. • 유아와 유아, 교사와 유아 간의 상호작용을 격려한다. • 유아에게 개방적인 질문을 한다. • 유아의 과거 경험에 기초하여 미래의 결과를 예측하기도 한다. • 교사는 사실에 대한 개념을 제시하기 전에 유아의 생각을 먼저 알아본다. • 유아가 가지고 있는 오류를 함께 밝혀나갈 수 있도록 수업을 설계한다.
교사의 역할	• 교사는 과학의 지식, 유머, 창조성, 상식을 활용할 수 있어야 한다. • 교사는 과학적 지식의 본질에 대해 인식하여야 하며, 유아가 판단능력을 갖출 수 있도록 격려하여야 한다. • 토론은 학습을 위한 효과적인 동기가 되므로 유아 간의 토의를 격려한다. • 유아들이 다양한 의견을 교환할 수 있도록 기회를 제공한다

STS 교수-학습방법은 전통적 교수-학습방법과 다른 특징이 있는데 이것을 비교하면 〈표 2-4〉와 같다(Yager & Tamir, 1993).

〈표 2-4〉 STS 교수-학습방법과 전통적 교수-학습방법 비교

STS 교수-학습방법	전통적 교수-학습방법
• 아동중심	• 교사중심
• 아동의 다양성에 따른 개별화와 개인화	• 중간 수준의 아동을 위한 단체학습
• 다양한 자료	• 단편적인 자료
• 문제점 해결을 위한 협동학습	• 실험 위주의 단체학습
• 능동적 참여	• 소극적 참여
• 경험중심	• 체계적 정보중심
• 아동의 흥미중심 교수계획	• 교사중심 교수 계획

2) 우리나라

우리나라의 유아과학교육은 미국 교육과정의 영향을 많이 받았으며, 시대적 요구를 반영하면서 변화해 왔다. 1969년 문교부령으로 고지된 별도의 유치원 교육과정 제정에서부터 최근의 개정 누리과정까지 우리나라 유아과학교육의 목표와 내용의 변화를 정리하면 다음과 같다.

(1) 제1차 유치원 교육과정

1969년 공포된 제1차 유치원 교육과정은 건강영역, 사회영역, 자연영역, 언어영역, 예능영역 등 다섯 가지 생활영역에 따라 내용을 편제하였다. 과학교육은 자연생활영역에서 다루어지고 있었으며, 자연생활영역의 목표와 내용은 〈표 2-5〉와 같다.

〈표 2-5〉 제1차 유치원 교육과정의 과학교육 목표와 내용

구 분	제1차(1969년) 유치원 교육과정 과학교육	
영 역	자연생활영역	
목 표	1. 동식물을 사랑하고 보호하는 마음씨와 태도를 기른다. 2. 자연의 모습에 흥미와 관심을 가지게 하며 스스로 보고, 생각하고, 활용하는 능력과 태도를 기른다. 3. 일상생활에 필요한 간단한 기능을 익혀 생활에 적응할 수 있도록 한다.	
내 용	자연현상	• 동식물을 즐겨 기르고 가꾸기 • 동식물을 여러 모로 관찰하기 • 자연의 여러 모습 관찰하기 • 자연의 여러 사물(꽃, 나뭇잎, 돌 등)을 수집하여 정리하기 • 천체의 여러 모양을 관찰하기 • 계절의 변화에 대하여 알기
	과학생활	• 생활 필수품의 성질과 용도를 알고 활용하기 • 연모의 용도를 알고 바로 쓰기 • 놀잇감의 용도를 알고 만들며 활용하기 • 운동기구와 장난감의 움직임, 생김새, 용도 등을 알고 활용하기

(2) 제2차 유치원 교육과정(1979)

1979년 개정된 제2차 유치원 교육과정은 사회 · 정서발달영역, 인지발달영역, 언어발달영역, 신체발달 및 건강영역으로 구분하였다. 과학교육은 인지발달영역에서 다루어지고 있었으며, 인지발달 영역의 목표와 내용은 〈표 2-6〉과 같다.

〈표 2-6〉 제2차 유치원 교육과정의 과학교육 목표와 내용

구 분	제2차(1979년) 유치원 교육과정 과학교육
영 역	인지발달영역
목 표	1. 사물, 자연 및 자연현상에 대해 직접적으로 활동하게 함으로써 이들에 대한 기본 개념의 형성을 촉진하도록 한다. 2. 사회의 구성원으로서 각종 사회기관 및 시설을 활용하고 사회생활에 적극 참여함으로써 사회적 기본 개념의 형성을 촉진하도록 한다. 3. 다양한 조작적 활동을 통하여 사고의 기초가 되는 논리 · 수학적 사고능력의 발달을 촉진하도록 한다. 4. 여러 가지 활동을 통하여 얻은 경험들을 다양한 방식으로 표상하는 능력을 기른다.

<table>
<tr><th>구 분</th><th colspan="2">제2차(1979년) 유치원 교육과정 과학교육</th></tr>
<tr><td>내 용</td><td>자연
현상에
관한
개념</td><td>• 생물과 무생물 구별하기
• 동식물의 이름과 성질 알기
• 물체의 이름과 성질 알기
• 빛과 그림자 이해하기
• 밤과 낮 구별하기
• 날씨의 변화 관찰하기
• 계절의 변화 이해하기
• 지구, 해, 달 및 별에 관해 이해하기</td></tr>
</table>

(3) 제3차 유치원 교육과정(1981)

1981년 개정된 제3차 유치원 교육과정은 초 · 중등학교 교육과정과 연계하여 개정되었다. 신체발달, 정서발달, 언어발달, 인지발달, 사회성발달의 5개 발달영역으로 구성되었다. 과학교육은 인지발달영역에서 다루어졌으며, 인지발달영역의 목표와 내용은 〈표 2-7〉과 같다.

〈표 2-7〉 제3차 유치원 교육과정의 과학교육 목표와 내용

<table>
<tr><th>구 분</th><th colspan="2">제3차(1981년) 유치원 교육과정 과학교육</th></tr>
<tr><td>영 역</td><td colspan="2">인지발달영역</td></tr>
<tr><td>목 표</td><td colspan="2">1. 직접 경험을 통하여 자연현상에 관한 기본 개념을 알게 한다.
2. 사회의 구성원으로서 필요한 사회현상 및 기능에 대한 기본 개념을 알게 한다.
3. 다양한 조작적 활동을 통하여 논리적 · 수리적 사고능력을 기른다.</td></tr>
<tr><td>내 용</td><td>자연
현상에
관한
개념</td><td>• 우리 몸 각 부분의 이름과 기능 알기
• 동 · 식물의 이름과 특징 알기
• 생물과 무생물 구별하기
• 주변의 여러 가지 물체의 이름 알기
• 물체의 형태, 색깔, 질감 등의 성질 알기
• 물체의 운동 알기
• 빛과 그림자 알기
• 낮과 밤 구별하기
• 계절과 날씨 알기
• 해, 달, 별 알기
• 들, 산, 강 바다 알기</td></tr>
</table>

(4) 제4차 유치원 교육과정(1987)

1987년에 개정된 제4차 유치원 교육과정은 주기적인 개정의 필요와 시대적 · 사회적 변화에 따른 개정의 요구로 부분개정의 성격으로 제시되었다. 제3차 유치원 교육과정과 동일하게 신체발달, 언어발달, 인지발달, 정서발달, 사회성발달의 5개 발달영역으로 조직되었다. 과학교육은 인지발달영역 중 자연현상에 관한 개념에서 다뤄졌으며, 인지발달영역의 목표와 내용은 〈표 2-8〉과 같다.

〈표 2-8〉 제4차 유치원 교육과정의 과학교육 목표와 내용

구 분	제4차(1987년) 유치원 교육과정 과학교육	
영 역	인지발달영역	
목 표	1. 구체적 경험을 통하여 자연현상에 관한 기본 개념을 안다. 2. 사회 구성원으로서 필요한 사회현상 및 기능에 대한 기본 개념을 안다. 3. 다양한 조작적 활동을 통하여 논리적 · 수리적 사고의 기초능력을 기른다. 4. 다양한 활동과 놀이를 통하여 상상력과 창의력을 기른다.	
하위 목표	구체적 경험을 통하여 자연현상에 관한 기본 개념을 안다.	• 우리 몸 각 부분의 기능을 안다. • 동식물의 특징과 생활에 대하여 안다. • 주변의 여러 가지 물체의 성질을 안다. • 자연현상을 관찰하고 그 변화를 안다.

(5) 제5차 유치원 교육과정(1992)

1992년 개정된 제5차 유치원 교육과정은 건강생활, 사회생활, 표현생활, 탐구생활, 언어생활의 5개 생활영역으로 조직되었으며, 과학교육은 탐구생활영역을 중심으로 다루어졌다. 제5차 유치원 교육과정은 생활중심의 교육과정을 강조하였으며, 탐구생활영역의 목표와 내용은 〈표 2-9〉와 같다.

〈표 2-9〉 제5차 유치원 교육과정의 과학교육 목표와 내용

구 분	제5차(1992년) 유치원 교육과정 과학교육	
영 역	탐구생활영역	
목 표	1. 주변환경과 자연현상에 대한 과학적 사고의 기초능력과 태도를 기르게 한다. 2. 다양한 조작 활동을 통하여 논리 · 수학적 사고의 기초능력과 태도를 기르게 한다. 3. 과학적, 논리 · 수학적 사고를 기초로 하여, 창의적으로 문제를 해결하는 능력과 태도를 기르게 한다.	
내 용	과학적 사고	• 물체의 성질 탐색하기 • 물체의 변화 과정 관찰하기 • 물체의 움직임 관찰하기 • 우리 몸에 대해 관심 가지기 • 생물에 대해 관심 가지기 • 주변환경에 대해 관심 가지기 • 자연현상 관찰하기
	창의적 사고	• 특이한 상황에 관심 가지기 • 다양하게 사고하기 • 독특하게 사고하기

(6) 제6차 유치원 교육과정(1998)

1998년 개정된 제6차 유치원 교육과정은 제5차 유치원 교육과정과 마찬가지로 건강생활, 사회생활, 표현생활, 탐구생활, 언어생활의 5개 생활영역으로 구성되었다. 과학교육은 탐구생활영역을 중심으로 다루어졌으며, 탐구생활영역의 목표와 내용은 〈표 2-10〉과 같다.

〈표 2-10〉 제6차 유치원 교육과정의 과학교육 목표와 내용

구 분	제6차(1998년) 유치원 교육과정 과학교육
영 역	탐구생활영역
목 표	1. 주변생활과 자연현상을 이해하는 데 필요한 기초적인 탐구능력과 태도를 기른다. 2. 구체적인 사물의 조작을 통하여 논리 · 수학적 사고의 기초능력을 기른다. 3. 일상생활에서 부딪히는 문제를 창의적으로 탐구하고 다양한 방법으로 해결하려는 태도를 기른다.

구 분	제6차(1998년) 유치원 교육과정 과학교육	
내 용	과학적 탐구	• 우리 몸에 대하여 알아보기 • 생물에 대하여 관심 가지기 • 자연현상에 대하여 알아보기 • 물체와 물질 탐색하기 • 도구와 기계에 관심 가지기
	창의적 탐구	• 주변 상황에 관심을 가지고 탐색하기 • 다양하게 생각하기 • 독특하게 생각하기

(7) 제7차 유치원 교육과정(2007)

사회 변화에 부응하기 위한 주기적인 교육과정 개정의 필요성과 유치원 공교육화 및 학제 개편 논의 등의 시대적 · 사회적 요구 상황에 따라 2007년 개정 유치원 교육과정이 발표되었다. 2007년 개정 유치원 교육과정은 제5차, 제6차 유치원 교육과정과 마찬가지로 건강생활, 사회생활, 표현생활, 탐구생활, 언어생활의 5개 생활영역으로 구성되었다. 과학교육은 탐구생활영역을 중심으로 다루어졌으며, 탐구생활영역의 목표와 내용은 〈표 2-11〉과 같다.

〈표 2-11〉 제7차 유치원 교육과정의 과학교육 목표와 내용

구 분	제7차(2007년) 유치원 교육과정 과학교육	
영 역	탐구생활영역	
목 표	1. 사물과 자연현상에 대해 호기심을 가지고 지속적으로 탐구하는 태도를 기른다. 2. 사물과 자연현상에 대한 기초 지식을 이해하고 탐구하는 능력을 기른다. 3. 생활 주변의 문제를 논리 · 수학적으로 해결하기 위한 기초능력을 기른다.	
내 용	탐구하는 태도 기르기	• 사물과 현상에 지속적인 관심 가지기 • 탐구 과정 즐기기
	과학적 기초능력 기르기	• 물체와 물질에 대해 알아보기 • 생명체와 자연환경 소중하게 여기기 • 자연현상에 대해 알아보기 • 간단한 도구와 기계 활용하기

(8) 3~5세 연령별 누리과정(2012)

2012년에 개정된 유치원 교육과정은 3~4세 누리과정과 만 5세 누리과정 일부 개정을 포함한 3~5세 연령별 누리과정이 고시되었다. 신체운동 · 건강, 의사소통, 사회관계, 예술경험, 자연탐구의 5개 영역으로 조직되었다. 과학교육은 자연탐구 영역을 중심으로 다루어졌으며, 자연탐구영역의 목표와 내용은 〈표 2-12〉와 같다.

〈표 2-12〉 3~5세 연령별 누리과정 과학교육 목표와 내용

구 분	3~5세 연령별 누리과정(2012) 과학교육	
영 역	자연탐구영역	
목 표	1. 주변의 사물과 자연 세계에 대해 알고자 하는 호기심을 가지고 탐구하는 태도를 기른다. 2. 생활 속의 여러 상황과 문제를 논리 · 수학적으로 이해하고 해결하기 위한 기초능력을 기른다. 3. 주변의 관심 있는 사물과 생명체 및 자연현상을 탐구하기 위한 기초능력을 기른다.	
내 용	탐구하는 태도 기르기	• 호기심을 유지하고 확장하기 • 탐구 과정 즐기기 • 탐구기술 활용하기
	수학적 탐구하기	• 수와 연산의 기초 개념 알아보기 • 공간과 도형의 기초 개념 알아보기 • 기초적인 측정하기 • 규칙성 이해하기 • 기초적인 자료 수집과 결과 나타내기
	과학적 기초능력 기르기	• 물체와 물질 알아보기 • 생명체와 자연환경 알아보기 • 자연현상 알아보기 • 간단한 도구와 기계를 활용하기

(9) 2019 개정 누리과정

국가수준의 교육과정은 2019 개정 누리과정으로 개정되었으며, 유아가 중심이 되고 놀이가 살아나는 교육과정을 추구한다. 3~5세 연령별 누리과정과 동일하게 신체운동 · 건강, 의사소통, 사회관계, 예술경험, 자연탐구의 5개 영역으로 조직되었다. 과학교육은 자연탐구영역을 중심으로 다루어졌으며, 자연탐구영역의 구체적인 부분은 제4장에서 다룬다.

3. 영유아과학교육의 최근 동향

영유아과학교육의 최근 동향(김정희 외, 2019)은 다음과 같다.

첫째, 영유아과학교육의 내용은 특정 지식에 중점을 두기보다는 과학의 일반적인 원리를 이해하고 판단할 수 있는 것으로 채워져야 한다[그림 2-8].

바람개비를 만들고 충분히 탐색한 후 바깥놀이 시간에 바람개비를 돌림. 유아는 교실에 들어와서 바람개비의 원리를 스스로 그림으로 표현함

[그림 2-8] 과학의 일반적인 원리를 이해하는 사례

둘째, 영유아가 과학 지식을 형성하기 위해서는, 일상생활의 경험과 사물과의 직접적인 상호작용을 통한 능동적인 활동을 중심으로 진행되어야 한다[그림 2-9].

① 바깥놀이 시간 숲에서 무당벌레 발견	② 작은 무당벌레를 자세히 볼 수 있는 방법에 대해 유아들 스스로 문제를 해결함. 교실에서 돋보기와 루페 가져와서 관찰함

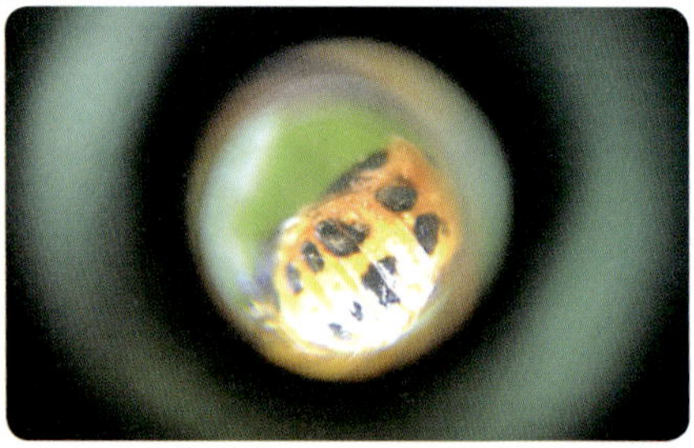

③ 더욱 자세히 관찰하기 위해 교사가 핸드폰 현미경을 지원하여 유아의 능동적인 과학 활동이 지속되며 확장될 수 있도록 함

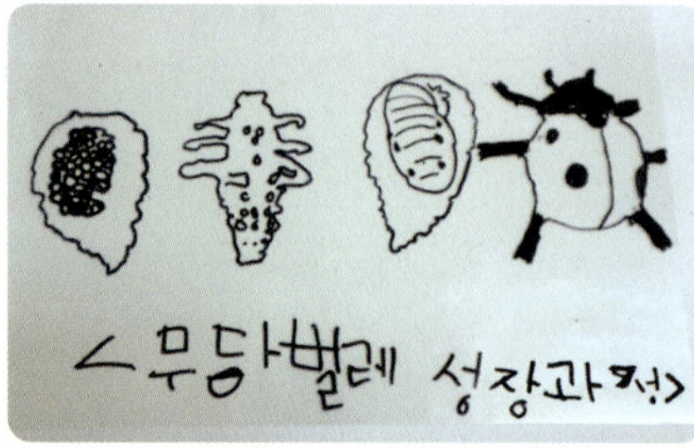

④ 교실에서 곤충도감 책을 보며 무당벌레에 대해 궁금한 부분 스스로 찾아봄. 라이트테이블에 무당벌레 성장 과정 그림 올려놓고 OHP 필름지에 그림을 그림. 영유아들은 곤충의 성장 과정에 관심을 갖게 되었으며, 다양한 곤충의 성장 과정 알아보기 놀이로 확장됨

[그림 2-9] 일상생활의 경험과 사물과의 직접적인 상호작용을 통한 능동적인 활동의 사례

셋째, 영유아의 과학 활동은 결과에만 중점을 두기보다는 과정을 가치 있게 여겨 탐색과 발견의 즐거움을 경험할 수 있게 도와야 한다[그림 2-10].

① 잎이 으깨지며 식물이 가지고 있는 특유의 향기를 우연히 비교함
② 솔잎은 으깨진 잎이 나무의 진처럼 끈적거리고, 잎을 찧었던 돌은 초록색으로 물든 모습을 관찰함
③ 잎은 각각의 특이한 향을 갖고 있음을 발견함
④ 좋은 향기 순서대로 순위 정함
⑤ 각각의 잎이 섞이면 어떤 향이 나는지 궁금해서 여러 가지 잎을 섞어 향기를 만들어 보는 경험을 함
⑥ 영유아들이 정한 향기가 가장 좋았던 것은 솔잎(향나무)과 개망초를 섞은 것이었음
⑦ 새롭게 만들어진 향기의 이름을 '솔개망초'라고 지은 뒤 향기주머니도 만들어 보았음

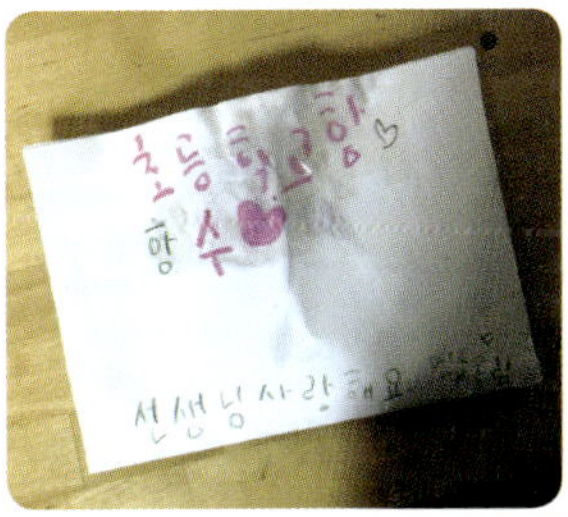

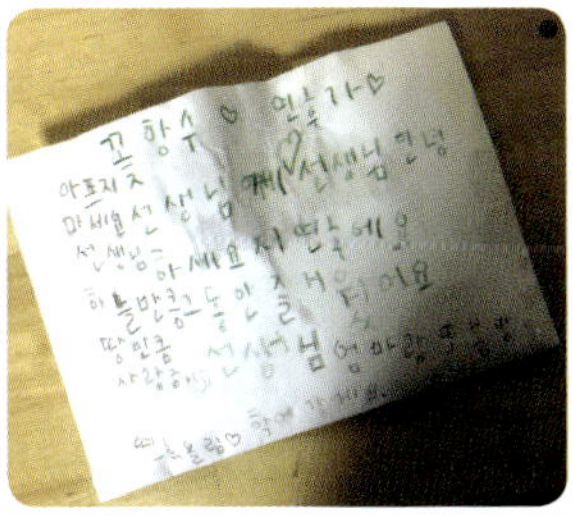

솔개망초 놀이 후 시간이 흐른 뒤 ○○가 교사에게 향수 선물을 주었다. 봉투에는 '초등학교 향수'와 선생님께 쓴 편지가 있었다. ○○는 "선생님 봉투 열어 보세요. 비누꽃으로 만든 향수예요."라고 말하였다. ○○의 부모님께서는 "이모가 ○○에게 비누꽃을 선물했는데, ○○가 솔개망초 향수 만들기가 재미있었고, 기억에 남아 꽃잎으로 선생님께 드릴 향수를 만들었어요."라고 말씀하셨다.

[그림 2-10] 과정을 가치 있게 여겨 탐색과 발견의 즐거움을 경험한 사례

넷째, 영유아과학교육은 분리된 특수한 교육 내용이나 실험중심의 학습방법을 동원하기보다는 여러 영역과 연관 지어 통합적으로 이루어지는 것이 효율적이다 [그림 2-11].

① 몬드리안의 빨강, 파랑, 노랑의 구성 명화 감상(예술경험영역)	② 명화 감상 후 색과 모양 구성하기 미술 활동(예술경험영역)

③ 명화 감상 후 바깥놀이 시간에 흙에 직선으로 나무 그리기(신체운동 · 건강영역) → 나뭇잎, 열매, 나뭇가지, 돌멩이 등으로 친구들과 함께 면 채우기(자연탐구영역, 사회관계영역) → 나무 완성하기(예술경험영역) → 제목 '알록달록 나무'(의사소통영역)

[그림 2-11] 여러 영역과 연관 지어 통합적으로 이루어지는 과학교육 사례

다섯째, 영유아과학교육은 경쟁적이거나 개인주의적인 학습 분위기에서 벗어나 협동학습을 함으로써 또래 간의 사회적 상호작용을 격려한다[그림 2-12].

유치원 앞마당에서 영유아들이 "저희 까만 보석 줍고 있어요. 예쁘죠. 힘을 모아 함께 보석 많이 모을 거예요."라고 말하였다. 영유아들이 줍는 까만 보석이 무엇인지 도감을 찾아보니 회양목 열매였다. 회양목 열매를 자세히 관찰하고 바닥에 떨어진 까만 보석을 함께 주워서 모았다.

산책길 빙고놀이

나비	삐죽삐죽 한 자연물	벌레껍질	알
솔방울	보라색 꽃	발자국	노란 꽃
새집	벌레 먹은 나뭇잎	새소리	괭이밥
좋은 냄새	거미줄	은행나무	덩굴

나태주 〈풀꽃〉 시를 함께 읊으며 ('자세히 보아야 예쁘다. 오래 보아야 사랑스럽다. 너도 그렇다') 숲에서 동식물을 자세히 살펴볼 수 있도록 하였다. 산책길 빙고길을 만들어 모둠으로 산책길에서 만난 자연에 동그라미 표시를 하였다. 내가 보지 못한 것을 친구가 발견하며, 함께 협력하며 놀이가 진행되었다.

가을에 나뭇잎의 변화 게임을 하기 위하여 각 학급에서 봄, 여름, 가을 나무 만들기를 협력하여 진행하였다. 영유아들은 협력하여 나무 만들기를 하며 "봄에 볼 수 있는 예쁜 꽃을 함께 그려 보자.", "나무 주변에 날아다니던 나비도 그려야지.", "00가 그린 개나리 꽃잎 너무 예쁘다."의 상호작용이 이루어졌다. 숲에 협력해서 만든 나무를 놓고 나뭇잎의 변화 게임을 즐겼다.

[그림 2-12] 협동학습을 함으로써 또래 간의 사회적 상호작용을 격려하는 사례

CHAPTER

3

영유아과학교육의 이론적 기초

1. 성숙주의 이론

1) 성숙주의 이론의 기본 개념

성숙주의 이론에서는 씨앗에서 자연스럽게 꽃이 피는 현상에 빗대어 발달을 설명한다. 씨앗을 심으면 자연스럽게 싹이 트고 자라듯이 영유아도 태어날 때부터 가지고 있는 정해진 발달 스케줄에 따라 발달이 이루어진다고 보는 것이다.

성숙주의 이론의 대표 학자인 루소(Rousseau) 또한 영유아에게는 이미 발달 스케줄이 내재되어 있기 때문에 정해진 순서에 따라 자연스럽게 발달이 이루어질 수 있도록 기다려 주는 것이 중요하다고 보았다. 그는 자연의 힘에 대해 특별한 믿음을 가지고 있었으며, 영유아의 잠재력이 발현되기 위해서는 영유아가 자연 속에서 자유롭게 자신의 의지와 생각대로 행동할 수 있도록 해주어야 한다고 강조하였다(Crain, 2014). 이에 성인이 영유아의 발달에 개입하려고 하거나 영유아의 사고를 인위적으로 수정하거나 가르치려고 시도하는 것은 의미가 없으며, 영유아의 잠재력이 자연이 의도한 대로 자신만의 방법으로 발현될 수 있도록 지원하는 것이 가장 중요하다고 보았다.

루소의 사상에 영향을 받은 게젤(Gesell) 또한 영유아는 자신에게 내재되어 있는 힘으로 인해 계획된 순서에 따라 발달하는 존재임을 강조하였다. 그는 환경적인 요인이 영유아의 신체발달을 약간은 지원해 줄 수는 있으나, 보편적인 발달 순서와 방향에는 영향을 주지 않는다고 보았다(Slater, Hocking & Loose, 2003). 다시 말해, 영유아의 발달 순서는 이미 예정되어 있기 때문에 순서보다 앞서 어떤 기술이나 행동을 가르치려고 시도하는 것은 의미가 없으며, 영유아는 자신에게 내재되어 있는 힘을 사용하여 스스로 성장을 조절하고 이끌어 나간다는 것이다. 게젤은 체계적이고 지속적인 관찰법을 사용하여 영유아들의 발달과 행동을 연구하였다. 그가 이러한 견해를 기초로 만든 '게젤 발달 검사(Gesell Developmental Observation; GDO)'는 오늘날까지도 영유아의 연령에 따른 인지, 신체, 언어, 사회정서 및 적응발달 정도를 확인하고, 발달에 적합한 학습 경험을 제공하는 데에 기준을 제공하고 있다 (Geddemi, Sambrook, Wells, Randel, Fite, Selva, & Gagnon, 2014). 이 검사에는 영유아의 연령별 특성에 따라 수행 가능한 행동들이 기술되어 있다. 예를 들어, 생후 13개월에서 18개월 경 사이에 거꾸로 걷거나 옆으로 걷는 것이 가능하다는 특성이 제시되어 있어서 해당 월령 영아의 발달 단계와 정도를 확인할 수 있다.

이렇듯 성숙주의 이론에서는 영유아의 성장과 발달이 성숙의 법칙과 정해진 순서에 의한 결과라고 보기 때문에 영유아의 발달 과정을 어느 정도 예측할 수 있다고 보며, 환경적인 요인이 유전적인 요인보다 영유아의 성장과 발달에 더 큰 영향을 미치고 있다고 본다.

2) 성숙주의 이론의 교육적 시사점

앞서 살펴본 바와 같이 성숙주의 이론은, 영유아의 성장과 발달은 유전적으로 내재되어 있는 발달 스케줄에 따라 나타난다는 입장을 견지한다. 따라서 영유아에게 시간이 충분히 주어진다면 성장과 발달은 정해진 순서에 따라 이루어지며, 학습 또한 자연스럽게 이루어진다고 본다. 이러한 이유에서 성숙주의 이론에서는 영유아의 성장과 발달, 그리고 학습을 촉진하기 위한 인위적인 노력은 불필요하며, 오히려 기술이나 행동을 가르치려는 시도는 영유아에게 해로운 영향을 미칠 수 있다고 본다.

이렇듯 성숙주의 이론에서는 발달의 고정성을 강조하고 있으며, 교육보다는 영유아의 내부에 있는 자연성에 가치를 둔다. 그러므로 성숙주의 관점에서 교사는 영유아를 위한 과학교육을 실시할 때에도 적극적으로 영유아의 학습에 개입하거나 통제하기보다는 수동적인 입장을 고수한다. 다시 말해, 교사는 영유아에게 과학적 지식이나 기술을 가르치려고 성급하게 행동하지 않고, 영유아의 발달 스케줄에 따라 자연에 따르도록 지원해야 한다. 단, 교사는 무관심하게 영유아를 방치하거나 방임하는 것이 아니라, 영유아가 내재된 발달 스케줄에 따라 발달이 이루어질 수 있도록 지원해야 한다. 예를 들어, 교사는 영유아의 성장과 발달을 방해하는 요소를 제거하고 영유아가 스스로 자신의 경험을 통하여 자연의 질서에 맞게 자연스럽게 성장하고 발달할 수 있도록 환경을 구성할 수 있다. 이를 위해서 교사는 영유아의 행동을 관찰하여 영유아의 발달 준비도를 파악하는 것이 중요하다.

성숙주의 관점에서 영유아는 성인의 가르침을 받는 존재가 아니라 활동의 주도권을 가진 독립적인 존재이며, 자신의 생각, 경험, 이해력에 따라 판단하고 행동하고 자신의 삶에 대한 주체성을 갖는 자율적인 삶을 사는 존재이다. 영유아는 이러한 경험을 통해 자신의 행동에 스스로 책임지는 자율성을 기를 수 있다. 따라서 교사는 영유아가 자신의 주변을 자유롭게 탐색할 수 있도록 허용하되 그 과정에서 겪는 어려움을 스스로 마주하고 이겨 낼 수 있도록 해야 한다. 성숙주의 관점에서 교사는 영유아의 내재된 힘이 자연스럽게 발현될 수 있도록 허용적이고 따뜻한 환경을 구성하는 환경구성자의 역할뿐만 아니라 영유아가 자발적으로 과학적 탐색 과정에 참여할 수 있도록 지원하는 안내자의 역할을 수행한다. 예를 들어, 교사는 영유아가 자신의 내적 흥미를 바탕으로 과학적 탐색에 자유롭게 참여할 수 있도록 허용해야 하며, 과학적 문제해결 과정에서 겪는 어려움을 마주하게 하고 이를 이겨내고 힘을 기를 수 있도록 해야 한다.

2. 행동주의 이론

1) 행동주의 이론의 기본 개념

행동주의 이론에서는 관찰 가능하고 측정 가능한 인간의 행동을 중요하게 생각하며, 환경적 요인이 영유아의 성장과 발달의 질을 결정한다고 본다. 행동주의 이론에서 행동이란 자극에 대한 반응의 결과라고 보며, 자극에 대한 반응 방식을 학습함에 따라 발달이 이루어진다고 본다(Parkay & Hass, 2000).

행동주의 이론은 로크(Locke)의 경험주의 철학에서 시작되었다. 그는 영유아가 백지상태(Tabula rasa)로 태어나며, 자기 주변 세계와의 상호작용 경험을 통해 서서히 발달한다고 보았다. 나아가 그는 영유아의 유전적인 특성이나 성향이 발달에 미치는 영향보다는 환경과의 지속적인 상호작용 경험이 영유아의 행동 변화에 미치는 영향이 중요하다고 보았으며, 이에 영유아의 행동을 변화시키기 위해 환경을 어떻게 조작할 것인지에 중점을 두어야 된다고 보았다.

행동주의 이론의 대표 학자인 파블로프(Pavlov)는 고전적 조건화(classical conditioning) 이론을 통해 일정한 자극에 대한 반응이 새로운 행동의 변용을 가져옴을 주장하였다. 그는 개의 침샘에 장치를 연결한 후 먹이를 주며 침의 분비를 확인하는 실험을 하였다. 실험의 첫 단계는 개에게 종소리를 들려준 후 침의 분비 정도를 확인하는 일이었다. 개에게 종소리만 들려주었을 때에는 침이 분비되지 않았지만, 종소리를 들려준 후 먹이를 제시하였을 경우에는 침이 분비되었다. 여러 차례 종소리와 먹이를 함께 제시하기를 반복하였더니 나중에는 종소리만 들려주어도 침이 분비되었다. 즉, 예전에는 침의 분비를 촉진하지 않았던 중성 자극(neutral stimulus)인 종소리가 무조건 자극(unconditioned stimulus)인 먹이와 함께 제시되기를 반복하였더니 침이 분비되는 무조건 반응(unconditioned response)을 유발할 수 있게 된 것이다. 그는 이러한 결과를 '조건화'가 성립되었다고 표현하였으며, 조건화가 성립된 이후 행동은 소거 또는 소멸될 수도 있고 재조건화가 성립될 수도 있다고 보았다. 이렇듯 파블로프는 자극에 대한 반응을 반복하여 행동의 변화를 불러일으킬 수 있음을 밝혔으며, 이를 학습에도 적용할 수 있을 것이라고 보았다.

왓슨(Watson)과 그의 조수 레이너(Rayner)는 파블로프의 실험을 인간에게 적용하기 위해 생후 9개월도 채 되지 않은 아기를 대상으로 '작은 앨버트 실험(Little Albert Experiment)'을 하였다. 이 실험에서 왓슨은 앨버트에게 흰쥐를 제시하고 만져 보게 하였다. 파블로프의 실험에서 종소리가 처음에는 중성 자극으로 작용한 것처럼 흰쥐 또한 처음에는 아무런 자극을 주지 않는 중성 자극으로 작용하였다. 이를 확인한 왓슨은 앨버트가 흰쥐를 만질 때마다 망치로 쇠막대기를 두드리며 굉음을 내었으며, 이러한 행동이 반복되자 곧 앨버트는 흰쥐를 보기만 해도 공포를 느끼며 울음을 보였다. 이후 앨버트는 흰쥐뿐만 아니라 흰색 털이 있는 산타클로스 수염에까지 공포를 느끼며 울음을 보이게 되었다. 이러한 실험을 통해 왓슨과 레이너는 자극과 반응에 대한 관계를 밝혀 냈으며, '공포'라는 인간의 정서 또한 반복적인 자극을 통해 조건화될 수 있다고 보았다.

스키너(Skinner)는 파블로프와는 반대로 조작적 조건화(operant conditioning) 이론을 통해 반응에 대한 자극을 제공하여 행동을 유발시키며 강화하는 실험을 진행하였다. 그는 지렛대를 누르면 먹이가 나오도록 장치가 달린 '스키너 상자(Skinner box)'를 고안하여 쥐를 그 속에 가두고 관찰하였다. 상자 속을 돌아다니다가 우연히 지렛대를 누르게 된 쥐는 먹이가 나오는 것을 보고 지렛대를 반복해서 누르는 것을 학습하게 된다. 스키너는 쥐가 원하는 것을 얻기 위해 의도적으로 지렛대를 누르는 것을 학습의 능동성과 연결하여 해석하였다. 즉, 만약 어떠한 행동이 긍정적인 결과를 가져왔을 경우 그 행동을 의도적으로 계속 반복할 가능성이 높아지며, 반대의 경우에는 그 가능성이 낮아질 수 있다는 것이다. 이는 조작적 행동은 예측 가능하며 조작이나 통제를 통해 증감되거나 소거될 수 있음을 의미한다. 이를 유아교육에 적용해 보면 보상이나 처벌이라는 자극을 통해 영유아의 행동 빈도를 높이거나 낮출 수 있으며 행동을 소멸시킬 수도 있다는 뜻으로 해석할 수 있다. 이러한 관점에서 보았을 때, 조작적 조건화 이론에서는 학습자가 반응을 통해 스스로 자극을 조정할 수 있다고 보기 때문에 단순히 자극에 의한 반응을 강조한 고전적 조건화보다는 능동적인 면을 강조하고 있다고 볼 수 있다.

이렇듯 행동주의 이론에서는 영유아의 성향이나 특성과 같은 유전적 요인보다 후천적인 경험과 같은 환경적 요인이 영유아의 행동 변화에 영향을 미친다고 본다. 특히, 사고 과정이나 구조와 같이 직접 관찰할 수 없는 내적 변화는 중요하지 않다고 보기 때문에 직접적인 관찰 및 측정 가능한 자극과 반응 간의 관계를 중요하게 다루고 있다.

2) 행동주의 이론의 교육적 시사점

앞서 살펴본 바와 같이 행동주의 이론에서는 영유아의 행동이 통제, 조작될 수 있다는 입장을 견지하며, 이에 유전적으로 내재되어 있는 생물학적 발달 스케줄보다 영유아의 행동 변화에 영향을 미치는 환경적 요인이 중요하다고 본다. 따라서 영유아는 자극에 대한 반응을 학습하고 행동을 변화시키는 능동적인 존재이며, 교사는 영유아에게 적합한 외적 환경을 단계적으로 제시하며 적극적으로 영유아의 학습에 개입하는 존재로 본다.

행동주의 관점에서는 영유아가 보이는 행동의 원인은 외부에 있거나 또는 외부에 의해 통제된다고 본다. 따라서 행동주의 학자들은 환경에서 발생하는 자극과 그 자극에 대한 영유아의 반응 사이의 관계를 객관적으로 탐구하는 것에 초점을 둔다. 이러한 점을 종합해 보았을 때 교육이란 영유아가 발달의 영역까지 도달할 수 있도록 적절한 자극을 활용하여 행동의 변화를 이끌어 내는 것이라고 할 수 있다(박찬옥, 서동미, 곽현주, 박성희, 한남주, 홍찬의, 2020).

행동주의 관점에서는 영유아의 바람직한 행동은 강화시켜 학습할 수 있도록 하고, 그렇지 않은 행동은 서서히 감소시키거나 소거시키는 것에 교육의 목적을 둔다. 따라서 교사는 영유아의 선호자극과 혐오자극을 파악한 후 보상과 처벌을 적절하게 사용하여 효과적으로 학습을 지원할 수 있다. 예를 들어, 과학탐구 중 정확한 측정을 위해 관찰 도구를 사용하는 영유아에게 칭찬과 스티커라는 보상을 줌으로써 관찰 도구를 사용하려는 행동을 증가시킬 수 있다. 이렇듯 행동주의 이론에서는 영유아의 행동이 강화의 결과라고 보며, 교사가 이를 통제할 수 있다고 본다. 특히, 조건화가 성립되기 위해서는 영유아가 특정 행동을 보였을 때 즉각적으로 반응하여 강화시키는 것이 중요하다. 따라서 교사는 영유아의 반응을 잘 관찰하고 이에 따라 즉각적으로 보상과 처벌을 제공하는 등의 강화 전략을 사용해야 한다.

가르친다는 것은 교사가 영유아에게 정보나 사실, 가치, 개념, 정서, 기술과 같은 교육 내용을 전달하는 것이다(서동미, 엄은나, 이혜경, 박성희, 2019). 교사는 영유아가 습득해야 할 학습목표를 구체적으로 설정해야 하며, 반복적인 연습을 통해 학습을 강화해야 한다. 예를 들어, 교사는 과학교육 내용을 작은 단위로 세분화하여 반복적으로 영유아에게 제시하는 등의 교수방법을 사용하여 영유아의 학습을 지원할 수 있다. 이는 조건적인 반응이 반복되면 강화가 견고해지므로 궁극적으로 학습의 효과가 높아질 수 있기 때문이다.

이렇듯 행동주의 이론은 영유아를 둘러싼 환경적 요인의 중요성을 강조하고 있으며, 자극과 반응 간의 관계를 통해 영유아의 학습 과정을 구체적으로 제시하였다는 점에서 교육적 의의가 있다.

3. 구성주의 이론

1) 구성주의 이론의 기본 개념

구성주의 이론에서는 영유아를 스스로 지식을 구축해 나가며 학습을 하는 능동적인 존재라고 본다. 영유아는 자신의 경험을 바탕으로 자발적이고 적극적으로 환경과 상호작용하며 학습하고 성장한다.

구성주의 이론의 대표 학자인 피아제(Piaget)는 영유아가 자신의 주변을 조작하고 탐색하며 세상에 대한 지식을 구성한다고 보았다. 그는 영유아가 자신에게 내재되어 있는 주의, 지각, 학습, 기억, 사고 과정과 같은 자기조절 기제를 사용하여 자신의 인지구조를 변형시키며 도식(schema)을 형성한다고 보았다(김채연, 2019). 여기서 도식이란 외부 자극이나 정보의 조직을 통해 형성된 사고 구조의 틀을 의미한다. 영유아는 외부 자극이나 정보를 자신이 가지고 있는 도식과 관련지으며 지식을 재구성하고 정교화시킨다. 피아제는 영유아가 자신이 가지고 있는 기존의 도식을 유지하며 지식을 형성하는 과정을 동화(assimilation)라고 설명하였으며, 영유아가 기존의 도식으로 새로운 외부 자극이나 정보를 이해할 수 없을 때 도식을 변형하며 새로운 도식을 형성하는 과정을 조절(accommodation)이라고 설명하였다. 그는 영유아가 처음에는 자신의 오감각을 사용하여 물체를 탐색하면서 사물에 대한 물리적 특성을 알아 가지만, 점차 성장함에 따라 자신의 경험을 내면화시켜 물체 간의 특성을 관련지을 수 있다고 보았다(Ojose, 2008). 이처럼 피아제는 영유아가 사물에 대한 직접적인 경험을 바탕으로 동화와 조절을 사용하여 능동적으로 지식을 구성해 나가는 존재라고 보았으며, 이에 영유아에게 실제 사물을 제공하고 이를 직접 조작해볼 수 있는 경험을 반드시 제공해야 함을 강조하였다.

구성주의 이론의 또 다른 대표 학자인 비고츠키(Vygotsky)는 영유아가 소속되어 있는 사회, 문화, 역사적 측면과의 상호작용을 강조한 사회적 구성주의 이론을 제시하였다. 그는 영유아가 자신을 둘러싼 환경과의 상호작용을 통해 구축한 지식을 내부적으로 반복하며 지식을 견고화한다고 보았으며, 특히 그중에서도 인적 환경의 중요성을 강조하였다(Yasnitsky, 2018). 여기서 인적 환경이란 또래, 교사, 부모, 형제, 이웃과 같이 영유아를 둘러싸고 있는 사람들을 말하며, 영유아는 이들과의 상호작용을 통해 정보와 기술 등을 습득하고 지식을 구축할 수 있다. 비고츠키는 영유아의 효과적인 학습을 지원하기 위해서는 영유아가 자신보다 유능한 사람과 상호작용하며 적절한 안내나 도움을 받을 수 있도록 해야 함을 강조하였는데, 이를 비계설정(scaffolding)이라고 한다. 아울러 그는 영유아가 과제를 스스로 해결할 수 있는 실제적인 발달 수준과 자신보다 유능한 사람과의 상호작용을 통해 해결할 수 있는 잠재적 발달 수준 간의 차이를 근접발달영역(Zone of Proximal Development)이라고 하였다. 실제적인 발달 수준은 영유아가 이미 가지고 있는 능력이므로 과거지향적이면서 결과중심적이며, 근접발달영역은 영유아가 현재 가지고 있는 능력에 기반하여 앞으로 할 수 있는 것을 강조하기 때문에 미래지향적이면서 과정중심적이라는 특징이 있다(이은화, 이정환, 이경우, 이기숙, 홍용희, 박은혜, 김희진, 2001).

종합해 보면 구성주의 이론에서는 영유아의 능동적이고 적극적인 측면을 강조함과 동시에 환경과의 상호작용 또한 중요하다고 보고 있다. 이는 영유아에게 내재되어 있는 잠재력뿐만 아니라 사회적 환경과 같은 환경적 요인과의 상호작용 모두 영유아의 발달과 성장, 그리고 학습에 큰 영향을 미친다는 뜻으로 해석할 수 있다.

2) 구성주의 이론의 교육적 시사점

앞에서 설명한 바와 같이 구성주의 이론에서는 영유아가 지식 구성의 주체라고 본다. 영유아는 세상을 직접 탐구하며 스스로 의미를 구성해 나간다. 따라서 구성주의 관점에서는 영유아의 자발성과 적극성, 능동성을 학습의 중요한 요소라고 본다. 이는 교수학습에 있어서도 교사주도적인 방법보다 유아주도적인 방법이 효과적일 수 있음을 의미한다.

구성주의 이론에서는 영유아가 직접 사물을 조작해 보며 문제를 제기하고 탐구하는 과정을 통해 지식을 능동적으로 구축한다고 본다. 그러므로 교사는 영유아에게 과학 지식이나 개념을 직접적으로 알려주는 것보다 영유아가 직접 과학탐구를 통해 과학 지식과 개념을 습득할 수 있도록 지원하는 것이 바람직하다. 이를 고려하여 교사는 영유아가 관심 있어 하는 실제 사물을 제공하여 영유아가 자신만의 의미를 구성해 나가고 사고를 확장해 나갈 수 있도록 지원해야 한다. 예를 들어, 교사는 영유아에게 실제 식물을 제공하고 직접 탐구할 수 있는 기회를 제공하여 식물에 대한 지식을 구축할 수 있도록 지원할 수 있다. 이러한 탐구 과정에서 영유아는 자신이 발견한 것들에 대해 의문을 제기할 수 있으며, 이는 또 다른 과학탐구로도 이어질 수 있다. 따라서 교사는 만약 영유아가 탐구 과정에서 잘못된 가설을 설정하거나 실험에 실패할지라도 스스로 가설을 수정하며 검증해 볼 수 있도록 기회를 제공해야 한다.

구성주의 관점에서 영유아는 동화와 조절을 통해 기존에 가지고 있는 도식을 변형시키며 지식을 구성한다. 만약 영유아에게 자신의 도식과는 다른 새로운 정보가 주어진다면 인지적 갈등이 유발될 것이다. 구성주의에서는 이러한 인지적 갈등을 교수학습에 적용해야 함을 강조하고 있다. 영유아의 인지적 갈등을 유발하기 위해서는 현재 영유아가 가지고 있는 도식을 파악하는 것이 중요하다. 예를 들어, 교사는 관찰과 질문을 통해 영유아의 선경험과 선지식을 확인할 수 있으며, 이를 바탕으로 현재 영유아가 가지고 있는 도식을 파악할 수 있다. 다시 말해, 교사는 영유아의 연령을 기준으로 교육적인 경험을 계획하기보다는 영유아가 현재 가지고 있는 도식을 더 고려해야 한다. 따라서 교사는 영유아가 알고 있는 수준보다 한 단계 더 높은 수준의 정보를 경험하도록 하여 영유아가 자신이 가지고 있는 도식과 대조해 볼 수 있도록 지원해야 한다. 이를 위해 교사는 영유아에게 적절한 질문을 하거나 또래와의 상호작용 기회를 제공하여 비계를 설정하도록 돕고, 이를 통해 영유아가 자신의 도식을 변형시킬 수 있도록 지원할 수 있다.

이렇듯 구성주의적 접근에 기반한 영유아과학교육에서는 영유아가 주도적으로 지식의 핵심을 구축해 나가도록 지원하는 데에 주안점을 둔다. 이에 영유아가 자기 주변에 호기심을 가지고 적극적으로 탐구에 참여하며 스스로 지식을 확장해 나갈 수 있도록 영유아 주도적인 학습환경을 조성하는 것이 중요하며, 이를 통해 영유아가 환경과의 끊임없는 상호작용을 하여 내부에서 지식을 구성할 수 있도록 지원해야 한다.

4. 다중지능 이론

1) 다중지능 이론의 기본 개념

인간은 시각, 청각, 촉각, 후각, 미각과 같은 다양한 감각기관을 통해 받아들인 자극을 처리하기 위해 다양한 뇌영역을 사용하며, 이를 통해 각각의 정보를 다루는 고유능력을 발달시킨다(박효정, 성용구, 신명희, 유승희, 이영만, 정재결, 정종진, 정태희, 하대현, 2006). 다중지능 이론의 창시자 가드너(Gardener)는 이러한 능력이 언어적 지능, 음악적 지능, 공간적 지능, 논리-수학적 지능, 신체-운동적 지능, 개인내적 지능, 대인관계 지능, 자연친화 지능 등 최소 여덟 가지 이상 존재하며, 각 능력이 독립적인 지능으로 기능한다고 보았다.

가드너가 제시한 다중지능의 유형을 자세히 살펴보면 다음과 같다(Gardner, 1983, 2007; 이은화 외, 2001; 윤은경, 2012). 먼저 언어적 지능이란 말하기, 듣기, 쓰기, 읽기 등 언어를 구사하는 능력으로, 문화적 배경과는 상관없이 시간의 흐름에 따라 일정한 발달 과정을 거쳐 발현되는 보편적인 지능을 말한다. 음악적 지능이란 소리, 리듬, 가락, 음색 등 음악과 관련된 자극과 현상에 대한 민감성과 이해력을 의미하며, 공간적 지능이란 자신이 지각한 공간에 대한 정보를 변형, 조작하는 능력을 말한다. 논리-수학적 지능이란 정보를 논리적으로 분류하거나 상징을 효과적으로 사용하는 능력, 또는 수, 변인, 공식을 추상화하고 일반화시키는 능력을 의미한다. 운동능력, 민첩성, 균형감각 등과 관계 있는 신체-운동적 지능은 인간이 자신의 신체를 사용하여 정서를 표현하거나 문제를 해결하는 능력이다. 개인내적 지능은 자기성찰 지능이라고도 불리며, 다양한 감정을 이해하고 조절하여 자기반성적 자세로 자신의 내면을 성찰하는 능력을 의미한다. 반면, 대인관계 지능은 일종의 사회적 지능으로, 타인에 대한 이해를 바탕으로 상호작용하며 대인관계를 형성하고 유지해 나가는 능력을 뜻한다. 자연을 인식하고 현상을 관찰하고 분석하는 것과 관련이 있는 자연친화 능력은 동물, 식물, 환경 등 자연과 상호작용하며 교감하는 능력이라고 볼 수 있다. 이 외에도 인간이 존재하는 이유를 통찰하는 능력과 관련된 실존 지능, 윤리적 사고를 통해 사회적 판단을 내리는 능력과 관련된 도덕적 지능과 같은 다양한 유형의 능력 또한 지능이 될 수 있다고 보았다(Gardner, 2006).

이렇듯 가드너는 인간의 지능을 단일 능력으로 바라보았던 전통적인 관점에서 벗어나 다양한 유형의 지능을 개념화시켰으며, 이로 인해 개인의 재능으로 여겨졌던 영역들도 지능으로 인정받을 수 있게 되었다. 다시 말해, 가드너는 다중지능을 통해 영유아의 능력을 보다 다양하게 파악하고 해석할 수 있는 관점을 제시하였으며, 모든 영유아가 최소 하나 이상의 우수한 지능을 가지고 있는 존재임을 강조하였다고 볼 수 있다.

다중지능 이론이 제기되기 전에는 논리-수학적 지능이 인간의 지능을 대표하는 것으로 높게 평가되었다. 그러나 가드너는 논리-수학적 지능을 다른 지능과 같이 하나의 지적 영역으로 간주하였으며, 특정 지능으로만 인간을 판단하는 것은 바람직하지 않다고 보았다. 그는 각 지능의 가치가 동등하다고 보았으며, 이에 특정 지능의 높고 낮음이 더 중요하고 덜 중요한 것이 아님을 강조하였다.

가드너는 인간에게 존재하는 다양한 유형의 지능이 서로 독립된 체제로 존재한다고 보았다. 이는 다양한 유형의 지능의 높고 낮음의 정도가 사람마다 다를 수 있으며, 한 가지 지능이 높다고 해서 다른 지능 또한 높을 것이라고 예측할 수 없다는 것이다. 특정 부위의 두뇌에 손상을 입은 사람의 경우 언어적 지능은 손상되는 반면에 신체-운동적 지능은 보존되는 경우를 고려해 보았을 때 인간의 지능은 독립적으로 존재한다는 것을 알 수 있다.

나아가 가드너는 다중지능이 독립적으로 존재하지만 동시에 상호작용하며 기능한다고 보았다. 이는 한 가지 이상의 지능을 사용하며 과제를 해결하는 경우를 고려해 보면 쉽게 설명 가능하다. 예를 들어, 영유아의 과학탐구에서 식물의 성장을 측정하기 위한 핵심지능은 자연친화 지능이지만 성장 단계를 순차적으로 정리하고 예측하는 것은 논리-수학적 지능이고, 이를 기록하는 것은 언어 지능이라고 볼 수 있다. 이처럼 식물을 관찰하고 탐구하는 데에 자연친화 지능, 논리-수학적 지능, 언어 지능이 서로 상호작용하는 것이다.

다중지능 이론에서는 인간의 지능이 고정되어 있지 않다고 본다. 이는 인간의 지능은 타고난 것이라는 기존의 사회적 통념과는 반대되는 개념이라고 볼 수 있다. 가드너는 영유아가 '지능(intelligence)–재능(giftedness)–비범성(prodigiousness)–전문성(expertise)–창조성(creativity)–천재성(genius)'의 과정을 거쳐 발달한다고 보았다(Gardner, 1983). 가드너에 따르면 영유아기부터 적합한 교육환경과 자극이 제공된다면 영유아의 잠재력이 발현되어 지능의 수준이 보다 높아질 수 있다. 이러한 관점은 경험의 중요성을 강조하는 것이며, 교육적으로도 큰 의미가 있다. 왜냐하면 보통 수준의 지능을 가진 영유아에게 적합한 경험이 제공된다면 그 지능이 높은 수준까지 계발될 수 있다는 뜻이기 때문이다.

종합해 보면 다중지능 이론에서는 지능의 다양성을 강조하고 있으며, 이러한 지능들이 동등한 가치를 지니고 있다고 본다. 또한 다양한 유형의 지능은 독립적으로 존재함과 동시에 서로 상호작용하며 발달 가능성을 가지고 있는 것으로 본다. 이렇듯 다중지능 이론에서는 지능의 범위를 확장함과 더불어 영유아의 다양한 재능을 인정함으로써 영유아의 성장과 발달을 지원한다는 점에서 의의가 있다.

2) 다중지능 이론의 교육적 시사점

다중지능 이론에서는 영유아의 지능이 다양한 형태로 존재하며, 모두 하나 이상의 우수한 지능을 가지고 있다고 본다. 그러므로 영유아 개인의 고유한 특성과 능력에 맞는 교육이 이루어져야 하며, 교육을 통해 영유아가 지닌 재능과 잠재력을 이끌어 내야 할 필요가 있다고 본다.

이를 위해서는 영유아의 지능을 파악하는 것이 중요하다. 다중지능 이론이 제기되기 전에는 지능을 단일한 학습능력이라고 보았기 때문에 IQ검사나 전통적인 방법의 필기시험과 같은 검사를 통해 측정 가능하다고 보았다. 그러나 이러한 검사를 통해서는 언어적, 논리-수학적 지능과 같은 특정 지능들만 측정 가능하다는 한계가 있다. 또한 이러한 지능검사는 지능의 높낮이를 밝혀 이를 통해 학업의 성패를 예언하는 것 외에 별다른 기능을 하지 못한다. 예를 들어, IQ검사를 통해 지능이 높게 측정된 영유아는 열심히 학습하지 않아도 성공하고, 반대로 지능이 낮게 측정된 영유아는 열심히 학습하여도 실패할 것이라는 의미를 함축하고 있다고 볼 수 있다. 따라서 이러한 전통적인 지능검사들은 영유아의 지능을 파악하는 데에는 부적합하다고 볼 수 있으며, 영유아가 지닌 다양한 유형의 지능을 파악하여 고유성을 살릴 수 있는 교육을 제공해야 한다.

영유아가 지닌 다양한 유형의 지능을 파악하고 평가하기 위해서 교사는 영유아의 개인차나 발달 수준, 재능을 고려한 참 평가를 실행해야 한다. 여기서 말하는 참 평가란 수행평가나 포트폴리오, 프로젝트 스펙트럼 등과 같이 다양한 방법으로 영유아의 문제해결 과정과 결과를 관찰하여 성취도와 발달을 평가하는 방법을 뜻한다. 교사는 이를 통해 영유아의 지식과 결과물을 평가하는 것이 아니라 영유아가 자신의 강점지능을 파악하고 스스로 평가하며 긍정적인 자아상을 형성할 수 있도록 지원해야 한다.

다중지능 이론에서는 획일주의적 교육을 지양하고 다차원적 교육을 지향한다. 다시 말해, 다중지능 이론에서는 영유아에게 획일적으로 정해져 있는 교육 목표와 내용을 제시하는 것보다는 개인의 강점지능에 따라 교육 목표와 내용이 다양하게 제시되는 것이 필요하다고 본다. 교사는 영유아의 개인차에 따라 적합한 교육을 제시해야 하며, 강점지능은 발달시키고 약점지능은 보완할 수 있도록 지원해야 한다. 즉, 교사는 영유아 개개인에게 적합한 교육 목표와 내용, 학습 유형 등을 제공하여 주는 중개인의 역할을 해야 한다. 이를 위해 교사에게는 창의성과 민감성, 개방성 등의 자질이 필요하며, 나아가 다양성에 대한 신념을 필수적으로 가지고 있어야 한다.

5. 뇌 과학 이론

1) 뇌 발달의 기본 개념

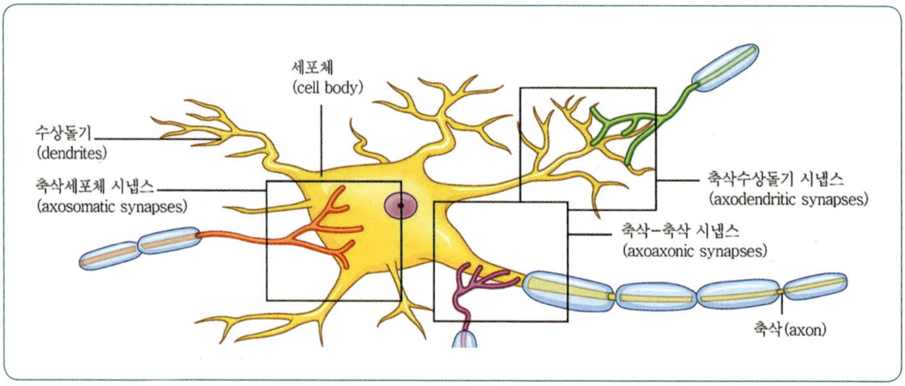

출처: 네이버 지식백과
(https://terms.naver.com/entry.nhn?docId=3524947&cid=60408&categoryId=58529)

뇌는 운동, 감각정보 처리, 호르몬 분비 및 기초 신체대사 유지, 언어 및 학습 등 인간의 생존과 관련된 기능을 통제하고 조절하는 중요한 역할을 한다. 뇌 발달은 영유아기에 급속하게 이루어지며, 이 때문에 영유아기는 뇌발달의 결정적 시기라고도 불린다(Garvey & Zeedyk, 2017).

뇌는 크게 좌뇌와 우뇌로 구성된 대뇌, 소뇌, 중뇌, 연수, 척수, 간뇌 등으로 구성되어 있다. 인간의 인지기능을 담당하는 대뇌피질은 뇌의 외부를 감싸고 있으며, 전두엽, 두정엽, 후두엽, 측두엽으로 구분할 수 있다. 먼저, 대뇌피질의 1/3을 차지하는 전두엽은 논리적 사고력, 판단력, 언어, 감정을 조절하는 부분이라고 볼 수 있다. 전두엽은 전전두엽, 전운동피질, 운동피질로 구분되는데 만 3세에서 6세 사이에 집중적으로 발달하며, 전전두엽의 경우 성인기까지 계속 발달하는 것으로 알려져 있다. 두정엽은 신체를 움직이고 조절하며 공간을 인식하는 기능을 주로 담당하고, 측두엽은 주로 언어와 청각기능을, 후두엽은 시각기능을 주로 담당한다 (Klingberg, 2012; Lightfoot & Cole, 2012).

인간은 자신의 감각기관을 통해 외부에서 정보와 자극을 받아들인다. 감각기관에서 받아들인 정보와 자극을 뇌로 전달하고 반응하도록 돕는 신경세포를 뉴런이라고 한다. 뉴런은 태내에서부터 약 1,000억 개 이상 생성되며, 출생 이후부터는 더 이상 생성되지 않는다. 뉴런에게 에너지를 공급하는 세포체, 다른 뉴런으로부터 정보를 받아들이는 수상돌기, 정보를 전송하는 축색돌기로 구성되어 있는 뉴런은 뇌 발달에 매우 중요한 역할을 한다. 축색돌기가 다른 뉴런의 수상돌기와 신호를 주고받으며 정보를 교류하는 지점을 시냅스라고 하는데, 시냅스는 인간의 뇌에 약 100조 개 정도 존재한다. 거미줄보다 복잡하게 구성되어 있는 시냅스는 특히 만 2세까지 폭발적으로 회로를 형성한다. 인간은 연령이 증가할수록 점차 사용하지 않는 시냅스를 가지치기를 통해 제거해 나간다(Klingberg, 2012). 시냅스는 인간의 사고와 학습 등 인지발달을 이해하는 데에 가장 중요한 부분이라고 할 수 있다.

시냅스를 통해 정보를 교류하기 위해서는 신경전달물질이 필요한데, 신경전달물질의 종류에 따라 인간의 사고, 감정, 행동 등의 경험이 달라진다. 엔도르핀, 도파민, 세로토닌, 히스타민 등 인간의 뇌에는 50여 종 이상의 신경전달물질이 있는 것으로 밝혀졌다. 신경전달물질은 정보와 자극의 종류 및 강도에 따라 양을 달리하여 기능을 수행하는데, 과잉되거나 결핍되면 비정상적인 행동 및 감정, 사고로 이어지게 되어 정신질환을 일으킬 수도 있다. 예를 들어, 인간의 사고를 담당하는 전두엽에서 사용되는 도파민의 경우, 과잉될 경우 조현병과 같은 증상이 유발되며, 결핍될 경우 파킨슨병과 같은 증상이 나타난다(김이영, 오성숙, 이시진, 이우언, 이은미, 채혜선, 2017).

2) 뇌 과학 이론의 교육적 시사점

앞서 살펴본 바와 같이 뇌발달의 핵심 역할을 하는 뉴런과 시냅스는 인간의 사고와 학습 등 인지발달에 중요한 역할을 담당한다. 인간이 지식을 습득하고 이해하는 과정을 뇌의 구조 및 기능, 작동방식, 작용 원리 등과 연계하여 접근한 것이 뇌 과학 이론이다. 쉽게 말해, 뇌 과학 이론이란 뇌 연구를 통해 밝혀 낸 인간의 인지능력에 대한 결과를 교육에 적용한 새로운 교육 패러다임이라고 볼 수 있다.

영유아가 외부의 정보와 자극을 받아들이고 지식을 이해하는 과정에서 다양한 뇌 영역이 관여한다. 따라서 영유아의 뇌발달에 대한 연구 결과를 고려하여 교수-학습방법에 적용할 필요가 있다.

영유아기는 뇌발달이 급속하게 이루어지는 시기이지만, 뇌영역마다 발달 양상이 조금씩 다르게 나타난다. 특히 만 3세 이후부터는 뇌영역별로 발달이 집중되는데, 앞서 살펴본 것과 같이 인간의 논리적 사고력과 판단력, 언어, 감정을 조절하는 역할을 하는 전두엽의 경우 만 3세부터 6세 사이에 집중적으로 발달하지만, 전두엽을 구성하고 있는 전전두엽, 전운동피질, 운동피질의 발달 시기는 조금씩 다르다. 또한 신체운동 및 공간 지각 능력과 관련된 두정엽과 언어와 청각기능과 관련된 측두엽은 만 7세부터 12세 사이에 집중적으로 발달하며, 시각기능을 주로 담당하는 후두엽은 만 12세 이후에 집중적으로 발달한다(Klingberg, 2012). 따라서 이러한 특정을 고려하여 다양한 감각경험을 통해 뇌의 다양한 영역을 골고루 자극시킬 수 있는 과학교육방법이 제공되어야 한다. 예를 들어, 전두엽이 빠르게 발달하는 만 3세에서 6세 사이의 영유아를 위해 과학 교수방법을 고안하고 교육자료를 개발하기 위해서는 이론 위주보다는 논리적이고 창의적인 사고를 촉진하는 과학탐구 또는 문제해결을 중심으로 개발하는 것이 적합하다.

뇌 과학 이론에 따르면 학습과 영유아의 정서는 밀접한 연관이 있다. 이는 정서가 정보를 기억 속에 부호화하는 것을 촉진시키기 때문이다(임채성, 오윤화, 2004). 영유아가 새로운 과학개념을 습득하기 위해서는 시냅스 회로가 형성되어야 하는데,

이 때 부정적인 정서는 방해요인으로 작용한다. 예를 들어, 극도록 흥분되거나 불안정한 상태에서는 주의가 흩어져 뇌에 정보를 입력하기 어려우며, 장기기억으로 저장하지 못하고 단기기억으로 저장되기 때문에 학습의 효과가 낮게 나타날 수 있다(이정모 외, 2009). 정서 상태와 과학학습 경험 간의 관계를 살펴본 임채성과 오윤화(2004)의 연구에서도 긍정적인 정서 상태에서 과학학습을 한 학생이 그렇지 않은 학생보다 학습내용에 대해 기억을 더 잘하는 것으로 나타났다. 이렇듯 정서는 인간의 기억 형성에 큰 영향을 미친다. 그러므로 교사는 긍정적 정서를 통한 과학학습을 제시해야 할 필요가 있다. 교사는 부정적 정서를 야기할 수 있는 지식 전달 위주의 전통적인 결과지향적 과학교육보다는 긍정적 정서를 야기할 수 있는 놀이중심 과학교육을 실시해야 한다.

이렇듯 뇌 과학 이론에서는 영유아의 뇌영역에 따른 기능을 교육과 연계하여 접근하고자 하였으며, 이러한 인지과학적 접근을 통해 탐구중심 과학교육, 문제해결중심 과학교육, 놀이중심 과학교육의 필요성을 지지하고 있다.

CHAPTER

4

국가수준 교육과정과 영유아과학교육

영유아를 위한 국가수준 교육과정은 2020년 4월에 고시된 「제4차 어린이집 표준보육과정」으로, 어린이집에 다니는 0~5세 영유아에게 적용되는 교육과정으로 2020년 9월 1일부터 시행되고 있다. 어린이집 표준보육과정(이하, '표준보육과정' 이라 함)은 0~5세 영유아를 위한 국가수준의 보육과정이며 0~1세 보육과정, 2세 보육과정, 3~5세 보육과정(누리과정)으로 구성한다. 2019년 7월에 고시된 「2019 개정 누리과정」은 국가수준의 공통 교육과정으로, 유치원과 어린이집에 다니는 3~5세 유아에게 공통으로 적용되는 교육과정이며 2020년 3월부터 시행되고 있다. 영역별 목표 및 내용에서는 신체운동 · 건강, 의사소통, 사회관계, 예술경험, 자연탐구 등 5개 영역의 목표와 59개의 내용을 기술하고 있다.

1. 표준보육과정의 자연탐구영역(0~2세)

자연탐구영역은 영아가 보고, 듣고, 만지면서 주변환경에 관심을 가지고, 주변세계에 대한 탐색을 시도하며, 주변에서 일어나는 수학적 상황을 지각하고, 감각과 조작을 통하여 주변 사물과 자연환경에 대해 알아 가며 일상생활 속에서 기초 수학적, 과학적 탐구능력과 탐구하는 태도를 기르기 위한 영역이다. 표준보육과정의 과학교육 관련 내용은 '자연탐구' 영역에 해당한다. 자연탐구영역은 '탐구 과정 즐기기', '생활 속에서 탐구하기', '자연과 더불어 살기'로 나누어진다. 표준보육과정 중 '자연탐구' 영역을 구체적으로 살펴보면 다음과 같다(보건복지부, 2020).

1) 0~1세 자연탐구영역 목표 및 내용[3]

(1) 목표

주변환경과 자연에 관심을 가진다.

3) 보건복지부(2020.8). 제4차 어린이집 표준보육과정해설서. p.232-233.

① 일상에서 탐색을 즐긴다.

② 주변환경을 탐색한다.

③ 생명과 자연에 관심을 가진다.

(2) 내용

〈표 4-1〉 0-1세 표준보육과정의 자연탐구 내용

내용 범주	내 용
탐구 과정 즐기기	• 주변 세계와 자연에 대해 호기심을 가진다. • 사물과 자연 탐색하기를 즐긴다.
생활 속에서 탐구하기	• 친숙한 물체를 감각으로 탐색한다. • 물체의 수량에 관심을 가진다. • 주변 공간과 모양을 탐색한다. • 규칙성을 경험한다.
자연과 더불어 살기	• 주변의 동식물에 관심을 가진다. • 날씨의 변화를 감각으로 느낀다.

출처: 보건복지부(2020).

2) 2세 자연탐구영역 목표 및 내용[4)]

(1) 목표

주변환경과 자연을 탐색하는 과정을 즐긴다.

① 일상에서 탐색하는 과정을 즐긴다.

② 주변환경에 관심을 가지고 탐색한다.

③ 생명과 자연에 관심을 가진다.

4) 보건복지부(2020.8). 제4차 어린이집 표준보육과정해설서. p.232-233.

(2) 내용

〈표 4-2〉 2세 표준보육과정의 자연탐구 내용

내용 범주	내 용
탐구 과정 즐기기	• 주변 세계와 자연에 대해 호기심을 가진다. • 사물과 자연을 반복하여 탐색하기를 즐긴다.
생활 속에서 탐구하기	• 친숙한 물체의 특성과 변화를 감각으로 탐색한다. • 물체의 수량에 관심을 가진다. • 주변 공간과 모양을 탐색한다. • 규칙성에 관심을 가진다. • 주변 사물을 같고 다름에 따라 구분한다. • 생활 도구에 관심을 가진다.
자연과 더불어 살기	• 주변의 동식물에 관심을 가진다. • 날씨와 계절의 변화를 감각으로 느낀다.

출처: 보건복지부(2020).

2. 개정 누리과정의 자연탐구영역(3~5세)[5)]

2019 개정 유치원 교육과정(교육부 고시 2019-189호)에서는 국가수준의 교육과정으로서 '유아중심', '놀이중심' 교육과정을 추구한다. 유아과학교육은 자연탐구영역뿐만 아니라 5개 영역의 통합적 이해를 중심으로 교육과정을 운영하되, 유아의 경험 및 영역별 내용의 이해를 도울 수 있도록 구성하고 있다.

2019 개정 누리과정 자연탐구영역은 동식물, 물질, 물체, 자연현상 등의 특성과 변화에 대해 적극적으로 탐구하는 과정으로, 일상에서 문제를 수학적, 과학적으로 사고하고 탐구하는 다양한 경험과 관련된 내용이다.

---

5) 교육부·보건복지부(2019.12). 2019 개정 누리과정 해설서. p.101-113.

1) 3~5세 개정 누리과정 자연탐구영역

(1) 목표

탐구하는 과정을 즐기고, 자연과 더불어 살아가는 태도를 가진다.

① 일상에서 호기심을 가지고 탐구하는 과정을 즐긴다.

② 생활 속의 문제를 수학적, 과학적으로 탐구한다.

③ 생명과 자연을 존중한다.

(2) 내용

〈표 4-3〉 3-5세 개정 누리과정의 자연탐구 내용

내용 범주	내 용
탐구 과정 즐기기	• 주변 세계와 자연에 대해 지속적으로 호기심을 가진다. • 궁금한 것을 탐구하는 과정에 즐겁게 참여한다. • 탐구 과정에서 서로 다른 생각에 관심을 가진다.
생활 속에서 탐구하기	• 물체의 특성과 변화를 여러 가지 방법으로 탐색한다. • 물체를 세어 수량을 알아본다. • 물체의 위치와 방향, 모양을 알고 구별한다. • 일상에서 길이, 무게 등의 속성을 비교한다. • 주변에서 반복되는 규칙을 찾는다. • 일상에서 모은 자료를 기준에 따라 분류한다. • 도구와 기계에 대해 관심을 가진다.
자연과 더불어 살기	• 주변의 동식물에 관심을 가진다. • 생명과 자연환경을 소중히 여긴다. • 날씨와 계절의 변화를 생활과 관련짓는다.

(3) 목표 및 내용 범주 이해

자연탐구영역의 목표와 내용 범주는 유아가 호기심을 가지고 궁금한 것을 적극적으로 탐구하는 과정을 즐기며, 생활 속의 문제를 수학적, 과학적으로 탐구해 보면서, 생명과 자연환경을 존중하는 내용으로 구성하였다.

① 탐구 과정 즐기기

유아가 주변 세계와 자연에 대해 호기심을 가지고 즐겁게 탐색하는 모습을 반영하여 제시한 것으로, 유아가 주변 세계와 자연에 대해 지속적으로 호기심을 가지고, 궁금한 것을 탐구하는 과정에 적극적으로 참여하면서 서로 다른 생각에 관심을 갖는 내용이다.

목표 일상에서 호기심을 가지고 탐구하는 과정을 즐긴다.

내용

▶ 주변 세계와 자연에 대해 지속적으로 호기심을 가진다.

유아가 주변에서 경험하는 물체, 물질, 동식물, 자연현상 등에 대한 호기심을 지속적으로 유지하면서, 궁금한 것을 찾거나 궁금증을 해결하기 위해서 주변의 사물이나 현상을 구체적으로 표현하고 탐색하는 내용이다. 교사는 유아가 사물이나 현상을 적극적으로 탐색할 수 있는 물리적 환경을 지원해 주고, 유아들이 스스로 탐구할 수 있도록 충분한 시간을 주고 기다려 주어야 한다.

▶ 궁금한 것을 탐구하는 과정에 즐겁게 참여한다.

유아가 궁금한 것을 탐구하기 위해 관찰, 실험, 비교, 분류, 예측, 토의 등의 다양한 탐구 과정을 자연스럽게 즐기면서 자발적으로 참여하는 내용이다. 교사는 유아가 궁금증을 해결하기 위해서 탐구하는 과정을 즐겁게 참여하도록 돕고 다양한 환경적 자원을 지원해 준다.

▶ 탐구 과정에서 서로 다른 생각에 관심을 가진다.

유아가 자신의 생각을 다른 사람과 함께 공유하고 탐구하는 과정에서 서로 다른 생각에 관심을 가지는 내용이다. 교사는 유아가 또래나 교사와 탐구하는 과정을 통해 서로의 다른 생각을 존중할 수 있는 태도를 기르고, 탐구하는 과정에서 알게 된 사실이나 현상을 올바르게 인식할 수 있는 태도와 능력을 기르도록 돕는다.

② 생활 속에서 탐구하기

유아가 일상의 문제를 수학적, 과학적 방식으로 탐구하는 유아의 경험을 반영하여 제시한 것으로, 물체의 특성과 변화를 다양한 방법으로 탐색하고, 물체를 세어 수량을 알아보고, 물체의 위치와 방향, 모양을 알고 구별하며, 길이와 무게 등의 속성을 비교하고, 반복되는 규칙을 찾아보고, 모은 자료들을 기준에 따라 분류하며, 도구와 기계에 관심을 가지고 생활 속의 문제를 다양하게 탐구하는 내용이다.

목표 생활 속의 문제를 수학적, 과학적으로 탐구한다.

내용

▶ 물체의 특성과 변화를 여러 가지 방법으로 탐색한다.

유아가 생활 속에서 쉽게 발견할 수 있는 물체나 물질의 크기, 모양, 냄새, 소리, 색, 질감과 같은 기본적 특성에 관심을 갖고, 물체나 물질의 다양한 변화를 여러 가지 방법으로 탐색해 보는 내용이다. 교사는 유아가 물체나 물질을 탐색하는 과정에서 다양한 방법으로 탐색할 수 있는 기회를 충분히 제공한다.

▶ 물체를 세어 수량을 알아본다.

유아가 일상에서 물체의 수에 대한 관심을 갖고, 수를 세어 보고 많고 적음 및 수량의 변화를 알아보는 내용이다. 교사는 생활 속 놀이를 통해 유아가 수에 대해 자연스럽게 관심을 갖고, 수량을 알아 가는 과정을 즐기도록 돕는다.

▶ 물체의 위치와 방향, 모양을 알고 구별한다.

유아가 주변환경에서 자신과 물체를 기준으로 위, 아래, 앞, 뒤 등 공간에서 위치와 방향, 모양 등을 구별하는 내용이다. 교사는 유아가 일상에서 물체의 위치와 방향을 구분하고, 물체의 모양의 공통점과 차이점을 찾아보는 경험을 할 수 있도록 지원한다.

▶ 일상에서 길이, 무게 등의 속성을 비교한다.

유아가 생활 속에서 길이, 무게 등의 속성을 알고, 그 기준으로 물체를 비교해 보는 내용이다. 교사는 유아가 자신의 신체를 비롯하여 다양한 물체를 활용하고, 비교 어휘를 다양하고 올바르게 사용할 수 있도록 지원한다.

▶ 주변에서 반복되는 규칙을 찾는다.

유아가 생활 속에서 사물이나 사건이 일정한 순서대로 반복되는 것에 관심을 갖고, 반복되는 순서에서 규칙을 발견하고, 다음 순서에 대해 예측하는 내용이다. 교사는 주변에서 유아 스스로 반복되는 배열의 규칙을 찾을 수 있도록 돕고 물리적, 언어적 지원을 한다.

▶ 일상에서 모은 자료를 기준에 따라 분류한다.

유아가 일상생활에서 관심 있는 자료를 여러 가지 방법으로 모아 보고, 그 자료의 공통점과 차이점을 찾아 보고, 모은 자료를 기준에 따라 분류해 보는 내용이다. 교사는 유아가 친숙한 사물을 모아 보고, 그 물체의 모양, 색깔, 크기 등에 따라 스스로 분류해 볼 수 있도록 돕는다.

▶ 도구와 기계에 대해 관심을 가진다.

유아가 일상에서 사용하는 다양한 도구나 기계에 관심을 갖고 사용해 보면서 우리 생활에 어떠한 도움을 주는지 관심을 갖는 내용이다. 교사는 일상생활에서 사용하는 도구와 기계를 직접 사용할 수 있는 경험을 제공하고, 도구와 기계를 올바르게 사용하는 방법을 인식시킨다.

③ 자연과 더불어 살기

- 기존 누리과정에서 사회관계영역의 세부 내용인 '자연과 자원을 아끼는 습관을 기른다'와 자연탐구영역의 내용인 '생명체와 자연환경 알아보기'와 '자연현상 알아보기'의 세부 내용들을 종합하여, 지속 가능한 사회를 위한 삶의 태도를 형성하는 내용으로 구성하였다.
- 유아가 주변의 동식물에 대해 관심을 가지고, 생명과 자연환경을 소중히 여기며, 날씨와 계절의 변화를 생활과 관련짓는 내용으로서, 유아가 생명과 자연환경의 소중함을 경험하는 내용으로 새롭게 편성한 것이다.

목표 생명과 자연을 존중한다.

내용

▶ 주변의 동식물에 관심을 가진다.

유아가 유치원, 산책, 놀이터 등에서 동식물을 관찰하고 길러 보면서, 동식물의 특성에 관심을 갖고 탐구하는 내용이다. 교사는 유아에게 동식물을 직접 길러 보는 경험을 제공하여, 동식물의 다양한 특성을 습득하는 과정을 지원한다.

▶ 생명과 자연환경을 소중히 여긴다.

유아가 생명체를 소중히 여기고 생명체가 살아가기 좋은 자연환경에 관심을 가지고 탐구하는 내용이다. 교사는 유아가 자연과 생명체에 대해 소중히 여기고 존중하는 마음과 태도를 갖도록 지도한다.

▶ 날씨와 계절의 변화를 생활과 관련짓는다.

유아가 일상에서 매일 경험하는 날씨, 낮과 밤, 계절의 변화를 느끼고, 자연의 변화가 자신의 일상생활에 영향을 준다는 내용을 이해하고 이에 적절히 대처하는 내용이다. 교사는 유아가 날씨와 계절에 따른 기후의 변화에 민감하게 반응하고, 자연현상의 변화에 따른 관심의 확장과 이에 적절한 대처를 할 수 있는 다양한 경험을 제공한다.

3. 자연탐구 내용과 놀이 활동 이해[6)]

1) '탐구 과정 즐기기' 의 놀이 경험 이해

- 활동명: 종이컵놀이, 해봐야 알아요!
- 목표: 일상에서 호기심을 가지고 탐구하는 과정을 즐긴다.
- 내용: 주변 세계와 자연에 대해 지속적으로 호기심을 가진다.
  궁금한 것을 탐구하는 과정에 즐겁게 참여한다.
  탐구 과정에서 서로 다른 생각에 관심을 가진다.

내용 이해	유아의 놀이 경험
• 주변 세계에 대해 지속적으로 호기심을 가진다.	• 유아는 종이컵으로 만들고 꾸미는 놀이를 하면서 다양한 재료와 도구를 탐색해 간다. • 유아는 종이컵을 자르고 종이컵 안에 스티로폼 공을 넣는 등 탐구 과정에 적극적으로 참여하며 종이컵, 스티로폼 공의 특성을 알아 간다. 또 종이컵을 쌓거나 한 줄로 나열하고 색깔별로 분류하면서 물체의 특성과 변화를 여러 가지 방법으로 탐색한다.  
• 궁금한 것을 탐구하는 과정에 즐겁게 참여한다.	• 교사는 주변에서 흔하게 볼 수 있는 종이컵을 수 · 조작 공간의 한 코너에 두었다. 현아가 종이컵에 호기심을 갖고 종이컵을 탐색하면서 쌓아 보고, 색깔별로 분류하고, 종이컵을 더 높이 쌓다가 막대를 올려 보기도 하면서 새롭게 표현한다.

6) 교육부, 보건복지부(2020), 놀이이해자료. p. 65-71, 72-79, 160-163에서 발췌함.

내용 이해	유아의 놀이 경험
• 탐구 과정에서 서로 다른 생각에 관심 갖는다.	  • 교구장에서 인형을 가져와서 댄싱 컵을 상상하기도 한다. 현아의 종이컵놀이는 이렇게 자연스럽게 변형되어 간다. 현아는 계속 주변의 종이컵을 쌓았다가, 늘어뜨려 보았다가, 다시 쌓기를 반복하며 실험한다. 혼자서 놀던 현아의 종이컵놀이에 서현이가 관심을 보인다. 수 · 조작 공간의 교구장에 있던 구슬은 종이컵 하나에 숨긴다. 이제 현아는 서현이와 종이컵 속 구슬 찾기 놀이를 한다. 혼자 놀던 현아와 서현이가 같이 놀고 있다.

출처: 교육부, 보건복지부(2020), 놀이이해자료. p. 65-71.

5개 영역의 통합적 이해	
사회관계	나를 알고 존중하기 → 내가 할 수 있는 것을 스스로 한다. 더불어 생활하기 → 친구와의 갈등을 긍정적인 방법으로 해결한다. 더불어 생활하기 → 서로 다른 감정, 생각, 행동을 존중한다. • 유아는 종이컵을 가지고 자신의 생각대로 자유롭게 놀이한다. 유아는 '선을 넘지 말자.', '종이컵 동그라미 밖으로 나가면 안 돼.' 등의 규칙과 질서를 스스로 만들어서 놀이 중에 생기는 갈등을 긍정적으로 해결한다. 유아는 놀이하면서 놀이 규칙을 만드는 과정에서 서로의 감정, 생각 행동을 서로 존중한다.
예술경험	창의적으로 표현하기 → 다양한 미술 재료와 도구로 자신의 생각과 느낌을 표현한다. • 유아는 종이컵과 다른 재료들을 활용하여 댄싱 컵, 게임 도구(구슬 찾기, 공 불기, 공 던지기), 울타리, 머리띠와 팔찌 등을 만들며 자신의 생각과 느낌을 표현한다.

5개 영역의 통합적 이해	
자연탐구	탐구 과정 즐기기 → 궁금한 것을 탐구하는 과정에 즐겁게 참여한다. 생활 속에서 탐구하기 → 물체의 특성과 변화를 여러 가지 방법으로 탐색한다. • 유아는 종이컵으로 만들고 꾸미는 놀이를 하면서 다양한 재료와 도구를 탐색해 간다. • 유아는 종이컵을 자르고 종이컵 안에 스티로폼 공을 넣는 등 탐구 과정에 적극적으로 참여하며 종이컵, 스티로폼 공의 특성을 알아 간다. 또 종이컵을 쌓거나 한 줄로 나열하고 색깔별로 분류하면서 물체의 특성과 변화를 여러 가지 방법으로 탐색한다.

출처: 교육부, 보건복지부(2020). 놀이이해자료. p. 65-71.

2) '생활 속에서 탐구하기'의 놀이 경험 이해

- 활동명: "그럼 우리가 수박을 심자"
- 목표: 생활 속의 문제를 수학적, 과학적으로 탐구한다.
- 내용: 물체의 특성과 변화를 여러 가지 방법으로 탐색한다.
  물체를 세어 수량을 알아본다.
  물체의 위치와 방향, 모양을 알고 구별한다.
  일상에서 길이, 무게 등의 속성을 비교한다.
  주변에서 반복되는 규칙을 찾는다.
  일상에서 모은 자료를 기준에 따라 분류한다.
  도구와 기계에 대해 관심을 가진다.

내용 이해	유아의 놀이 경험
• 물체의 특성과 변화를 여러 가지 방법으로 탐색한다.	• 간식시간에 제공된 수박을 계기로 수박을 더 먹고 싶다는 즉흥적 바람에서 시작된 수박 심기는 자발적으로 수박씨를 모으고, 직접 씨앗을 심고, 싹을 키우고, 특징을 관찰하고, 이름을 지어주고, 나아가 다른 씨앗에 관심을 넓히는 과정으로 자연스럽게 연결되고 공유되며 지속되었다. • 유아들은 자발적으로 수박과 수박씨에 대한 경험과 느낌을 자유롭게 나누었다. 싹을 키우기 위한 지속적인 관심과 노력이 담긴 놀이는 유아에게 성취감과 즐거움을 주었고, 유아가 세운 가설에 대한 검증을 생활 속에서 자연스럽게 할 수 있었다.

내용 이해	유아의 놀이 경험
• 물체를 세어 수량을 알아본다.	  • 물론 애써 키운 싹에서 수박 열매가 맺히지 않을 수도 있다. 그러나 수박을 집으로 가져간다는 목표 달성 여부를 넘어서 수박 싹을 키우는 과정에서 싹에 대한 상상, 실험, 공유라는 소중한 경험을 하게 되었다. 이러한 경험은 다른 연령의 유아에게도 퍼져 나갔고 다른 씨앗에 대한 관심으로도 확장되어 더불어 살아가는 세상에서의 따뜻하고 긍정적인 경험을 나눌 수 있었다.   • 유아는 수박씨에서 나올 싹을 기대하면서 정성스럽게 물을 준다. 며칠 뒤, 씨앗 수대로 싹이 15개 나온다.

출처: 교육부, 보건복지부(2020). 놀이이해자료. p.72-79.

3) '자연과 더불어 살기'의 놀이 경험 이해

- 활동명: 숲에서 놀아요. '팍 파바바팍! 팍팍팍!'
- 목표: 생명과 자연을 존중한다.
- 내용: 주변의 동식물에 관심을 가진다.
  생명과 자연환경을 소중히 여긴다.
  날씨와 계절의 변화를 생활과 관련짓는다.

<table>
<tr><th>내용 이해</th><th>유아의 놀이 경험</th></tr>
<tr><td>• 주변의 동식물에 관심을 가진다.</td><td>지민이가 나무를 뒤집자 아주 많은 개미들이 쏟아지듯 나온다.
아이들은 크게 소리 지르며 도망치듯 달린다.
"썩은 나무에 버섯이 있어!"<br>"우리 버섯 더 많이 찾자!"<br>"내가 나무를 뒤집어 볼게."
그때 바람이 불어 나뭇잎이 흩날리며 떨어진다.
"이야! 비 올 때 같이 나뭇잎이 떨어진다."
주한이의 말을 듣고 유아가 모여들어 위를 본다.
"와! 비다. 나뭇잎 비다. 피해!"
유아는 팔을 휘젓고, 몸을 이리저리 움직여 재빨리 나뭇잎을 피한다.

• 별반 유아는 썩은 나무 기둥에서 버섯을 발견하고 더 많은 버섯을 발견하기 위해 나무를 뒤집는다. 개미들이 쏟아져 나오자 큰 소리를 지르며 도망치듯 달린다. 바람에 흩날려 떨어지는 나뭇잎 아래에서 팔을 휘저으며 이러저리 뛰어다닌다. 별반 유아는 자연에 대한 호기심과 예측하지 못한 자연의 변화를 온몸으로 느끼고 표현한다.</td></tr>
</table>

내용 이해	유아의 놀이 경험
• 생명과 자연환경을 소중히 여긴다.	   • 그 후 모여든 남자 유아는 한참 동안 “팍!” “파바박팍!” “팍팍팍!”을 함께 외치며 팔을 휘저으며 큰 소리로 웃었다. 남자 유아는 “팍!”이 들어가는 새로운 이야기를 계속 만들어 낸다.

출처: 교육부, 보건복지부(2020), 놀이이해자료. p.160-163.

2019 개정 누리과정에서 강조하고 있는 ‘놀이 관찰’, ‘기록’에 대한 예시들은 누리과정 포털 사이트인 ‘아이누리(https://i-nuri.go.kr/main/index.do)’에서 자연탐구 관련 관찰기록의 예와 놀이 과정을 참고할 수 있다.

CHAPTER

5

영유아과학교육의 내용

영유아과학교육의 내용을 정립하기 위해 한국과학창의재단에서 개발한 과학교육 내용표준(Science Education Content Standards)의 발현적 교육과정과 표준의 연계(Connecting Emergent Curriculum and Standards in the Early Childhood Classroom)에서 제시한 과학교육 내용(Sydney & Sherry, 2010/2013), 핵심내용지식(백윤수 외, 2011), 최혜윤(2018)의 미래세대 과학교육표준(Korean Science Education Standards for the Next Generation: 송진웅 외, 2019)에서 과학교육 내용 분석기준 준거를 살펴보았다.

안경숙(2003)은 영유아과학교육의 내용을 생명과학, 물리 및 화학, 지구 및 공간과학으로 구분하고, 각 영역에 속하는 개념들을 다음과 같이 제시한다.

〈표 5-1〉 유아과학교육 영역에 따른 과학적 개념

과학교육영역	과학적 개념
생명과학	• 식물, 동물은 여러 종류가 있다. • 씨는 뿌리, 줄기, 잎과 꽃을 가진 식물로 성장한다. • 살아 있는 것은 물, 공기, 영양분, 적당한 온도를 필요로 한다. • 살아 있는 것은 성장하고 변화한다. • 살아 있는 것은 서로에게 영향을 주고받는다.
물리 및 화학	• 물리적 변화는 외관은 변하지만 물질 자체의 상태는 같다. • 화학적 변화는 속성이 변하고 새로운 물질이 형성된다. • 우리가 살고 있는 이 세계에는 다양한 형태의 에너지가 존재한다. • 기계는 다양한 기능을 가지고 있고 분해와 조립이 가능하다. • 기계는 물건을 쉽게 이동할 수 있게 만든다.
지구 및 공간과학	• 지구의 주된 물질은 물과 흙, 돌, 화석 연료 등이다. • 지구의 물질은 다른 방식으로 사용될 수 있는 속성을 가지고 있다. • 물이 물체를 위로 받치는 힘과 물체와 물의 무게의 관계에 의해 물체가 뜨거나 가라앉는다. • 물은 다른 물질을 녹일 수 있다.

출처: 안경숙(2003).

본 장에서는 영유아과학교육의 내용을 '생명과학', '물상과학', '지구과학'으로 구분하고, '생명과학', '물상과학', '지구과학'과 관련된 영유아과학교육의 개념, 영유아과학교육의 특성 및 발달, 과학교육의 주요 내용을 중심으로 영유아과학교육의 내용을 제시하였다.

1. 생명과학

1) 생명과학의 개념

생명과학(life science)의 사전적 의미는 생명에 관한 현상을 연구하는 과학으로, 생명을 기반으로 종합적인 연구 활동을 추진하는 학문을 이르는데, 생물의 기능을 탐구함과 동시에 이를 바탕으로 보건 의료, 환경 보전, 식량 확보 등에 응용하려는 종합적인 과학기술이다(DAUM 백과).

학자들은 영유아기에 다루어야 할 생명과학에 대한 개념(안경숙, 2003; 이기옥, 2006; 이기현, 2004; 이경민, 2007; 한유미, 2010; Harlan & Rivkin, 2003; Lind, 2005; Seefeldt 외, 2011; Venville, 2004)을 다양하게 구분하고 있다. 이들의 생명과학에 대한 개념을 기초로 하여, 동물, 식물, 인체에 대한 기본적 개념으로 유아 생명과학 내용을 '생물의 특징과 종류', '생물의 구조와 기능', '생물과 주변환경과의 관계', '생물의 주기' 등 4개 범주로 구분(김경숙, 김희영, 2014)하였다. '생물의 특징과 종류'는 생물의 특징과 종류를 알고 생물과 무생물을 종류별로 구분하며, '생물의 구조와 기능'은 생물은 고유의 구조와 기능을 가진 존재이며 다양한 형태적 특성을 가지고 있음을 나타내고, '생물과 주변환경과의 관계'는 생물이 처한 물리적 주변환경과의 상호작용을 보여주며, '생물의 주기'는 생명체가 생산되어 자라고 번식하는 생물은 생활구조가 반복되면서 시간적, 주기적 변화를 보인다는 내용이다(김희영, 2014).

2) 생명과학 특성 및 발달 과정

영유아의 생물학적 이론 및 생명과학에 대한 연구는 피아제(Piaget, 1929)의 '생명',

'동물', '인공물과 자연물'에 대한 개념 연구에서 시작되었다. 피아제는 전조작기 유아는 물활론적 사고 특성으로 인해 생물과 무생물을 구별하지 못한다고 하였으나(Kalish & Viola, 2002), 겔먼과 고트프리트(Gelman & Gottfried, 1996)는 3세아가 항상 무생물에 대해서 살아 있다고 생각하는 것은 아니라고 하였으며, 벡과 슈나이더(Beck & Schneider, 1996)도 대부분의 4세 유아들은 식물과 동물은 성장하고 상처를 치료해 주면 낫지만 무생물은 낫지 않는다는 것으로 인식한다고 하였다.

영유아들은 지각적 특성에 의하여 생물을 이해하며, 인공론적 사고의 특성이 생명과학의 개념을 이해하는 데 적용된다. 영유아들은 동식물에 대하여 자신이 형성한 개념을 표상할 때, 자신에게 익숙한 대상인 인간에 비추어 설명하려는 경향성이 있다(Inagaki & Sugiyama, 1988). 그 결과 영유아는 생물이 살아 있다고 생각하는 이유에 대하여, 움직임, 성장 조건, 형태적 가치, 사람처럼 눈, 코, 입이 있거나 말할 수 있고, 성장, 호흡하기 때문이라고 이해한다(강민정, 권용주, 정완호, 2004).

영유아기에 형성해야 할 생명과학 개념에 대한 발달 과정을 알아보는 일은 영유아들의 생명과학에 대한 개념을 과학적 개념으로 변화시킬 수 있는 과정을 인식하는 데 도움을 준다. 영유아의 생명과학 개념 이해 발달 과정을 제시하면 다음과 같다(김희영, 2014).

첫째, 영유아들은 살아 있는 생물의 가장 큰 특징을 '움직임'이라고 생각한다.

- 골린코프와 하딩(Golinkoff & Harding, 1980)의 연구에서 영아들은 의자가 움직였을 때 놀랐는데, 무생물인 공이 사람에 의해 움직일 때는 놀라지 않았다. 이것은 영아도 '움직임'에 대해 판단할 때 속성에만 의존하여 판단하지 않음을 나타낸다.
- 리처즈와 시글러(Richards & Siegler, 1984)에 의하면 4세와 7세 유아는 '움직이고 말하는 것'을 생물이라고 이해하였다.
- 전조작기의 유아들은 움직이는 것이 생물이라고 생각함으로써 때로는 '로봇',

'자동차' 등도 생물이라고 생각하거나, 식물은 움직이지 않으므로 생물이라고 생각하지 못하는 특성을 갖고 있다.

- 5세와 6세 유아는 존재하는 거의 모든 사물에 생명이 있다고 생각하며, 움직이는 것은 모두 살아 있다고 생각하는 것으로 나타났다.

둘째, 영유아는 생물에 대한 이해가 무생물에 대한 이해보다 빠르며 생물에 대해 동물과 인간 중심으로 이해한다.

- 겔먼과 고트프리트(Gelman & Gottfried, 1996)에 의하면 3세 유아가 항상 무생물이 생명이 있다고 생각하는 것은 아니며, 대부분의 4세 유아들은 식물과 동물은 성장하고 상처를 입었을 때 치료해 주면 낫지만 무생물은 그렇지 않다고 인식하였다.
- 유아들은 무생물에 대한 이해보다 생물에 대한 이해가 보다 높았는데, 생물에 포함되는 동물과 식물 등에 대해서 살아 있다고 이해하는 경향이 높았으나, 무생물이 살아 있지 않다고 이해하는 경향은 낮게 나타났다(강민정, 권용주, 정완호 2004; 최진승, 김지영, 1998; Rosengreen 외, 1991). 이에 유아들은 식물에 대한 이해가 동물에 대한 이해보다 느리게 나타나며, 생물에 대한 이해가 무생물에 대한 이해보다 빠르다는 것(최진승, 1998)을 알 수 있다.

셋째, 영유아의 연령이 높아질수록 움직임뿐 아니라 생물의 다른 특성에 대해서도 이해한다.

- 영유아들은 연령이 높아질수록 생물의 다른 특성인 숨 쉬고 음식물을 섭취하고 죽는다는 개념에 대해서도 이해하는 특성을 보여주었다(유윤영, 2003).
- 이나가키와 하타노(Inagaki & Hatano, 1991, 1993)에 의하면 5세와 6세 유아들은 생물은 움직이고 성장하고 호흡한다는 사고를 갖고 있으며, 5세 정도의 유아도 동물과 식물이 시간이 흐름에 따라 성장한다는 것을 판단하고 있었다. 이

는 4, 5세 유아들도 동물과 식물이 성장하기 위해서 물, 음식 등이 필요하다는 사실을 알고 있다는 것을 의미한다(최진승, 1998).

- 영유아들은 보다 이른 시기에 '성장' 개념을 생물의 특성으로 이해하는 특징을 보였는데, 6세 유아들이 동물의 성장 개념을 이해하고 있었다(Inagaki & Hatano, 1987).
- 이나가키와 하타노(Inagaki & Hatano, 1996)는 성장에 대한 영유아의 개념은 연령에 따라 차이가 있으며, 5세 유아가 4세 유아보다 성장에 대해 비교적 정확한 이해를 한다고 하였다.
- 김윤정(1998)의 성장에 따른 크기 및 형태 변화에 대한 영유아의 개념 발달 연구에서, 동물이 성장하면서 크기와 형태가 모두 변한다는 개념은 5세 유아가 4세 유아보다 이해도가 높은 것으로 나타났다. 예를 들면, 강아지가 성장하면서 점점 크기가 커져서 개가 된다는 개념은 4세부터 이해하고 있으나, 알이 올챙이가 되어 성장하면서 변하여 개구리가 된다는 개념은 5세부터 이해하였다.

3) 생명과학 교육 내용

(1) 식물

식물은 자연을 아름답게 만들어 우리에게 심미감을 느끼게 해줄 뿐 아니라 인간에게 의 · 식 · 주를 제공하고 우리가 숨 쉬는 공간의 공기를 제공하고 정화해 준다. 이처럼 식물은 인간의 삶과 밀접한 관련이 있으며, 영유아에게 있어 주변에서 가장 쉽게 접할 수 있는 자연환경으로서, 놀이와 탐구의 대상이며 휴식과 안정을 제공해 준다(유윤영, 2001).

영유아기에 다루어야 할 식물에 관한 내용은 주로 식물의 특징, 식물의 구조와 기능, 주변환경과의 관계, 식물의 일대기, 식물의 용도, 다양성으로 정리된다. 영유아기에 다루어야 할 식물의 개념 및 내용을 제시하면 다음과 같다.

〈표 5-2〉 식물의 개념 및 내용

개 념	내 용
식물의 특징	• 식물은 여러 가지 종류가 있다. • 식물과 무생물을 구분할 수 있다. • 식물은 살아 있다. • 식물은 종류에 따라 색깔, 크기, 구조, 모양, 무게 등 특징이 있다. • 씨앗의 종류에 따라 색, 모양, 무게 등이 다르다.
구조와 기능	• 식물은 여러 부분(뿌리, 줄기, 잎, 꽃)으로 이루어졌으며 각 부분이 하는 일이 다르다. • 대부분의 식물은 씨앗이 있다. • 뿌리나 씨앗이 없는 식물도 있다. • 뿌리는 물을 흡수한다. • 씨는 뿌리, 줄기, 잎과 꽃을 가진 식물로 성장한다. • 식물의 구조와 기능에 대해 안다.
주변환경과의 관계	• 식물이 자라기 위해서는 물, 햇빛, 영양분, 온도, 공기가 필요하다. • 식물은 계절에 따라 변화한다. • 식물은 서로에게 영향을 주고받는다. • 식물이 성장할 때 필요한 조건에 대해 안다. • 식물의 성장은 계절, 날씨, 기후 등과 관련이 있다. • 식물은 성장에 필요한 환경이 있다. • 식물이 자라는 속도는 서로 다르다. • 식물의 서식지는 다양하다.
식물의 일대기	• 식물은 씨를 뿌리면 자라서 풀이나 나무가 된다. • 식물의 번식에 대해 안다. • 식물이 자라는 순서에 대해 안다. • 식물은 자라고 변화한다. • 씨앗이 이동하는 방법은 다양하다. • 식물은 성장 과정을 거친다.
식물의 용도	• 식물은 인간에게 그늘을 만들어 준다. • 식물은 인간에게 목재, 종이, 껌, 의복 등을 제공해 준다. • 식물은 인간에게 깨끗한 공기를 준다. • 식물은 인간이 먹을 수 있는 채소, 과일, 곡물, 기름 등을 만든다. • 독이 있거나 인간에게 유해한 식물도 있다. • 식물은 관상용으로 쓰인다.

출처: 김희영(2014).

(2) 동물

영유아들은 '동물'에 관심이 많으므로 동물을 보고, 지켜보고, 만지고자 하는 일에 흥미를 보인다. 영유아는 자신이 흥미 있는 동물을 학습함으로써 동물의 특징, 서식지, 번식 방법, 먹이, 성장 등 다양한 종류의 특징 등 동물과 관련된 개념 및 내용을 습득할 수 있다. 이 외에도 동물에 대한 지식은 동물을 어떻게 돌보아야 하는지, 무엇을 먹여야 하는지, 우리를 어떻게 청소해 주어야 하는지 등 동물을 돌보는 법을 알게 해준다(한유미, 2010).

영유아기에 다루어야 할 동물에 대한 개념(이경민, 2007; 이보영, 2012; 한유미, 2010; Kelly, 2001; Harlan & Rivkin, 2003; Lind, 2005; Venville, 2004; Seefeldt 외, 2011)은 주로 동물의 종류, 동물의 특징과 이름, 동물의 성장, 동물과 인간과의 관계 등으로 구분하였다. 이를 종합하여, 영유아기에 다루어야 할 동물에 관한 개념으로 동물의 특징, 동물의 구조와 기능, 주변환경과의 관계, 동물의 일대기, 성장 및 인간과의 관계 등을 들 수 있다. 영유아기에 다루어야 할 동물의 개념 및 내용을 제시하면 다음과 같다.

〈표 5-3〉 동물의 개념 및 내용

개 념	내 용
동물의 특징	• 동물은 살아 있다. • 동물에는 여러 가지 종류가 있다(포유류, 조류, 파충류, 양서류, 어류). • 먹이에 따라서 초식동물, 육식동물, 잡식동물이 있다. • 사라진 동물(예, 공룡)이나 존재하지 않는 동물(예, 용)도 있다. • 동물은 식물과 달리 다양한 방법으로 움직인다.
구조와 기능	• 동물의 각 부분은 중요한 목적을 갖고 있다. • 곤충의 구조(다리 6개, 머리, 가슴, 배)와 기능에 대해 안다. • 포유류의 구조(숨구멍, 폐, 심장, 입, 눈, 코 ,귀)와 기능에 대해 안다. • 어류의 구조(머리, 몸통(아가미, 등지느러미), 꼬리)와 기능에 대해 안다. • 조류의 구조(머리, 허파, 부리, 날개, 꼬리)와 기능에 대해 안다.

주변환경과의 관계	• 동물은 성장하면서 변화한다. • 동물들이 생활하는 곳은 땅 위, 땅속, 물, 하늘 등 다양하다. • 공생(서로 영향을 주는 생물)에 대해 안다. • 먹이사슬(서로 먹고 먹히는 관계)에 대해 안다. • 동물이 성장할 때 필요한 조건에 대해 안다. • 동물은 공기, 물, 영양분, 적당한 온도를 필요로 한다. • 동물은 서로에게 영향을 주고받는다.
동물의 일대기	• 동물의 새끼는 어미와 비슷할 수도 있고, 그렇지 않을 수도 있다. • 동물의 번식에 대해 안다. • 동물이 성장하는 순서에 대해 안다.
동물과 인간의 관계	• 동물은 다양한 방법으로 자신을 보호한다. • 인간에게 이로운 동물이 있다. • 인간에게 해로운 동물이 있다. • 수의사는 아픈 동물이나 다친 동물을 치료해 주는 사람이다.

출처: 김희영(2014).

(3) 인체

영유아는 시간이 지남에 따라 성장하고, 자신의 신체 부분의 특성에 대해 탐색하고, 자신의 신체 내부에 대해 많은 것을 알고 싶어 한다. 이나가키와 하타노(Inagaki & Hatano, 1993)는 영아가 4세가 되면 신체를 구별할 수 있으며 영아들도 음식을 많이 먹었을 땐 뚱뚱해진다는 인체 내부의 입 · 출입 관계를 이해할 수 있다고 하였다.

인체에 대한 개념을 다루기 위해 유아교육과정에서는 주로 '나의 몸'을 주제로 활동을 제공한다. '나의 몸'은 누구에게나 친숙한 주제이지만 신체 내부를 직접적으로 확인할 수 없으므로, 영유아들에게 있어 자신의 신체에 대한 이해는 생물학적 개념 형성 여부를 파악할 수 있는 단서로 활용되고 있다. 인체에 대한 활동은 동물이나 식물 등 다른 생명과학 분야에 대해 개념을 형성하고 확장하는 기초가 될 수 있다는 점에서도 중요하다.

영유아기에 다루어야 할 인체에 대한 개념(이경민, 2007; 한유미, 2010; Kelly, 2001; Harlan & Rivkin, 2003)은 인체와 관련해서 감각 특징, 인체 각 부위의 구조와 기능, 성장,

건강 등으로 구분하였다. 영유아기에 다루어야 할 인체의 개념 및 내용을 제시하면 다음과 같다.

〈표 5-4〉 인체의 개념 및 내용

개념	내용
인체의 감각 특징	• 시각은 눈을 사용하여 물체의 모양이나 색깔 등을 분간하는 것이다. • 청각은 공기의 진동으로 생기는 소리가 귀에 전달되는 것이다. • 후각은 코로 냄새를 맡는 것이다. • 미각은 혀로 음식의 맛을 느끼는 것이다. • 촉각은 통증이나 온도, 감촉 등을 피부를 통해 느끼는 것이다. • 사람은 오감을 가지고 있으며 감각을 통해 학습한다.
인체 각 부분의 구조와 기능	• 뼈와 근육은 몸을 움직이고 지탱해 준다. • 심장은 온몸에 피를 보내 준다. • 폐는 숨을 쉬게 한다. • 이, 입, 식도, 위, 창자, 항문 등은 음식물을 소화하는 역할을 한다. • 피는 온몸을 돌면서 산소를 운반해 준다. • 코는 호흡을 통해 공기 중의 산소를 받아들이고 이산화탄소를 내보낸다. • 신체는 다양한 기관들로 구성되어 있다. • 신체 각 기관들은 각자의 기능들을 가지고 있다.
성장	• 우리는 건강하고 튼튼하게 자랄 수 있다. • 사람은 인생 주기에 따라 생김새가 변화하며, 하는 일도 달라진다. • 사람은 성장하면서 몸이 커진다. • 사람은 무한대로 커지지 않는다.
건강, 영양	• 몸이 건강하고 성장하기 위해서는 영양이 필요하다. • 음식에는 몸에 이로운 음식과 해로운 음식이 있다. • 건강을 위해서는 편식을 하지 않고 골고루 먹어야 한다. • 건강을 유지하기 위해서는 적당한 운동과 청결이 필요하다.

출처: 김희영(2014).

이에 유아교육현장에서 활동을 구성할 때, 만 3세는 복잡하고 추상적인 개념의 이해가 어려우므로 동식물에 관심을 가지도록 구성해야 한다. 만 4세는 이미 습득한 개념을 중심으로 개념이 확장되는 활동들로 구성하며, 영유아들이 가지는 생명과학에 대한 관심을 확장할 수 있는 활동을 전개해야 한다. 만 5세는 지금까지 습득한 개념이 기초가 되어 동물과 인간과의 관계, 식물과 인간과의 관계 등 인간 생활과 관계에 대한 활동을 중심으로 전개하여야 한다. 이러한 활동의 전개를 통하여 영유아는 자연을 존중하고 생명체를 존중하는 태도를 기를 수 있을 것이다(교육과학기술부, 2011).

2. 물상과학

물상과학(physical science)의 사전적 의미는, 물실의 물리적 성질과 그것이 나타내는 모든 현상, 그리고 그들 사이의 관계나 법칙을 연구하는 학문으로, 자연과학의 한 분야이다(DAUM 백과).

물상과학은 까미와 드브리스(Kamiid & Devries, 1987)가 제시한 물리학(물체의 움직임), 화학(물체와 물질의 변화)에 해당하는 영역으로, 우리나라와 미국의 국가수준 내용 기준 및 문헌들의 내용 범주로 물리학과 화학을 포괄하고 있다(백성혜, 이옥희, 2000). 권영례(2000)와 최인숙(2006)은 공학(도구와 기계)을 물상과학에 해당하는 물질, 물리 탐구에 포함하고, 물리, 화학, 공학 등 세 가지 영역을 물상과학에 포함하고 있다.

1) 물리(물체와 물질의 움직임)

(1) 물리(물체와 물질의 움직임)의 개념

영유아들은 일상생활 속에서의 모든 행위 안에서 물리적 활동을 지속적인 관심과 탐구 과정을 통해 즐기는 것을 볼 수 있다. 일과 중 경험하는 다양한 탐구 과정의 기반에는 물질과 물체의 상태, 고체, 액체, 기체, 공기, 물에 뜨고 가라앉는 현상, 열, 온도 등의 물상과학 개념이 내재되어 있는 것이다.

영유아기에 제시된 물상과학의 개념을 조은희 외(1995)는 아래와 같이 제시하고 있다.

- 영유아가 인지적 불평형 상태에서 모순된 사건들을 다룰 기회를 제공한다.
- 대부분의 물상과학 경험은 즉석에서 반복할 수 있으므로 영유아는 계속적으로 탐구할 수 있다.
- 물상과학의 탐구의 본질은 영유아가 사용할 아이디어를 만들어 준다.

(2) 물리(물체와 물질의 움직임)의 특성 및 발달 과정

물체는 구체적인 형태를 가지고 존재하는 물건이다. 물질은 물체를 이루는 본바탕으로 물체를 이루고 있는 물질(재료)이다. 물체와 물질의 움직임 개념 발달 과정을 제시하면 다음과 같다.

〈표 5-5〉 물체와 물질의 움직임 개념 발달 내용

구분	내용
유아의 공기 관련 개념 (채희준 · 이종희, 2004)	- 1단계(4세 8개월): 공기에 대한 이해가 없는 단계 - 2단계: 공기를 연기 또는 바람과 동일시하는 단계 * 2-1단계(5세): 공기를 연기와 동일시하는 단계 * 2-2단계(5세 11개월): 공기를 바람과 동일시하는 단계 - 3단계(6세 2개월): 공기는 인간의 생명 유지를 위해 필요하나 실내에는 존재하지 않는다고 생각하는 단계 - 4단계(6세 8개월): 공기는 어디에나 항상 존재한다는 개념이 형성되는 단계
유아의 물체 안의 공기 개념 발달	- 1단계(4세 9개월): 물체 안에는 공기가 존재하지 않는다고 생각하는 단계 - 2단계(5세 8개월): 물체 안의 공기는 실외의 공기가 들어간 것이라고 생각하는 단계 - 3단계(6세): 물체 안의 공기는 도구나 인위적인 힘을 이용하여 넣는 것으로 바깥의 공기와는 다르다고 생각하는 단계
유아의 바람 개념 발달	- 1단계(5세 6개월): 바람은 물체나 대상을 흔들리게 하는 것 - 2단계(5세 10개월): 바람은 실외에서만 부는 차가운 것 - 3단계(6세 9개월): 바람은 먼 곳으로부터 불어오는 것
유아의 물에 뜨고 가라앉는 현상 관련 개념	- 물활론적이며 의무적 당위성에 기초하여 이해한다. - 사물이 뜨는 이유를 일관성 없이 제시한다. - 크기나 무게 등 물체의 특징으로 이해하며 나름대로 일관성이 있으나 크기와 무게가 서로 다를 경우에는 혼란을 느낀다.

출처: 조부경, 고영미, 남인석(2016).

(3) 물리(물체와 물질의 움직임)의 교육 내용

일상생활에서 중요한 인지능력 중의 하나는 물체와 물질의 움직임을 예측하는 것이다. 영유아들은 물체의 특성을 이해하고, 다양한 물리 활동을 경험해 봄으로써 물체와 물질의 움직임을 이해하는 과정을 갖는 것이 필요하다. 영유아의 일상생활과 매우 밀접한 관련을 가지고 있는 물리 활동으로 밀기, 구르기, 불기, 빨기, 흔들기, 당기기, 차기, 균형잡기 등이 있다. 물체와 물질의 움직임에 대한 개념을 이해하기 위해서는 마찰, 진자, 빛, 소리, 전기, 중력, 저항, 자석 등과 관련된 내용을 이해해야 한다(신은수 외, 2006; 한유미, 2018). 물체와 물질의 움직임에 대한 내용을 제시하면 다음과 같다.

〈표 5-6〉 물체와 물질의 움직임에 대한 교육 내용

구 분	내 용
마찰	• 물체가 표면 위에서 움직이는 것을 방해하는 힘을 말한다. • 두 개의 물체를 서로 문지르면 마찰이 생긴다. • 표면의 성질은 마찰의 양에 영향을 미친다.
진자	• 진자의 줄이 길수록 진자가 빨리 움직인다. • 세게 밀수록 진자가 빨리 움직인다. • 힘을 계속 주지 않으면 진자가 움직이는 경로는 점차 작아진다. • 진자가 정지하지 않으려면 진자를 계속 밀어 주어야 한다.
빛	• 빛은 곧게 나아가는 성질이 있다. • 빛을 통과하는 물체(공기, 유리)와 통과하지 않는 물체(나무, 돌)가 있다. • 물체가 빛에서 멀어질수록 그림자는 점점 작아진다. • 빛은 물속에서 굴절한다.
소리	• 소리는 여러 가지가 있다. • 소리는 공기의 진동에 의해 생긴다. • 소리는 물체를 통해 전달된다.
전기	• 물체에는 전기가 통하는 것과 전기가 통하지 않는 것이 있다. • 정전기는 마찰에 의해 일어난다. • 정전기는 작은 물체를 끌어당기는 힘이 있다.
중력	• 모든 물체는 아래로 떨어진다. • 경사도가 높을수록 빨리 굴러간다.

구 분	내 용
저항	• 공기에는 힘(저항력)이 있다. • 낙하산은 물체를 천천히 떨어지게 한다. • 낙하산에 단 물건이 가벼울수록 천천히 떨어진다. • 낙하산이 넓을수록 천천히 떨어진다.
자석	• 자석에는 N극과 S극이 있다. • 자석은 같은 극끼리는 서로 밀어내고 다른 극끼리는 서로 끌어당긴다. • 물체에는 자석에 붙는 것과 붙지 않는 것이 있다. • 자석의 힘은 물체(종이, 유리, 모래, 물)를 통과한다.

출처: 한유미(2015).

물리(물체와 물질의 움직임)에 대한 활동을 계획할 때 유의해야 할 기본적인 원리는 다음과 같다(chaille &Britain, 1997).

- 영유아가 자신의 행위를 통해 물체의 움직임을 일으킬 수 있는 활동을 한다.
- 영유아가 자신의 행위를 변화시킬 수 있는 활동을 한다.
- 물체의 반응이 관찰 가능한 활동을 한다.
- 물체의 반응이 즉각적으로 일어나는 활동을 한다.

2) 화학(물체와 물질의 변화)

(1) 화학(물체와 물질의 변화)의 개념

화학의 사전적 의미는, 물질의 변화 및 그에 수반되는 에너지의 변화를 연구하는 학문이다(DAUM 백과). 즉, 물질의 성분을 분석하여 그 구성 물질을 확인하고, 물질의 특성과 구조, 물질의 성질과 변화 및 상관관계를 연구하는 것이다(김홍두 외, 1992).

인간의 생존과 호흡에서부터 첨단 통신수단에 이르기까지 우리는 화학적 현상과 화학을 활용한 것으로 둘러싸여 있다. 영유아도 예외는 아니다. 영유아 스스로 인식하기는 어렵겠지만 영유아 주변의 세계 및 일상생활에서 경험하는 익숙한 경험 중에 화학적 현상이 존재한다.

쉐일레(Chaille, 1997)와 브리튼(Britain, 1997)에 의하면, 화학은 대부분 눈으로 확인이 어려우며 현미경으로 관찰해야만 확인 가능하고 위험한 성분이나 물질을 다루고 있기 때문에 다른 분야에 비해 영유아에게 적합하지 않다는 인식이 있다. 그러나 영유아의 놀이 안에서 점토를 다른 모양으로 바꾸고, 블록을 벽 모양에서 탑 모양으로 만드는 등의 활동들은 물질의 변화와 관련이 있다. 또한 무엇을 붓고, 섞고, 축축하고 끈적끈적한 것을 손으로 만지는 것을 좋아하는 영유아들의 성향은 화학자들의 모습과 매우 유사하다. 이러한 영유아의 선천적인 성향은 화학의 본질인 물질의 변환(transformation)과 관련이 있다.

(2) 화학(물체와 물질의 변화)의 특성 및 발달 과정

① 화학의 특성

화학은 재구성과 혼합 등 두 가지 특성으로 분류되기도 한다. 재구성과 혼합의 특성을 제시하면, 첫째, 재구성(reconstruction)은 사물의 부분들을 재배열해서 새로운 구조를 만드는 것이다. 이러한 활동에서는 영유아 자신이 물질에 가한 행위를 반대로 해서 사물을 원 상태로 되돌릴 수 있는 능력으로 가역성이 중요하다. 둘째, 혼합(combination)은 물질을 결합함으로써 성분이나 농도를 변화시키는 것이다. 이러한 활동에서는 혼합 과정 중의 변화를 관찰하는 것이 중요하다.

영유아기 화학 활동의 유형을 제시하면 다음과 같다.

- 물질의 특성 탐색: 흡수하기, 분리하기, 구성, 재구성하기, 반죽하기, 가열하기
- 물질의 물리적인 상태 변화: 용해와 응고, 기화와 액화
- 물질 간의 화학 반응: 산. 염기 반응, 산화, 환원 반응

② 화학(물체와 물질의 변화)의 개념 발달 과정

영아기 물체와 물질의 변화 개념 발달 과정을 제시하면 다음과 같다.

- 새로운 활동을 경험하여 새로운 도식을 형성하고 사용한다.
- 대상영속성의 형성에 따른 물체의 이동에 관심을 가진다.
- 어떤 사물의 개념을 이해하는 데 있어 자신의 경험에 의지한다.
- 사물의 특성에 따른 분류보다는 자신이 좋아하는 것만을 고르는 행동을 보이거나 한 가지 준거에 의해 사물을 분류한다.
- 문제해결을 위해 시행착오를 반복한다.

유아기 물체와 물질의 변화 개념 발달 과정을 제시하면 다음과 같다.

- 물체에 대한 지연 모방과 표상 활동이 진행된다.
- 어떤 사물의 개념을 이해하는 데 있어 보편성과 객관성을 가진다.
- 문제해결을 위해 시행착오를 반복하는 것이 아니라 나름대로 자신만의 추론을 한다.
- 사물의 특성에 따라 분류하기가 가능해지며, 단순 분류에서 점차 논리적인 분류가 가능하다.
- 관찰하기, 비교하기, 분류하기, 측정하기 등 사물을 다양한 방법으로 조직화할 수 있으며, 조직화된 경험적 이론을 추론하기로 확장할 수 있다(신은수 외,2006: 한유미,2018). 물체와 물질의 변화에 대한 개념 발달 내용을 제시하면 다음과 같다.

〈표 5-7〉 물체와 물질의 변화에 대한 개념 발달

구 분	물체와 물질의 변화 개념 발달 내용
영유아의 고체, 액체, 기체의 압력 개념	– 고체 압력의 크기와 방향: 비과학적 반응과 지각적 반응을 보인다. – 액체 압력의 크기와 방향: 비과학적 반응과 지각적 반응을 보인다. – 기체 압력의 크기와 방향: 비과학적 반응과 지각적 반응을 보인다.
영유아의 열과 온도 개념 (Paik, Cho & Go, 2007)	– 영유아는 온도를 양적 개념으로 이해한다. – 일상생활의 경험과 관련하여 지각적 수준에서 이해한다. – 물질의 성질로 이해한다. – 개념이 확고하지 못하고 상황 의존적이다.

출처: 조부경, 고영미, 남인석(2016).

(3) 화학(물체와 물질의 변화)의 교육 내용

화학은 물체 자체를 변화시키는 것으로써 물체의 반응을 관찰하는 것이 중점이 된다. 예를 늘면, 영유아가 설탕과 물을 혼합하는 것과 기름과 물을 혼합하는 것은 활동은 같지만, 활동 결과는 전혀 다르다. 즉, 전자의 경우에는 설탕이 물에 녹아 버리게 되지만 후자의 경우는 물 위에 기름이 뜨게 되는데, 이는 영유아의 행위에 의해 일어나는 것이 아니라 물체 자체의 속성에 의해 일어나는 현상이다. 이처럼 화학 활동에서는 영유아가 자신이 관찰한 것을 통해 영유아 스스로 과학적 지식을 구성하게 된다. 유아 화학(물체와 물질의 변화)과 관련된 교육 내용을 제시하면 다음과 같다(신은수 외, 2006; 한유미, 2018).

〈표 5-8〉 물체와 물질의 변화에 대한 교육 내용

구 분	내 용
고체	• 모양이 일정하다. • 눈으로 보고 손으로 만질 수 있다. • 가루로 된 것도 있다.
액체	• 모양이 일정하지 않다. • 손으로 잡을 수 없다. • 흘러내린다.

구분	내용
기체	• 눈으로 볼 수 없다. • 손으로 잡을 수 없다.
물	• 물은 0도 이하가 되면 얼음이 된다. • 물을 끓이면 수증기로 변한다. • 물은 온도가 높을수록 물질을 더 빨리 녹인다.
색깔	• 두 가지 색을 섞으면 다른 색이 된다. • 빨, 노, 파를 섞으면 검은색이 된다.
요리	• 물의 양에 따라 반죽의 농도가 달라진다. • 열에 의해 음식의 색, 질감 등이 변한다.

출처: 한유미(2015); 김현자, 박근주, 박경난, 이지영(2019).

화학(물체와 물질의 변화)과 관련된 활동을 계획할 때 유의해야 할 기본적인 원리를 제시하면 다음과 같다(Chaille & Britain, 1997).

- 물체의 변화를 일으키는 활동을 한다.
- 영유아가 스스로 지식을 구성할 수 있는 기회가 제공되는 활동을 한다.
- 재구성 활동과 혼합 활동을 할 때 변화를 관찰할 수 있도록 한다.
- 변화의 결과물(product)보다 변화의 과정(process)에 집중할 수 있는 활동을 한다.

영유아들의 화학 활동은 변화의 과정(process)보다 변화의 결과물(product)에 더 많은 관심을 두기가 쉽지만, 변화의 과정에 주안점을 두는 것이 중요하다. 화학 관련 활동으로써 물질의 변화를 관찰한다면, 영유아가 화학 활동을 통해 다르게 나타나는 물질의 반응을 만들어 내는 행위를 다양하게 할 수 있도록 격려한다. 물체와 물질의 변화에 대해 관찰하는 활동은 물체의 변화를 이해하는 데 도움을 준다. 물질의 상태 변화를 관찰하는 데 있어서는, 같은 물질이지만 상태의 변화에 따라 고체, 액체, 기체로 변할 수 있다는 점에 대해 다양한 경험과 활동을 통해 스스로 지식을 구성해 나가는 것이 중요하다.

3) 공학(도구와 기계)

(1) 공학(도구와 기계)의 개념

도구(tool)의 사전적 의미는, 재료를 원하는 형상으로 만들 때 쓰는 기구나 장비를 말한다. 기계(machine)의 사전적 의미는 넓게는 자동차처럼 복잡한 기계장치뿐만 아니라 도르레, 나사처럼 간단한 기계들도 속한다. 기계는 화학 · 열 · 전기 · 핵 에너지를 기계 에너지로 바꾸거나 그 반대의 과정이 포함되고, 힘과 운동을 수정하거나 전달하는 기능을 하기도 한다. 모든 기계에는 입력 · 출력 · 변형 · 변환 · 전달 장치가 있다. 천연자원에서 에너지를 받아 그것을 기계 에너지로 바꾸는 기계를 '원동기'라 하며, 원동기에는 풍차 · 수차 · 터빈 · 증기기관 · 내연기관 등이 있다. 원동기 · 제너레이터 · 모터를 제외한 다른 모든 기계를 '오퍼레이터'로 분류하며, 계산기 · 티자기와 같이 손으로 작동되는 모든 기구도 여기에 속한다.어떤 경우에는 모든 부류에 속하는 기계들이 결합하여 하나의 기계를 이루기도 한다(DAUM 백과).

도구와 기계의 공통점은 모두 생활의 편리함을 위해 인간이 만든 것이고, 도구는 인간의 힘을 필요로 하지만, 기계는 인간의 힘이 없이 동력을 사용해서 작동할 수 있다는 차이점이 있다.

영유아기는 일상생활에서 도구와 기계를 경험하게 되고, 이를 필요로 하게 된다. 영유아들은 간단한 도구와 기계를 관찰하고 조작해 보는 과정에서 흥미를 갖고, 기계를 조작하는 등의 기회를 제공받을 수 있다. 도구와 기계에 관한 활동은 기계에 대한 원리를 설명하는 등의 지식을 전달하기보다는 간단한 도구나 기계를 스스로 작동하면서 과학적 탐구 과정과 과학적 태도를 기르는 것이 중요하다.

(2) 도구와 기계의 특성 및 발달 과정

① 도구와 기계의 특성

영유아들이 도구나 기계를 사용하여 놀이를 하다 보면, 영유아의 상황이나 장소, 맥락적 요소, 수량, 모양, 크기 등 영유아가 경험하는 내용들에 차이점이 있을 수 있고, 그에 대한 결과를 도출하는 과정을 어떻게 경험하느냐에 따라 다른 결과가 도출될 수 있다. 그러한 다양한 경험과 학습 기회의 제공에 따라 그 원리, 놀이의 확장방법 등의 장 · 단점을 알 수 있다(신은수 외, 2008). 도구와 기계의 특성을 제시하면 다음과 같다.

- 도구와 기계에는 종류가 다양하다
- 도구와 기계의 용도는 다양하다.
- 도구와 기계는 인간의 생활을 편리하게 해준다.
- 도구와 기계는 올바르게, 안전하게 사용해야 한다.
- 도구와 기계를 움직이는 힘은 다양하다.

② 도구와 기계의 개념 발달 과정

- 만 3세 영유아는 일상생활 속에서 다양한 도구와 기계가 사용되는 것을 경험하지만 그것을 직접 사용하는 것은 아니다.
- 만 4세와 5세에게는 일상생활에서 사용되고 있는 여러 가지 도구와 기계를 사용할 수 있는 기회를 좀 더 제공하는 것이 필요하다. 또한 컴퓨터, 스마트폰, 로봇과 같은 새로운 도구와 기계를 직접 작동해 보고 탐색하고 활용해 볼 수 있는 기회를 제공한다(정경원, 2015).

(3) 도구와 기계의 교육 내용

영유아들은 자신의 주변 생활에서 쉽게 접하는 전자제품과 일상생활에서 매일 사용하는 생활용품을 접하고 있으나, 유아교육기관에서도 도구와 기계에 대한 고마움이나 올바른 사용방법 등을 다루는 비율이 비교적 낮은 편임을 알 수 있다. 이에 다양한 도구와 기계에 대한 지식은 물론 안전하게 사용하는 기술을 습득하도록 돕는 교육이 필요하다(교육과학기술부, 2012). 도구와 기계의 교육 내용을 제시하면 다음과 같다.

〈표 5-9〉 도구와 기계의 교육 내용

구 분	교육 내용
지레	• 막대의 한 점을 받치고 그 받침점을 중심으로 물체를 움직이는 장치이다. 받침점의 위치에 따라 물체를 들어올리는 힘의 크기가 달라진다. 지레를 쓴다고 항상 힘이 적게 드는 것은 아니다. 힘점, 받침점, 작용점의 위치에 따라 필요한 힘의 크기는 달라진다.
가위	• 반침점이 힘점과 작용점 사이에 있지만, 스테이플러는 작용점이 받침점과 힘점 사이에 있으며 핀셋은 힘점이 받침점과 작용점 사이에 있다. (예: 장도리, 병따개, 가위, 시소, 집게)
빗면	• 수평면에 대하여 일정한 각도로 기운 평면을 말한다. 빗면을 이용하여 물체를 끌어올릴 때 필요한 힘은 '무게×높이÷빗면 길이'이다. 빗면이 길수록 (경사가 완만할수록) 힘이 덜 들지만 수직으로 높이만큼 들어올리는 것보다 긴 길이를 올려야 한다. 그냥 들어올리는 것이나 빗면을 이용하는 것의 일의 양은 같다. (예: 경사로, 등산로, 미끄럼틀, 덤프트럭)
축바퀴	• 적은 힘으로 축을 수월하게 돌릴 수 있도록 지레의 원리를 회전축에 적용한 것이다. 축바퀴는 큰 바퀴와 작은 바퀴가 있는데, 힘을 주는 부분(힘점)은 축의 중심(받침점)에서 멀리 떨어져 있고, 힘이 작용하는 부분은 축의 중심에서 가깝기 때문에 지레의 원리에 따라 큰 힘을 낼 수 있다. (예: 자동차 핸들, 문 손잡이, 야구방망이, 연필깎이 손잡이)

출처: 김정희, 문혁준, 권희경, 김민희, 우수정, 조한숙(2017).

3. 지구과학

1) 지구과학의 개념

지구과학의 사전적 의미는, 지구를 구성하는 지표면 · 지하 · 수권 · 대기권 및 기타 다양한 자연환경의 특징과 진화 과정을 연구하는 자연과학의 한 분야이다(DAUM 백과). 즉, 지구과학은 지구의 구성 성분, 우주 속의 물체들, 지구와 우주의 변화에 관한 학문이다. 지구과학에는 흙, 강과 같은 지구의 구성 성분과 관련된 지질학(geology)과 기온, 기후, 계절 등을 다루는 기상학(meteorology), 해, 달, 별 등을 연구하는 천문학(astronomy) 등의 분야가 있다(Jackman, 2005).

지구과학은 영유아의 일상생활과 밀접한 관련이 있고, 자신의 주변에서 보이는 밤과 낮, 계절의 순환적인 변화, 기후나 유성의 출현, 성장과 죽음과 같은 예측 가능한 변화 등 여러 가지 변화를 관찰하며 자연스럽게 개념을 형성하게 된다. 특히 영아의 경우, 밤과 낮에 하는 일을 구분하는 것 정도 외에는 지구과학적 내용을 이해하기 어렵기 때문에 일상생활에서 접할 수 있는 날씨 현상과 환경을 보호해야 하는 이유와 환경 보존을 위한 방법들의 이해를 중심으로 다루어야 한다(문연신, 이화영, 2000).

영유아기에 학습해야 할 지구과학 내용을 천체, 지질, 기상 등의 분야로 구분하고 있다.

2) 지구과학 개념의 발달 과정

(1) 유아의 지구에 대한 개념 발달(이종희, 김선영, 2001)

- 4세에서 6세 유아를 대상으로 지구의 모양에 대해 언어로 표현하는 연구에서 대부분의 유아가 지구는 동그라미라는 반응을 보였다.

- 4세와 6세 유아들이 5세 유아보다 동그라미라고 더 많이 반응하였다. 5세 유아의 반응이 4세 유아보다 적은 이유는 5세의 표상 과정이 보다 복잡해졌거나 과학적 지식과 실제 경험 간의 모순에 대한 의구심이 증가한 결과라고 할 수 있다. 즉, 5세 유아는 과학적 개념이 발달되어 가는 과정 중이라 할 수 있다.

(2) 영유아의 그림자 개념 발달

- 그림자에 대한 개념은 연령이 낮은 영유아도 물체와 그림자 사이의 유사성을 인식하고 있다.
- 영유아의 연령이 증가할수록 그림자에 대한 개념의 형성이 증가한다.

영유아의 그림자에 대한 개념 발달 과정을 제시하면 다음과 같다.

〈표 5-10〉 영유아 그림자에 대한 개념 발달 과정

<table>
<tr><th colspan="3">피아제 (Piaget)</th><th colspan="3">드브리스 (DeVries)</th></tr>
<tr><th>수준</th><th>연령</th><th>개념</th><th>수준</th><th>연령</th><th>개념</th></tr>
<tr><td></td><td></td><td></td><td>0 수준</td><td>2세</td><td>그림자에 관한 인식이 거의 없거나 없다.</td></tr>
<tr><td rowspan="2">1단계</td><td rowspan="2">5세</td><td rowspan="2">그림자는 물체로부터 생겨나는 것이며 밤도 그림자를 생기게 한다.</td><td>1A 수준</td><td>2~3세</td><td>사물-그림자의 유사적 관계</td></tr>
<tr><td>1B 수준</td><td>2~5세</td><td>사물-그림자와 사물-스크린 사이의 관계를 근접된 인과관계로 통합할 수 있다.</td></tr>
<tr><td>2단계</td><td>6~7세</td><td>계속해서 그림자는 물체로부터 생겨나는 것이라고 믿으며 빛과 관계 있다는 것을 알기 시작한다.</td><td>2A 수준</td><td>3~6세</td><td>사물-그림자와 사물-스크린 사이의 관계에 있어서 제3의 문제로서의 빛</td></tr>
</table>

<table>
<tr><th colspan="3">피아제 (Piaget)</th><th colspan="3">드브리스 (DeVries)</th></tr>
<tr><th>수준</th><th>연령</th><th>개념</th><th>수준</th><th>연령</th><th>개념</th></tr>
<tr><td rowspan="3">3단계</td><td rowspan="3">8세</td><td rowspan="3">그림자가 어느 쪽으로 생길지 예측할 수는 있으나 정확한 관계는 알지 못한다.</td><td>2B 수준</td><td>3~9세</td><td>특별한 조명으로서의 빛과 실제적인 문제의 공간적 해결을 위해 탐색하는 단계</td></tr>
<tr><td>2C 수준</td><td>5~9세</td><td>그림자 형성에서 능동적인 역할을 하는 빛</td></tr>
<tr><td>3A 수준</td><td>7~9세</td><td>실제적 지능의 수준에서 관계들에 대한 평형화된 통합이 이루어진다.</td></tr>
<tr><td rowspan="2">4단계</td><td rowspan="2">9세</td><td rowspan="2">그림자에 대해 정확한 설명을 하기 시작한다.</td><td>3B 수준</td><td>8~9세</td><td>공간 관계에 대한 개념적 설명</td></tr>
<tr><td>4수준</td><td>8~9세</td><td>그림자의 일시성에 대한 추론</td></tr>
</table>

출처: 조부경, 고영미, 남인석(2016).

3) 지구과학의 교육 내용

영유아기에 학습해야 할 지구과학의 교육 내용을 천체, 지질, 기상 등의 분야에 따라 구체적으로 제시하면 다음과 같다.

(1) 천체

천체는 별, 행성, 달, 소행성 등과 같이 우주에 존재하는 뭉쳐 있는 물질덩어리를 의미한다(DAUM 백과). 현대사회의 영유아들은 우주라는 것을 영상매체, 서적, 장난감, 학습교구 등 다양한 매체를 통해 쉽게 접하게 되는데, 이러한 매체들은 매우 공상적이거나 비과학적인 부분들이 포함되어 있기 때문에 천체에 대한 오개념을 형성할 수 있다. 따라서 영유아가 스스로 체험을 통해 발견할 수 있도록(김선양, 2000) 영유아기에는 천체와 관련한 활동에서 세부적인 지식의 학습보다는 천체의 변화를 관찰하거나 천체에 대한 관심을 길러 주는 데 초점을 두는 것이 좋다(김선양, 2006; 한유미, 2017). 영유아의 발달 특성을 감안하여 정교하고 확고한 과학적 지식의 구성이 어려우므로 너무 많은 개념을 다루는 것보다는 영유아가 관심을 가지는 개념을 지속적으로 반복하고 심화시켜서 정확한 개념을 구성하는 것이 바람직하다(곽향림, 2006). 또한 천체와 관련된 내용의 개념과 과정을 따로 분리시키는 것보다는 서로 통합할 수 있어야 한다.

영유아에게 천체에 대한 개념을 형성시키기 위해서 포함되어 할 내용을 제시하면 다음과 같다(신은수 외 2006; 한유미, 2015, 2018).

〈표 5-11〉 천체 관련 교육 내용

구 분	내 용
하늘	• 하늘에는 해, 달, 별이 있다. • 하루에는 밤과 낮이 있다.
해	• 해는 닞에 볼 수 있다. • 해는 매일 동쪽에서 떠서 서쪽으로 진다. • 해는 빛과 열을 내고 지구를 따뜻하게 한다. • 해는 그림자를 만든다.
달	• 달은 밤에 볼 수 있다. • 달은 지구의 둘레를 돈다. • 달의 모양은 규칙적으로 변화한다. (초승달, 상현달, 보름달, 하현달, 그믐달)
별	• 별은 밤에 볼 수 있다. • 태양을 중심으로 모여 있는 별들을 태양계라고 한다. (수성, 금성, 지구, 화성, 목성, 토성, 천왕성, 해왕성)
지구	• 지구는 둥글다. • 지구는 해의 둘레를 돈다. • 지구에는 중력이 있다.

출처: 신은수 외(2006); 한유미(2015, 2018).

(2) 지질

지질학은 지구의 조성 · 구조 · 성질 · 역사 · 성인 등을 다룬다(두산백과). 지구를 구성하는 물질의 종류와 특성, 이들 물질들이 변형을 받은 과정을 밝히고 지구의 구조, 지구의 역사를 다루는 자연과학이다. 즉, 지구를 구성하는 암석권(땅), 수권(물), 대기권(공기)이 해당된다. 암석권(땅)은 지구의 표면에 고체로 이루어진 화성암, 퇴적암, 변성암 등의 단단한 층이다. 암석은 지구를 둘러싸고 있는 돌, 흙, 모래와 관련된 것들을 교육에 포함시킬 수 있다. 수권(물)은 지구 표면의 75%로 가장 많은 부분을 차지하고 있으며, 나머지는 담수, 지하수, 수증기 등이 해당된다. 대기권은 주로 질소와 산소의 혼합물로 구성된 공기로 이루어져 있다.

영유아에게 지질에 대한 개념을 형성시키기 위해 포함되어야 할 내용을 제시하면 다음과 같다(신은수 외 2006; 한유미, 2015, 2018).

〈표 5-12〉 지질 관련 교육 내용

구분	내용
암석권 (땅)	• 땅은 들, 산, 사막 등으로 이루어져 있다. • 들, 산, 사막은 각기 다른 특성을 갖고 있다. • 바위, 흙, 돌, 모래는 각기 다른 특성을 갖고 있다. • 부서진 바위는 돌, 흙, 모래가 된다. • 흙은 식물의 성장을 도와준다. • 화산은 땅속 마그마가 밖으로 터져 나와 이루어진 산을 말한다. • 아주 오래전에 있었던 동식물의 흔적이 남아 있는 것을 화석이라고 한다. • 지구의 표면은 변화한다. (예: 느린 변화–풍화, 침식/급격한 변화–화산 폭발, 지진, 산사태)
수권 (물)	• 물은 색, 맛, 냄새, 형태가 없다. • 지구 표면은 대부분 강, 호수, 바다 등 물로 이루어져 있다. • 바닷물은 짜다. • 바닷물은 깊다. • 물은 순환한다. (예: 비 → 강 → 바다, 생활하수 → 정화수) • 물은 깨끗하게 보존되어야 한다.
대기권 (공기)	• 공기는 우리 주위 모든 곳에 존재하며 지구를 둘러싸고 있다. • 공기는 색, 맛, 냄새가 없고 눈에 보이지 않는다. • 공기는 대부분 질소와 산소로 이루어져 있다. • 오염된 공기는 생물에게 피해를 준다. • 공기는 공간을 차지하고 압력과 무게를 갖고 있다. • 더운 공기는 위로 올라가고 차가운 공기는 아래로 내려간다.

출처: 신은수 외(2006); 한유미(2015, 2018).

(3) 기상

기상은 대기 중에서 일어나는 물리적 현상을 통틀어 이르는 바람, 구름, 비, 눈, 더위, 추위 등을 말한다. 즉, 자연현상 속에서 기온, 날씨, 계절 등이 관련된 개념이 해당된다. 영유아들은 봄, 여름, 가을, 겨울을 지내며 계절의 변화를 느끼고, 계절의 변화에 따른 날씨를 느끼고, 날씨와 관련하여 매일 기온에 관심을 가지게 되는데, 이는 일상생활과 밀접하게 관련되어 있으며 민감하게 영향을 받는다.

영유아에게 기상에 대한 개념을 형성시키기 위해 포함되어야 할 기상 관련 교육 내용을 제시하면 다음과 같다(신은수 외 2006; 한유미, 2015, 2018).

〈표 5-13〉 기상 관련 교육 내용

구분		내용
기상	바람	• 공기의 흐름을 바람이라고 한다. • 바람의 종류는 다양하다. (예: 태풍, 폭풍, 미풍, 회오리바람) • 바람은 여러 가지 일을 한다. (예: 연날리기, 빨래 말리기, 풍차, 씨앗 퍼뜨리기) • 바람은 사람에게 피해를 주기도 한다. (예: 태풍)
	비	• 공기 중의 수증기가 식어서 물방울이 되어 땅에 떨어지는 것이다. • 비의 굵기는 다양하다. (예: 소나기, 이슬비) • 비가 그쳤을 때 해의 반대쪽 하늘에 일곱 색깔의 무지개가 뜬다. • 비가 오면 사람들은 우산이나 장화, 비옷을 사용한다. • 비는 사람에게 피해를 줄 수 있다. (예: 폭우, 산성비)
	눈	• 기온이 0도씨 이하일 때 공기 중의 수증기가 얼어서 땅에 떨어지는 것이다. • 눈은 흰색이다. • 눈송이는 일반적으로 육각형 모양이다.
	구름	• 구름은 공기 중의 수증기가 엉기어 미세한 물방울이나 얼음 상태로 떠 있는 것이다. • 구름의 색깔은 여러 가지다. (흰색, 회색, 검은색) • 흰색 구름은 높은 하늘에, 회색이나 검은색 구름은 낮은 하늘에 떠 있다. • 구름에는 여러 가지 종류가 있다. (예: 비늘구름, 뭉게구름, 새털구름, 양떼구름 등) • 구름은 공기의 흐름에 의해 끊임없이 모양이 바뀐다.

구분		내용
기상	번개와 천둥	• 번개는 양전기와 음전기의 구름 사이의 방전현상으로 몹시 빠르게 번쩍이는 빛을 말한다. • 천둥은 번개가 칠 때 하늘이 요란하게 울리면서 소리가 나는 것이다. • 번개와 천둥은 거의 동시에 일어나지만 빛과 소리의 속도가 다르기 때문에 번개가 먼저 번쩍이고 천둥 소리는 나중에 들린다.
계절	봄	• 따뜻하다. • 새싹이 돋고 꽃이 핀다. • 겨울잠을 자는 동물이 깨어난다. (예: 곰, 개구리) • 사람들의 옷이 가벼워지고 색깔이 밝아진다.
	여름	• 무덥고 비가 많이 온다. • 나뭇잎이 무성해지고 색깔이 진해진다. • 곤충을 많이 볼 수 있다. • 햇볕이 강해서 모자나 선글라스가 필요하다.
	가을	• 날씨가 선선해진다. • 단풍이 들고 낙엽이 진다. • 철새가 따뜻한 곳을 향해 날아간다. • 추수를 해야 하므로 농부가 바빠진다.
	겨울	• 춥고 눈이 온다. • 나뭇잎이 떨어지고 가지만 남는다. • 어떤 동물은 겨울잠을 잔다. (예: 곰, 개구리) • 눈싸움을 하거나 스케이트, 스키, 썰매 등을 탈 수 있다.

출처: 한유미(2015).

CHAPTER

6

영유아과학교육에서의 교수-학습방법

1. 영유아과학교육에서의 교수-학습 모형

1) 경험 학습 모형

경험 학습 모형(Experiential learning model)이란 영유아에게 구체적이고 직접적인 경험을 제공하여 영유아가 스스로 지식을 구축해 나갈 수 있도록 지원하는 교수-학습 모형이다(Kauchak & Eggen, 1980). 경험 학습 모형은 영유아 중심의 능동적이고 구체적인 직접 경험을 중시한 구성주의 관점에서 비롯되었다고 볼 수 있다. 이 모형은 관찰, 측정, 분류 등 기본적인 탐구 과정을 강조하는데, 이를 통해 영유아가 자기 주변의 사물이나 현상에 대해 알아 가고 친밀감을 느끼도록 하는 데에 목적을 둔다(김치곤, 2012).

피아제(Piaget)의 인지발달 단계 중 전조작기에 해당되는 영유아의 경우, 인지적 활동이 다소 비논리적인 경향이 있다. 따라서 교사는 영유아가 자기 주변의 사물이나 현상을 구체적 조작 경험을 통해 탐구할 수 있도록 유도하여 영유아의 기초적인 과학능력을 지원해야 한다(Eshach & Fried, 2005).

경험 학습 모형은 영유아가 자신의 감각기관을 활용한 과학탐구 경험을 강조하고 있다. 영유아는 자신의 오감각을 활용하여 관찰과 탐색에 참여할 수 있으며, 사물과 현상을 직접 조작해 보는 경험을 통해 과학에 대한 학습 동기와 호기심을 형성할 수 있다. 따라서 교사는 영유아의 시각, 촉각, 청각, 후각, 미각 등 다양한 감각을 활용할 수 있도록 기회를 제공하여 세상에 대한 이해를 넓혀 나갈 수 있도록 해야 한다. 이 과정에서 교사는 영유아에게 충분한 탐색 시간을 제공하여 사물과 현상을 만지고 조작해 볼 수 있도록 하는 것이 중요하다.

경험 학습 모형에 기초한 과학교육은 관찰, 측정, 분류 등 기본적인 탐구 과정에 중점을 둔다. 따라서 교사는 영유아에게 과학 개념을 직접적으로 전달하기보다 영유아가 다양한 탐구기술을 사용하여 스스로 과학을 경험해 나갈 수 있도록 한다. 만약 영유아가 과학탐구 중 탐구기술의 미숙함으로 어려움을 겪게 된다면 교사는

관찰의 관점이나 분류 기준과 같은 일정 기준을 제시하여 영유아의 과학탐구를 간접적으로 지원할 수 있다. 이러한 과정에서 영유아는 스스로 사고하며 탐구에 참여하며, 교사는 영유아가 자유롭게 탐구할 수 있도록 환경을 제공하는 환경제공자와 보조자, 촉진자의 역할을 한다.

경험 학습 모형의 교수-학습 단계를 그림으로 제시하면 다음과 같다.

자유 탐색 단계	준비된 학습자료를 다양한 방법으로 탐색(자료 관찰, 놀이, 분류 등)
⇩	
탐색 결과 발표 단계	탐색 결과 발표, 토의
⇩	
교사 인도에 따른 탐색 단계	관찰의 관점 제시, 분류 기준 제시
⇩	
정리 단계	정리, 문장화, 보고서

[그림 6-1] 경험 학습 모형의 교수-학습 단계(김치곤, 2012 재인용)

2) 발견 학습 모형

〈발견 학습에 참여하는 영유아들〉 딸기 모종의 잎이 시든 것을 발견한 영유아들이 원인을 파악하기 위해 여러 모종들을 살펴보고 있다.

귀납적 교수 모형을 바탕으로 한 발견 학습 모형(Discovery learning model)이란 영유아가 탐구기술을 사용하여 발견한 규칙이나 개념을 일반화할 수 있도록 지원하는 교수-학습 모형이다(김치곤, 2012).

영유아가 과학탐구를 통해 발견한 규칙이나 개념을 일반화하기 위해서는 탐구를 통해 습득한 정보 및 자료를 분석하고 이를 논리적으로 연결 짓는 과정이 필수적이다. 이를 지원하기 위해 교사는 철저한 계획과 준비를 통해 영유아가 자신이 수집한 정보와 자료 속에 내재되어 있는 규칙과 개념을 발견할 수 있도록 해야 한다. 예를 들어, 교사는 영유아의 수준과 흥미에 맞는 자료를 제공하여 영유아가 능동적이고 자발적으로 자료들을 비교해 보고 조작해 보며 스스로 과학적 발견을 할 수 있도록 지원할 수 있다. 만약 영유아가 자료 탐색을 통해 규칙이나 개념을 발견하는 데에 어려움을 겪는다면 교사가 대신 방향을 제시하기보다는 추가적인 보충자료를 제시함으로써 영유아의 능동적인 탐구 기회를 확장시키는 것이 바람직하다.

나아가 교사는 영유아가 추상적인 과학적 개념에 접근할 수 있도록 단순하고 명확한 학습 목표를 제시함으로써 영유아가 과학 개념을 형성할 수 있도록 도와주어야 한다(김승희, 2015). 단, 교사는 과학 개념에 대한 구체적인 설명을 하기보다는 다양한 질문을 활용해 영유아가 스스로 과학 개념에 대해 생각해 볼 수 있도록 언어적 상호작용을 해주어야 한다. 예를 들어, 교사는 확산적 질문을 활용하여 영유아가 자신이 관찰한 여러 가지 사실로부터 규칙이나 개념을 발견할 수 있도록 지원할 수 있다. 또한 발표나 토의, 토론 등을 통해 다른 영유아에게 자신이 발견한 규칙이나 개념을 공유하는 단계를 제공하여 일반화를 강화시킬 수 있다. 이러한 과정을 통해 영유아는 자신이 일반화한 규칙과 개념의 범위를 확장해 나갈 수 있다.

발견 학습 모형의 교수-학습 단계를 그림으로 제시하면 다음과 같다.

탐색 및 문제 파악 단계	탐색 활동, 자료 관찰, 문제 파악
⇩	
자료 제시 및 관찰탐색 단계	계획된 자료 제시, 관찰, 분류, 측정 등의 탐색
⇩	
자료 추가 제시 및 관찰탐색 단계	추가 자료 제시, 관찰, 분류, 측정 등의 탐구 과정
⇩	
규칙성의 발견 및 개념 정리 단계	모형 사용, 일반화, 그래프화, 문장화, 수식화, 자료 해석 등
⇩	
적용 및 응용 단계	개념의 일반화, 환경에 적용, 응용, 설명

[그림 6-2] 발견 학습 모형의 교수-학습 단계(김치곤, 2012 재인용)

3) 탐구 학습 모형

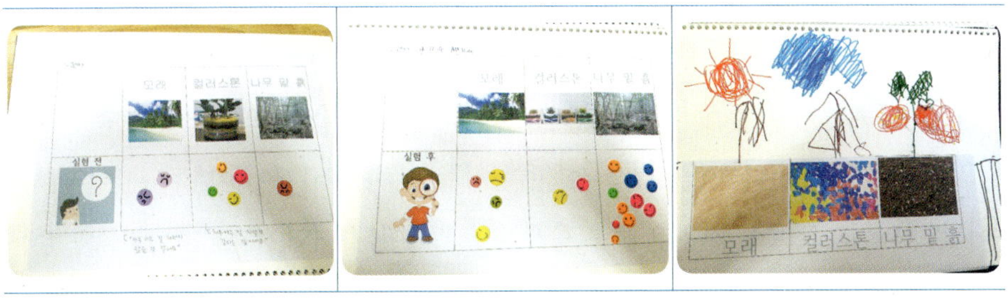

〈탐구 학습에 참여하는 영유아들〉 식물이 자라기 위해서는 흙이 필요하다는 것을 알게 된 영유아들이 '모든 흙에서 다 잘 자랄까?' 라는 의문을 품게 되었다. 영유아들은 우리 주변에서 볼 수 있는 모래, 컬러스톤, 나무 밑 흙 중 어떤 흙에서 가장 잘 자랄지 각자 가설을 세운 후, 가설 검증을 위해 직접 심어 보기로 하였다.

탐구 학습 모형(Inquiry learning model)이란 영유아가 문제를 제기하고, 문제를 해결하기 위해 가설을 설정하고, 이를 검증하는 과정을 바탕으로 한 교수-학습 모형이다(Kauchak & Eggen, 1980). 이 모형에서 영유아는 자신이 제기한 문제를 해결하기 위해 가설을 설정하고, 이를 검증하기 위해 자료를 모아 실험을 설계하고, 실험을 통해 결론을 도출하는 과정을 통해 가설을 수용하거나 수정해 나가며 과학적 개념을 형성한다. 이러한 일련의 과정은 실제 과학자의 연구 과정과 매우 흡사하다.

탐구 학습 모형에 기반한 영유아과학교육의 주제로는 '만약 ~라면 ~이다'와 같은 원인과 결과가 비교적 명확한 형태의 탐구주제가 적합하며, 영유아가 자신이 기존에 가지고 있는 지식을 활용하여 새로운 지식을 발견하고 이를 통해 새로운 과학적 개념을 형성할 수 있도록 해야 한다(장슬하, 2017).

탐구주제가 선정되면 가설을 설정하고 이를 검증하기 위한 자료 수집 단계가 필요하다. 가설을 설정하기 위해서는 주제에 대한 선지식과 선개념이 필요하다. 교사는 토의와 토론을 통해 영유아가 검증 가능하고, 자료 수집과 실험을 통해 옳고 그름을 판단할 수 있도록 주제에 대한 잠정적인 해답인 가설을 설정한다. 영유아가 혼자서 가설을 설정할 수 없거나 실험을 통해 확인이 불가능한 가설을 설정할 경우에는 교사가 영유아에게 적절한 질문을 하거나 또는 모둠별 토의 기회를 제공하여 가설 설정을 할 수 있도록 유도한다.

가설을 검증하기 위해 실험을 설계하는 단계를 통해 영유아는 어떠한 도구와 과정을 거쳐 실험을 진행할 것인지 결정하고, 다양한 변인에 대해 고려하며 방향을 설정하는 등 구체적으로 실험을 설계한다. 실험을 통해 습득한 결과에 따라 가설 검증의 방향이 결정되기 때문에 실험 설계가 제대로 이루어질 수 있도록 해야 한다. 만약 영유아가 실험 설계에 참여하지 않고 교사의 지시대로 실험을 따라하게 된다면 학습이 이루어지지 않으므로, 영유아가 적극적으로 실험 설계 과정에 참여하여 아이디어를 제공할 수 있도록 하는 것이 중요하다(김승희, 2015).

탐구 학습 모형에서 영유아는 관찰하기, 비교하기, 분류하기, 측정하기, 예측하기, 추론하기 등과 같은 기본적 과학 과정 기술과 더불어 문제 인식하기, 가설 설정하기, 변인 통제하기 등과 같은 통합적 과학과정기술을 사용하여 실험에 참여한다. 교사는 영유아가 절차에 따라 다양한 변인을 통제하고, 다양한 탐구기술을 사용하여 실험에 참여할 수 있도록 지원한다. 이러한 과정을 통해 영유아는 가설을 검증하기 위한 자료들을 수집하고 결과를 확인할 수 있다.

영유아는 실험을 통해 습득한 자료와 결과를 바탕으로 자신이 설정한 가설을 검증한다. 이 때 실험 결과는 기호, 그래프, 그림 등을 활용하여 나타낼 수 있다. 만약 실험 결과가 가설에 부합하지 않는 경우, 가설을 수정하여 다시 실험을 설계하는 등 재검증의 절차를 거칠 수 있다. 이렇듯 탐구 학습 모형의 단계들은 순환하는 형태를 띠기도 한다.

마지막으로 영유아는 실험을 통해 검증한 가설을 새로운 상황에 적용하고 응용해 보며, 자신이 검증한 과학적 개념이나 지식을 내면화한다. 이러한 과정은 영유아의 과학적 개념과 지식을 명료화해 줄 뿐만 아니라 이를 바탕으로 새로운 문제를 제기할 수 있는 기회를 확장하여 제공하기도 한다(Kauchak & Eggen, 1980).

탐구 학습 모형의 교수-학습 단계를 그림으로 제시하면 다음과 같다.

탐색 및 문제 파악	자료탐색, 관찰, 문제 인식
⇩	
가설 설정	가설 설정, 문제해결 방안 고안
⇩	
실험설계	변인 조사, 변인 통제, 실험기구, 실험 과정 계획
⇩	
실험	자료 수집, 과학 과정 기술
⇩	
가설 검증	자료 해석, 그래프 및 도표, 가설 수용 및 수정
⇩	
적용	적용, 설명, 응용, 새로운 탐구문제 발견

[그림 6-3] 탐구 학습 모형의 교수-학습 단계(장슬하, 2017 재인용)

4) 순환 학습 모형

순환 학습 모형(Learning cycle model)이란 영유아가 능동적으로 학습에 참여하며 지식을 구축한다는 구성주의 이론에 근거한 교수-학습 모형으로, 과학 학습이 반복과 순환의 과정을 통해 이루어진다고 본다(김승희, 2015). 즉, 순환 학습 모형은 영유아의 선지식과 선경험에 근거한 구체적이고 반복적인 경험을 통해 영유아가 스스로 개념을 형성하는 모형이라고 할 수 있다.

초기의 순환 학습 모형은 탐색을 통해 과학적 개념을 발견하는 단계인 '탐색', 발견한 과학적 개념을 도입하고 분류하는 '개념 도입', 획득한 과학적 개념을 새로운 상황에 적용해 보는 '개념 적용' 단계가 순환적으로 이루어지며, 영유아의 능동적인 탐구 경험을 통해 과학적 개념을 이해할 수 있도록 하였다(Krueger & Sutton, 2001). 본 모형에 기반한 과학교육은 영유아의 과학적 탐구능력 발달 및 과학적 개념 습득을 목표로 한다(조희형, 김희경, 윤희숙, 이기영, 2010). 순환 학습 모형은 이후 단계가 추가되거나 발전되는 등 다양한 형태로 변형되고 확장되었다.

그중 가장 대중적인 모형은 SCIS(Science Curriculum Improvement Study)에서 도입한 5E 순환 학습 모형으로, '참여(Encourage)', '탐색(Exploration)', '설명(Explanation)', '정교화(Elaboration)', '평가(Evaluation)' 단계를 통해 영유아의 과학적 개념 습득과 사고발달을 돕는다(송수연, 2019). 이 모형에 기반한 과학교육에는 영유아들이 자기 주변 세계와 상호작용하며 직접 탐구하고 실험하며 지식을 구성해 나가는 활동들이 포함된다.

5E 순환 학습 모형의 '참여' 단계에서 교사는 주제에 대한 영유아의 선지식과 선경험을 파악하고, 호기심과 관심을 유도하기 위해 질문을 하거나 인지적 갈등을 제시한다. 교사는 이 단계를 통해 영유아가 주제에 대해 가지고 있는 오개념을 파악하여 이를 학습 계획에 반영한다(김채연, 2019). '탐색' 단계에서는 영유아가 자신의 궁금증을 해결할 수 있도록 가설을 설정하고 실험하며 개념을 구체화시킨다. 영유아를 중심으로 탐색 단계에 참여할 수 있도록, 교사는 직접적인 개입을 하지 않도록 주의해야 한다(김승희, 2015). '설명' 단계에서 영유아는 자신이 이전 단계에서 발견한 사실이나 습득한 개념에 대해 다른 영유아에게 설명하고 공유한다. 이러한 단계를 통해 영유아는 다른 영유아가 발견한 사실이나 습득한 개념을 자신의 것과 스스로 비교해 보며 대조할 수 있다. 이 과정에서 교사는 필요시 영유아에게 과

학개념을 추가적으로 설명하거나 과학용어를 소개해 줄 수 있다. 영유아가 이러한 과정들을 통해 새로 발견한 정보는 '정교화' 단계를 통해 새로운 상황에 적용해 보며 지식을 확장할 수 있도록 지원할 수 있다. 마지막으로 '평가' 단계는 영유아가 자신의 지식을 재확인하는 단계로, 교사는 발문과 개념도를 통해 영유아를 전체적으로 평가한다. 교사는 주제에 대한 영유아의 이해도뿐만 아니라 학습 목표, 탐구 과정 등에 대에 평가할 수 있으며, 평가 결과에 따라 필요시 다시 '참여', '탐색', '설명', '정교화', '확장' 단계로 돌아갈 수 있다(김채연, 2019).

5E 순환 학습 모형의 교수-학습 단계를 정리해 보면 다음 그림과 같다.

참여	질문을 통해 주제에 대한 선개념 진단하기
⇩	
탐색	구체적인 경험을 통한 주제 탐색하기
⇩	
설명	탐색을 통해 알아낸 사실과 과학적 개념을 설명하기
⇩	
정교화 또는 확장	습득한 개념을 다른 상황에 적용해 보며 주제 이해하기
⇩	
평가	주제에 대한 유아의 이해, 학습 목표, 탐구 과정에 대한 평가하기

[그림 6-4] 5E 순환 학습 모형의 교수-학습 단계(김채연, 2019 재인용)

5) 구성주의 학습 모형

구성주의적 관점에서 영유아는 세상에 대한 지식을 구축하기 위해 능동적으로 탐구에 참여하는 존재이다. 구성주의에서는 영유아가 감각적, 지각적 경험을 토대로 스키마를 형성한다고 보며, 새로운 정보나 자극과의 결합을 통해 새로운 인지구조를 형성하며 학습이 이루어진다고 본다.

이러한 접근에 기반하여 영유아의 인지변화 과정을 모형화한 것이 드라이버(Driver)의 개념 변화 학습 모형(Conceptual Change Model)이다. 이 모형은 전조작기 영유아의 인지발달 특성으로 인한 오개념을 포함하여 영유아가 기존에 가지고 있는 개념들을 재구조화하여 변화시키는 것을 목적으로 한다(장슬하, 2017). 즉, 영유아의 선지식과 새로운 과학개념을 연계하여 영유아가 스스로 새로운 과학적 개념을 구성하도록 지원하는 것이 핵심이라고 볼 수 있다. 따라서 교사는 과학 교수-학습 시 영유아가 가지고 있는 선지식과 선경험을 파악하고, 이에 따른 질문을 제공하여 영유아가 스스로 수정할 필요성을 느낄 수 있도록 해야 한다. 예를 들어, 교사는 영유아가 기존에 가지고 있는 선지식과 선경험과 상반되는 사례를 제시하거나 도전적인 질문을 하여 영유아로 하여금 의문을 가질 수 있도록 유도할 수 있다(Fleer, 2009; Macbeth, 2000).

구체적인 단계를 살펴보면, 먼저 '도입' 단계에서 교사는 이야기 나누기를 통해 영유아에게 주제에 관한 학습동기를 부여하며 수업의 내용과 방향을 암시한다. '수업 이전 개념 끌어내기' 단계에서는 모둠별 토의 및 토론이나 글과 그림 등을 사용하여 영유아가 주제와 관련한 자신의 생각을 표현할 수 있도록 기회를 제공한다. 이를 통해 영유아는 주제와 관련하여 자신이 가지고 있는 선개념을 상기하고 생각을 정리할 수 있다. '개념의 재구조화' 단계는 이 모형에서 가장 중요한 단계이다. 이 단계에서 영유아는 발표나 토의를 통해 자신이 가지고 있는 개념을 명료화함과 동시에 인지적 갈등을 겪을 수 있다. 교사는 적절한 개입 여부를 판단하여 필요시 과학적 개념을 제공하여 영유아가 인지적 갈등을 해소할 수 있도록 하되, 영유아가 과학적 사고를 통해 스스로 이를 평가할 수 있도록 해야 한다. 다음으로 '새로운 개념의 응용' 단계에서 교사는 영유아가 재구성한 과학적 개념을 새로운 상황에 적용해 보며 확장할 수 있도록 지원한다. 마지막으로 '개념의 변화 검토' 단계를 통해 교사는 주제와 관련하여 영유아가 가지고 있던 선개념이 어떻게 변화했는지 비교, 검토하며 평가한다.

구성주의 이론에 영향을 받은 개념 변화 학습 모형의 교수-학습 단계를 그림으로 정리하면 다음과 같다.

도입	생활 관련 경험 이야기, 수업의 내용과 방향 암시
수업 이전 개념 끌어내기	선개념 표현, 학습 내용 제시, 자신의 생각 정리
개념의 재구조화	개념의 명료화 및 교환, 갈등 상황의 노출, 새로운 개념의 구성, 평가
새로운 개념의 응용	재구성 생각 적용, 새로운 생각 적용 가능성 인식
개념의 변화 검토	선개념과 비교 검토, 개념 변화 재시도

[그림 6-5] 개념 변화 학습 모형의 교수-학습 단계(김치곤, 2012 재인용)

2. 영유아과학교육에서의 교수-학습방법

1) 영유아과학교육의 교수-학습원리

우리나라 국가수준의 교육과정인 누리과정에 제시된 바와 같이 영유아과학교육은 과학 지식 및 과학 과정 기술의 습득, 그리고 과학적 태도 함양을 통해 과학적 소양을 기르는 것을 강조하고 있다. 따라서 이러한 목적을 이루기 위해 영유아 중심의 교수-학습원리와 교수-학습방법에 기초하여 영유아과학교육이 실행되어야 한다. 이를 위한 교수-학습원리를 살펴보면 다음과 같다.

(1) 영유아의 흥미와 발달 수준에 적합한 주제를 선정한다.

영유아과학교육은 영유아가 스스로 자기 주변의 여러 가지 현상과 사물을 탐색하고 발견해 나가는 과정이다. 따라서 교사는 스스로 탐구하고자 하는 영유아의 내적 동기를 과학의 과정으로 이끌 수 있도록 영유아과학교육을 계획해야 한다.

영유아는 자신이 이미 일상생활에서 경험한 것이나 알고 있는 현상 또는 사물을 탐구할 때 보다 흥미를 느끼고 적극적으로 참여한다. 그러므로 교사는 영유아의 선경험과 선지식을 사전에 조사하여 영유아의 삶과 너무 동떨어지거나 추상적인 내용은 배제하는 것이 좋다.

(2) 영유아가 직접 조작하거나 경험할 수 있도록 구성한다.

피아제(Piaget)가 제시한 인지발달 단계 중 전조작기에 해당되는 영유아의 특성은 구체물을 직접 조작하거나 경험하며 학습한다. 영유아는 누군가로부터 지식을 전달받는 것보다 과학을 행하는 방식을 통해 학습하기 때문이다. 따라서 영유아에게 손으로 직접 사물을 조작하는 경험(hands-on)을 제공하여 영유아의 사고를 자극할 필요가 있다. 나아가 영유아가 자신의 경험을 정신적으로 조작하는 경험(minds-on)으로 연결하여 자신만의 의미를 구성할 수 있도록 물리적 환경(예, 과학자료)과 사회적 환경(예, 교사 발문, 교실 분위기)을 조성해야 한다.

(3) 다양한 학습 경험이 일어나도록 한다.

영유아는 같은 연령일지라도 모두 저마다의 학습양식과 관심영역, 발달 정도 등이 다르다. 교사는 이러한 영유아의 다양성을 고려하여 여러 유형의 학습 경험을 골고루 제공해야 한다. 학습 경험의 유형에는 크게 세 가지가 있다(신은수, 안경숙, 김은정, 안부금, 2006).

먼저 자연적인 학습 경험(naturalistic learning experiences)은 영유아가 일상 속에서 활동하는 동안 자발적으로 시작되는 자연스러운 경험으로, 주로 감각운동기 영아에게 중요한 학습방식이다. 영유아는 자발적으로 활동을 선택하고 탐색하며 주도적으로 학습에 참여한다. 이를 위해 교사는 영유아가 오감각을 사용하여 마음껏 탐색에 참여할 수 있도록 흥미를 자극하는 환경을 제공해야 한다. 또한 지속적인 관찰과 언어적, 비언어적 반응을 통해 영유아의 자연적인 학습 경험이 지속될 수 있도록 지원해야 한다.

다음으로 비형식적 학습 경험(informal learning experiences)은 영유아가 자연적인 학습 경험을 하고 있을 때 교사의 판단에 의해 개입이 일어나며 이루어진다. 교사는 이러한 경험을 미리 계획하지는 않았지만 경험이나 직관에 의해 비계설정이 필요하다고 판단될 경우 개입한다. 예를 들어, 영유아가 도움을 요청하거나 또는 우연히 가르칠 만한 기회가 생겼을 때 비형식적 학습 경험이 일어날 수 있다.

마지막으로 구조적 학습 경험(structured learning experiences)은 교사가 미리 학습 목표와 학습 내용을 계획하여 영유아에게 제공하는 경험이다. 그러나 교사가 미리 영유아의 경험을 계획하였다고 해서 이것이 곧 교사주도적인 활동을 뜻하는 것은 아니다. 교사는 체계적으로 구조화된 학습 상황을 제공하되, 영유아가 자유롭게 탐구에 참여하며 스스로 지식을 구축해 나가며 학습할 수 있도록 지원해야 한다.

(4) 영유아가 인지적 갈등을 경험하도록 한다.

인지적 갈등이란 영유아가 기존에 가지고 있는 스키마와 새로운 정보 사이에서 불균형이 생길 경우 나타난다. 만약 그 인지적 갈등의 정도가 적당한 수준일 때, 새로운 인지구조를 형성하며 인지적 발달이 이루어진다.

이에 영유아과학교육의 내용은 영유아의 선경험에 근거하여 새로운 경험을 제공하되, 그 수준이 지나치게 쉽거나 어렵지 않아야 한다. 만약 영유아의 수준보다 지나치게 쉽거나 어려운 교육 내용이 제시된다면 영유아들은 흥미를 잃거나 포기할 수 있기 때문이다. 따라서 교사는 관찰을 통해 영유아가 현재 가지고 있는 스키마를 파악하여 인지적 갈등을 일으킬 수 있는 탐구환경을 제공하는 것이 중요하다. 이를 위해서 교사는 영유아의 현재 발달 수준보다 한 단계 정도 높은 수준의 구조화된 과제나 활동, 자료 등을 제시할 수 있다.

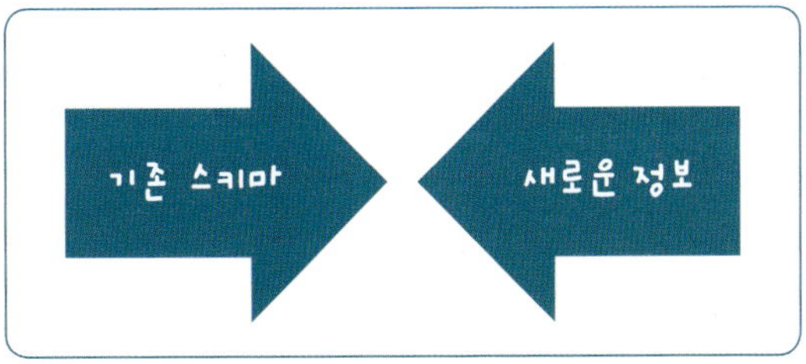

(5) 적절한 발문을 통해 영유아의 사고력을 확장시킨다.

과학탐구의 전개 과정에 있어 교사의 적절한 발문과 영유아와의 상호작용은 중요하다. 교사는 영유아의 과학탐구 과정마다 교육 목적이 있는 질문을 하여 영유아의 사고를 자극하고, 창의적이고 비판적인 자세로 탐구에 참여할 수 있도록 해야 한다. 교사는 영유아의 인지발달 수준 및 상황에 적합한 발문을 통해 영유아가 반성적 사고를 통해 자신의 사고 과정을 돌아볼 수 있도록 지원해야 한다(김승희, 2015).

영유아의 사고력 확장을 지원하는 교사의 질문은 수렴적 형태와 발산적 형태로 구분할 수 있다. 먼저 수렴적 형태의 질문(convergent questions)은 특정한 반응이나 정답으로 대답을 한정하는 질문으로, 교사는 영유아의 정답 여부를 통해 이해도를 보다 쉽게 파악할 수 있다. 예를 들어, 교사는 “이 식물의 이름이 무엇이니?”와 같은 수렴적 형태의 질문을 통해 영유아가 식물의 특성을 잘 파악하고 있는지 확인할 수 있다. 발산적 형태의 질문(divergent questions)은 하나 이상의 개방적인 대답이 있는 질문이다. 예를 들어, 교사는 “이 식물을 관찰한 후 네가 발견한 것에 대해 이야기해 줄 수 있겠니?” 또는 “왜 그렇게 생각하니?”와 같은 발산적 형태의 질문을 할 수 있다.

교사는 질문을 한 후 영유아가 응답할 시간을 충분히 제공해야 한다. 교사는 질문을 통해 영유아가 개념을 잘 이해하고 있는지 확인하고 정리하려는 경향 때문에 간혹 영유아가 자신의 질문에 대해 즉각적으로 대답을 하지 않을 경우 기다리지 못하고 대신 대답하곤 한다. 이는 영유아의 사고 확장을 방해할 수 있으므로 교사는 반드시 질문을 한 후에는 충분히 기다리는 시간을 가지는 것이 좋다.

(6) 일상 속에서 과학을 경험할 수 있게 한다.

우리는 흔히 과학탐구가 과학영역에서만 이루어진다고 생각한다. 그러나 과학탐구는 일과를 통해 다양한 형태로 이루어지기도 한다. 과학탐구는 정해진 시간 또는 특정 영역에서만 이루어지는 것이 아니라 실내외 자유놀이 시간, 대소집단 시간, 또는 전이 시간 등 언제든 이루어질 수 있으며, 뿐만 아니라 음률영역, 쌓기 영역, 언어영역 등 다양한 놀이영역에서 이루어질 수 있다.

교사는 같은 주제를 다양한 일과 활동과 연계하여 영유아에게 제공할 수 있다. 예를 들어, 과학 내용으로 '봄에 피는 꽃'이라는 주제를 선정한 후 바깥놀이터에서 봄꽃 관찰하기, 언어영역에서 책을 찾아보며 봄에 피는 꽃의 종류 알아보기, 음률영역에서 봄꽃 관련 노래 부르며 악기 연주하기, 미술영역에서 봄꽃 꾸며 보기, 과학영역에서 봄꽃 화분에 물 주고 성장 기록하기 등의 활동을 통합적으로 구성할 수 있다. 이러한 통합적 접근을 통해 영유아는 과학을 보다 가깝게 느낄 수 있을 뿐만 아니라 다양한 맥락에서 학습을 할 수 있다.

산책 중 유아가 길가에 핀 꽃을 관찰하고 있다.

다양한 미술재료를 사용하여 자신이 관찰한 꽃을 표현하고 있다.

2) 영유아과학교육의 교수-학습방법

효과적인 영유아과학교육을 위해 교사는 교육 내용의 특성뿐만 아니라 영유아의 흥미와 발달 수준, 주변환경, 여러 유형의 학습 경험 등을 고려하여 가장 적합한 교수-학습방법을 사용해야 한다. 영유아과학교육을 위한 교수-학습방법에는 여러 가지가 있으나, 언제 어디서나 효과적인 교수법은 존재하지 않는다. 따라서 교사는 각각의 교수-학습방법의 특성을 파악하고 있어야 하며, 상황에 따라 한 번에 하나 또는 그 이상의 방법을 혼합하여 적용해 볼 수 있다. 영유아과학교육을 위한 교수-학습방법의 종류를 살펴보면 다음과 같다(조형숙, 김선월, 김지혜, 김민정, 김남연, 2014).

(1) 전달적 교수법

전달적 교수법은 가장 고전적인 교수법으로, 교사가 설명이나 시범을 통해 영유아에게 과학적 지식이나 개념을 체계적으로 전달하는 것을 말한다. 전달적 교수법은 대집단을 대상으로 영유아에게 실험 도구나 재료를 소개할 때나 시범을 통해 실험방법을 알려줄 때, 또는 과학적 용어를 정의할 때 특히 효과적이다. 예를 들어, 교사는 현미경을 처음 사용하는 영유아를 위해 현미경을 구성하고 있는 부품을 소개하고, 작동법을 순서대로 이야기해 주면서 시범을 보여줄 수 있다. 이렇듯 교사는 설명과 시범을 혼합하여 구체적인 작동법을 제시함으로써 영유아의 관심과 흥미를 유발할 수 있다.

다만, 교사는 영유아의 발달 수준에 맞춰 가능한 한 간단명료하게 설명해야 한다. 만약 설명이나 시범이 지나치게 복잡하거나 어려운 경우 영유아는 과학이 지루하고 어렵다고 생각할 수 있으며, 도구의 움직임이나 효과 등에만 집중할 수도 있다.

전달적 교수법은 자칫 잘못하면 교사중심의 일방적인 수업으로 전개될 수 있다. 따라서 일방적으로 과학적 지식이나 개념을 전달하는 것이 아니라 쌍방향의 의사소통이 이루어지도록 상호작용을 해야 한다. 이를 위해 교사는 설명과 시범 중간에 영유아와 질문을 주고받으며 참여를 유도해야 한다. 예를 들어, 교사는 시범을 통해 현미경의 작동법을 알려 주며 "이것을 렌즈 밑에 두면 어떻게 보일까?"와 같은 질문을 던짐으로써 영유아의 관심과 흥미를 유발할 수 있으며, 경우에 따라 몇몇의 영유아에게 도움을 요청함으로써 자발적 참여를 촉진할 수 있다.

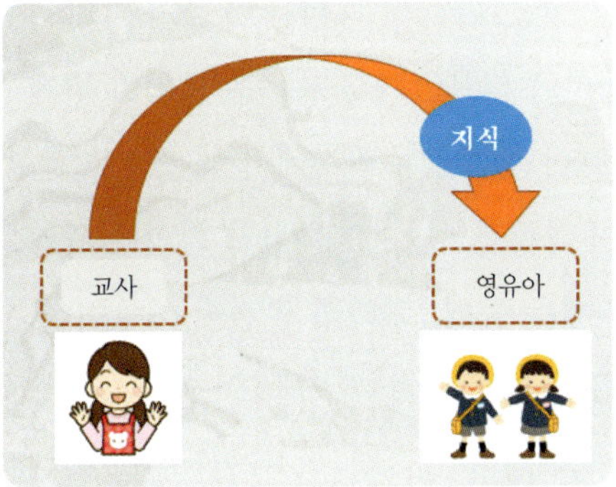

교사는 자신이 가지고 있는 과학 지식을 영유아에게 설명이나 시범 등을 사용하여 직접적으로 제공한다.

전달적 교수법의 교수-학습 단계를 그림으로 나타내면 다음과 같다.

주제 선정	교사가 주제 선정
⇩	
유아의 궁금증, 호기심 자극	교사의 과학적 지식 설명
⇩	
활동 계획 및 실시	교사가 활동을 계획, 전개(시범, 설명) 교사가 질문을 정하여 유아에게 질문 (유아는 예/아니오 또는 단답형으로 대답)
⇩	
추후활동	교사의 시범이나 설명이 끝난 후 유아가 직접 활동

[그림 6-6] 전달적 교수법의 교수-학습 단계(조형숙 외, 2014 재인용)

(2) 발견적 교수법

영유아는 선천적으로 세상에 대한 호기심을 가지고 태어난다. 이러한 특성을 자발적 탐구 과정과 연계시켜 교육적으로 확장하도록 지원하는 것이 발견적 교수법이다. 즉, 발견적 교수법이란 문제해결을 위해 영유아가 탐구에 참여하여 스스로 방법을 찾아나갈 수 있도록 하는 교수법이라고 볼 수 있다.

교사에 의해 미리 계획되고 결정된 방향대로 흘러가는 교육은 자칫 잘못하면 영유아를 수동적 존재로 성장하게 하기 때문에 주의해야 함을 브루너(Bruner)도 강조한 바 있다(윤희경, 김애옥, 나은숙, 이분려, 황혜경, 2015). 따라서 교사는 영유아의 호기심과 내적인 학습동기를 자극하는 환경을 조성하여 영유아가 자유로운 분위기 속에서 다양한 방법으로 자료를 탐색할 수 있도록 해야 한다. 이 과정에서 영유아가 관찰, 측정, 실험 등 여러 과학 과정 기술을 활용해 과학적 사실이나 개념, 원리나 규칙을 발견할 수 있도록 지원하는 것이 중요하다. 예를 들어, 과학적 발견이 이루어질 수 있도록 과학영역에 기본적인 관찰도구나 자료를 조직하여 제공하고, 영유아가 충분한 시간을 가지고 탐색할 수 있도록 지원할 수 있다. 영유아는 이러한 환경 속에서 능동적으로 탐구에 참여하며 스스로 문제의 해결방법을 찾아나가게 된다.

단, 영유아들이 아무 계획 없이 돌아다니며 마음대로 하도록 방치하는 것이 발견적 교수법은 아니다. 교사는 영유아의 준비도에 근거하여 환경이나 문제 상황을 조직화하고, 이를 적절하게 제공하여 영유아의 자발적 탐구를 지원하여야 한다.

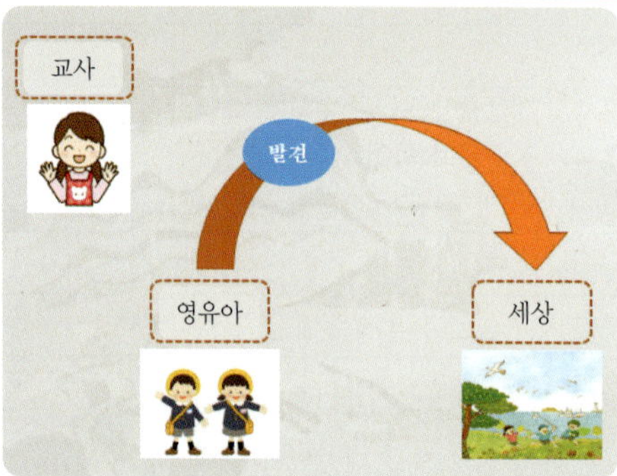

교사는 영유아가 스스로 학습 내용을 발견할 수 있도록 자유로운 탐구환경을 제공한다.

(3) 과정적 교수법

과정적 교수법은 과학 개념 이해나 결과물을 만들어 내는 것보다 과학탐구 과정에서 나타나는 지식의 과정을 중요하게 생각하는 교수법이다. 영유아는 과학탐구에 참여하기 위해 다양한 과학 과정 기술을 사용한다. 과학 과정 기술은 관찰하기, 비교하기, 측정하기, 분류하기, 예측하기, 추론하기 등 과학탐구 과정 중 필요한 기술들을 의미한다. 과학 과정 기술은 영유아가 흥미를 느끼는 대상이나 현상을 탐구할 때 자연스럽게 발현되며, 영유아가 지식을 구조화하고 세상을 과학적으로 바라볼 수 있는 능력과 태도를 형성하는 데에 도움을 준다(Can, Yildiz-Demirtas & Altun, 2017; Morrison, 2012).

교사는 영유아가 다양한 탐구기술을 사용하여 과학탐구에 참여할 수 있도록 지원해야 한다. 요컨대, 교사는 과학탐구에 필요한 자료를 다양하게 제공하고, 다양한 과학 과정 기술을 사용할 수 있도록 상호작용할 수 있다. 예를 들어, 물에 뜨고 가라앉는 사물의 특성을 살펴보는 영유아에게 "동전을 수조에 넣었더니 어떻게 되었니?"(관찰하기), "클립을 수조에 넣으면 어떻게 될 것 같니?"(예측하기), "이 바구니에 있는 물건 중 물에 뜨는 물건들을/가라앉는 물건들을 모아 볼 수 있겠니?"(분류하기) 등과 같은 질문을 하여 보다 풍부한 과학의 과정을 경험할 수 있도록 지원할 수 있다.

과정적 교수법은 과학의 과정에 초점을 맞춤으로써 영유아의 다양한 탐구능력을 증진시킨다는 점에서 의의가 있다. 그러나 과정에 지나치게 초점을 맞추다 보면 과학 내용에 대한 중요성이 간과될 수 있기 때문에 과학 과정과 과학 내용에 대한 균형을 고려하여 교육과정을 계획하여야 한다(조형숙 외, 2014).

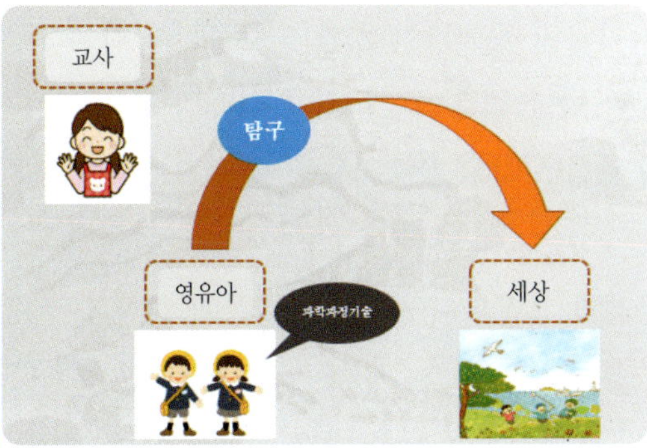

교사는 영유아가 다양한 과학 과정 기술을 활용하여 과학탐구 과정을 즐길 수 있도록 지원해야 한다.

(4) 상호작용적 교수법

상호작용적 교수법은 영유아가 교사, 영유아, 환경과의 적극적인 상호작용을 통해 자기 주변 세계를 이해할 수 있도록 지원하는 교수법이다. 여기서 말하는 상호작용이란 자신의 생각을 공유하는 과정을 통해 생각을 발전시키는 것으로, 상호작용적 교수법을 통해 영유아는 자신이 기존에 가지고 있는 생각들을 더 체계적으로 발전시킬 수 있다(이경민, 2000).

상호작용적 교수법에서 학습이란 영유아가 사회적 상호작용을 통해 주변 세계를 적극적으로 탐색하고 이해하는 것이다. 따라서 영유아의 효과적인 과학 학습을 위해서 교사는 영유아와 상호의존적인 공동의 노력을 통해 탐구에 참여하며 함께 문제를 해결하는 것에 주안점을 둔다.

앞서 살펴본 다른 교수법들과 비교하였을 때, 상호작용적 교수법에서 교사의 역할은 보다 적극적인 조력자의 성격을 띤다. 교사는 영유아에게 단순히 지식을 전달하거나 평가하는 것이 아니라 영유아가 지속적으로 호기심을 갖고 자신의 의문점을 해소할 수 있도록 지원해야 한다. 이를 위해 교사는 영유아와 함께 공동으로 탐구주제를 선정하고, 이에 대한 답을 얻기 위해 함께 계획하고 실험에 참여한다. 이 과정에서 교사는 영유아의 사고를 촉진하는 발문을 하거나 정보를 제공하여 영유아와 영유아를 둘러싼 환경을 연결해 주는 다리 역할을 한다.

아무리 좋은 교육 내용일지라도 실제 교육적 맥락에서 영유아와 교사 간의 상호작용이 제대로 이루어지지 않는다면 학습이 일어나지 않을 수 있다. 따라서 교사는 과학탐구가 시작되기 전뿐만 아니라 탐구 과정 중, 그리고 평가의 전 과정에서 영유아의 현재 생각과 의문점에 대해 관심을 갖고 상호작용을 할 필요가 있다.

상호작용적 교수법의 교수-학습 단계를 그림으로 정리하면 다음과 같다.

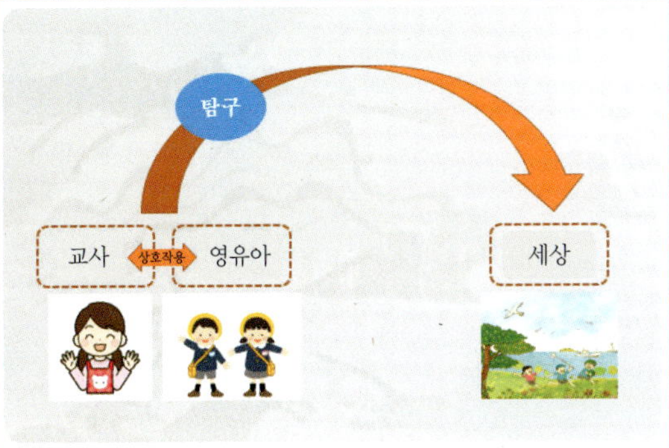

교사는 영유아와의 적극적인 상호작용을 통해 공동으로 과학탐구에 참여하면서 세상에 대한 지식을 함께 구축한다.

사전 활동 단계	주제의 선정	교사와 유아가 함께 의미 있는 주제 선정
	주제의 명료화	토론을 통한 영유아의 선개념 파악
	사전탐구 활동	주제 관련 사전탐구 시행

⇩

질문 단계	영유아의 질문	영유아가 주제에 대해 궁금한 점을 질문
	조사를 위한 질문의 선택	조사할 질문 선정

⇩

탐구 · 조사 단계	조사를 위한 계획 세우기	토론을 통한 조사 계획 수립
	필요한 기술 개발하기	탐구 · 조사를 위해 필요한 기술 지도
	교실에서 활동을 지속적으로 이어 가기	토의를 통한 지속적인 탐구 · 조사 실시

⇩

사후 활동 단계	발표	활동 결과 공유 및 개념망 구성
	평가	새로 학습된 개념 파악

[그림 6-7] 상호작용 교수법의 교수-학습 단계(이경민, 2000)

CHAPTER

7

영유아과학교육에서의 교사

1. 영유아과학교육에서 교사의 과학적 소양

1) 과학적 소양의 중요성

과학적 소양(scientific literacy)은 과학적 개념과 과정을 이해하고, 과학적 지식과 기술의 이해 및 적용이 요구되는 상황에서 과학적 지식을 기초로 과학적 방법을 활용하여 생활 속에서 직면하는 문제를 효율적으로 해결할 수 있는 능력과 성향이다. 따라서 매일의 일상생활 속에서 일어나는 문제를 효율적으로 해결하고, 다양한 탐구 과정에 즐겁게 참여하기 위해서는 과학적 소양이 요구된다. 과학적 소양은 일상생활에서 합리적인 생활 태도를 이끄는 원동력이라는 점에서 중요하게 요구되는 특성이며, 과학적 소양을 갖춘 사람의 특징은 다음과 같다.

① 일상생활을 하며 의사결정을 할 때 과학 개념, 과학 과정과 기술을 활용한다.
② 과학과 기술이 사회에 주는 영향과 사회가 과학과 기술에 주는 영향에 관심을 갖는다.
③ 사회에서 이용할 수 있는 여러 자원을 통해서 과학과 기술을 통제하는 것을 이해한다.
④ 인간의 복지 증진에 과학과 기술의 유용성뿐 아니라 한계성도 이해한다.
⑤ 과학의 주요 개념과 가설 및 이론을 알고 활용한다.
⑥ 과학과 기술이 제공하는 지적 자극의 가치를 이해한다.
⑦ 과학적 지식은 탐구 과정과 개념적 이론에 의존하여 산출되는 것을 이해한다.
⑧ 과학적인 증거와 개인적 의견을 구분한다.
⑨ 과학의 본질을 인식하고, 과학적 지식은 잠정적이고 증거의 축적에 따라 변한다는 것을 이해한다.
⑩ 과학연구의 가치와 기술발달의 가치를 이해할 수 있는 충분한 지식과 경험을 가진다.

또한 과학적 소양을 강조하는 프로젝트 2061은 1985년에 시작되어 2061년까지 모든 미국인이 생활 속의 과학을 이해하고, 과학과 관련된 사회적 문제에 대해 바르게 인식하고 의사결정을 할 수 있는 능력을 갖추도록 하기 위한 계획이다. 따라서 프로젝트 2061에 기초한 많은 연구와 정책적 노력에 의해 최근 과학교육의 실제와 연구의 방향에 중요한 표준을 제시해 준다. 즉, 유치원부터 초 · 중등학교까지 과학 개념을 심층적으로 탐색하며 과학적 소양을 기르는 교육을 강조한다(AAAS,1990). 이러한 과정을 통해 K-12학년 동안 지속적으로 과학기술, 태도, 지식을 일상생활에서 경험하는 문제해결에 유용하게 활용하는 능력 증진을 강조한다. 더 나아가 이러한 과학적 소양은 각 개인의 생활을 향상시키고 미래의 시민으로서 사회에 책임있게 행동할 수 있도록 돕는다.

2) 과학적 소양의 필요성

우리는 매일의 생활에서 주변의 동식물을 관찰하고 길러 보며 수많은 과학을 경험하고, 과학을 활용하여 효율적으로 생활하고 있다(1장 참고). 하지만 1장에서 제시된 바와 같이 교사들은 '과학' 하면 어렵고, 딱딱한 이론과 의도적인 실험을 하는 경험을 떠올리며 어렵게 느끼는 경우도 있다. 또한 유아교사는 과학 지식의 부족과 과학교수방법에 대한 이해 부족, 과학에 대한 교사의 부정적인 태도의 원인으로 어려움을 겪는다(김현경 외, 2016 ; 전경원, 2015)고 제시되기도 한다.

과학에 대한 교사의 이러한 부정적인 태도는 과학에 대한 영유아의 긍정적 태도 형성에 부정적인 영향을 미친다. 따라서 영유아를 위한 과학 활동과 경험을 제공하는 교사는 먼저 영유아들의 질문에 정확한 대답을 해 주어야 한다는 생각에서 벗어나야 한다. 홀트(Holt, 1993)는 유아교사가 과학을 잘 가르치기 위해서 백과사전이 될 필요는 없다고 제시하였다. 따라서 교사에게는 하루 일과를 통해 영유아들과 함께 즐거운 마음으로 궁금한 것, 알고 싶은 것, 때로는 불편해서 해결하고 싶은 것을 함께 책 · 사전 · 동식물 도감 · 인터넷을 검색하며 찾아보고, 특정 분야의 전문가에게 질문하며, 즐거운 마음으로 경험하는 과학에 대한 긍정적 태도가 요구된다.

그러므로 과학적 소양을 중요하게 인식하는 교사는 과학적 개념이나 지식을 영유아들에게 직접적으로 지시하고 가르치려 하기보다는, 영유아들과 직접 오감각을 활용하여 몸과 마음으로 가을의 변화(계절의 변화)를 충분히 경험할 수 있는 시간과 기회를 제공하도록 한다.

"나뭇잎을 하늘 높이 뿌리며 뛰어 보면 어떤 소리가 들릴까?"
"노란 은행잎 카펫 위에 누우면 어떤 소리가 들릴까?"
"바람에 날리는 나뭇잎은 어떤 소리가 들릴까?"

[그림 7-1] 가을의 변화 경험하기

영유아들은 '우리 함께 낙엽을 밟으며 어떤 소리 들리는지 얘기해요. 촉착촉착 비삭비삭 부스럭부스럭 조고조고 티딕티딕 바람 부는 소리 같아요.' 라고 동시를 지으며 낙엽을 밟고 경험한 것을 표현하였다.

3) 과학적 소양을 키우기 위한 방법

영유아들이 주도하는 구체적 활동과 놀이를 통해 재미있게 과학 활동을 하기 위해서는 무엇보다도 교사의 과학적 소양을 키우는 것이 중요하다. 유아교사의 과학적 소양을 키우기 위해 과학교수효능감, 즉 유아교사가 과학을 효과적으로 지도할 수 있는지에 대한 신념을 증진할 수 있는 교사교육 모형을 제시하였다(조형숙 외, 2014).

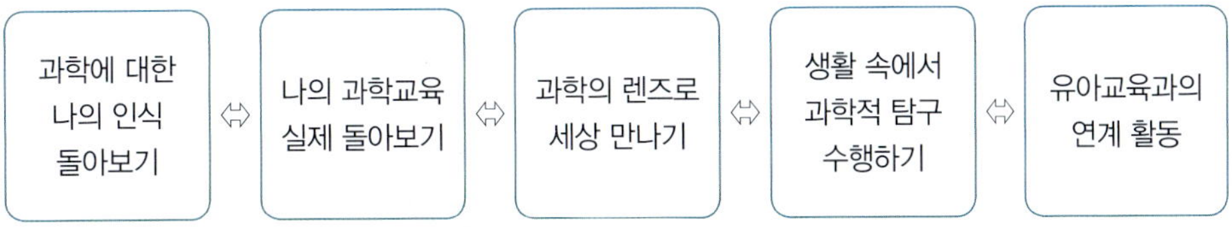

[그림 7-2] 유아교사의 과학적 소양 증진을 위한 자기학습 모형

유아교사의 과학적 소양 증진 모형은 5단계로 구성된다. 1단계는 과학에 대한 교사의 인식을 돌아보기이다. 2단계는 영유아들이 주도하는 과학 활동을 하기 위한 환경적, 언어적 지원 계획 돌아보기이다. 3단계는 생활 속에서 관찰되는 과학적 현상 및 문제 인식하기이다. 4단계는 직면한 과학적 문제를 해결하기 위한 과학적 지식과 기술을 생각하고 적용하기이다. 5단계는 교사 자신의 일상생활과 관련된 과학탐구 활동을 영유아와 함께 해볼 수 있는 과학 활동으로 확장하여 연계하는 것이다.

유아교사의 과학적 소양을 키우는 방법은 과학 저널 쓰기, 과학 실제 돌아보기, 과학 관련 정보수집, 관련 주제 탐구, 영유아들과 함께 활용하기이다. 영유아들과 함께 즐겁게 생활하며 작성한 교사의 저널을 통해서 살펴보면, 과학적 소양을 증진하기 위해서는 우선 '과학이 재미있다' 는 긍정적 인식을 갖는 것이다. 생활 속에서 과학을 재미있게 지도하기 위해서는 영유아가 주도적으로 활동하도록 지원(공감)하며 기다려 주는 것이다. 따라서 과학적 개념이나 지식을 영유아들에게 직접적으로 지시하고 가르치려 하지 않는다. [그림 7-1]과 같이 생활하는 가운데 영유아들이 직접 오감각을 활용하여 충분히 경험할 수 있는 시간과 기회를 제공하는 것이다. 구체적 경험을 통한 나뭇잎의 다양한 활동 사례를 통해 살펴보면, 가을에 바깥 놀이터에서 자연스럽게 알록달록 물든 나뭇잎들을 보고 친구들과 '나뭇잎이 너무 예쁘다'고 서로 줍고, 만져 보고, 밟으며 소리도 들어 보고, 갯수도 세어 보고, 모양도 비교해 보는 등 낙엽과 구체적으로 활동하며 낙엽의 다양한 특징을 몸과 마음으로 경험하며 발견하게 된다. 이러한 과정을 통해 영유아들은 자율적으로 "낙엽을 밟으며" 노래를 부르기/나뭇잎 동시 짓기 – 나무그루터기 꾸미기 – 나뭇잎 글씨 – 사계절 그림 – 초록색이 조금 남아 있는 나뭇잎을 발견하고 엽록소에 관심 보이기 등으로, 즐거움 속에서 지속적으로 확장해 가는 것을 발견할 수 있다. 교사의 지원 과정과 기다려 주는 과정을 제시하면 다음과 같다.

영유아들은 실외놀이터에서 나뭇잎을 이용하여 나뭇잎을 밟고 관찰하며 노래 부르기와 동시 짓기를 한 후 나무 그루터기 꾸미기 활동을 하였다. 노란색으로 변한 나뭇잎을 하나둘 모아 그루터기 의자 위에 올려놓고 꾸미더니, 7개의 예쁜 나뭇잎을 세어 보고, 모양과 색깔도 비교하며 꽃을 완성하였다. 서로 예쁘다고 말하며 영유아들은 그루터기 안에서 콩콩 뛰고 꽃밭이라고 하며 즐거워하는 모습을 볼 수 있었다.

[그림 7-3] 나무 그루터기 꾸미기

나뭇잎 꽃을 만든 뒤 이번에는 나뭇잎으로 글씨를 써 보기로 한다. 어떤 글씨를 쓸지 고민하던 아이들은 '국화반 사랑해' 라는 글씨를 써 보기로 한다. 나뭇잎, 나뭇가지, 열매 등 주변의 것들로 천천히 글씨를 완성한다. 완성된 글씨를 보며 만족스러운지 주변의 국화반 친구들을 불러 글씨를 보여주며 "국화반 사랑해." 라고 이야기한다.

[그림 7-4] 영유아들의 자연물 글씨

가을의 낙엽 활동 가운데 자연스럽게 “우리나라” 노래 놀이를 하며 계절에 관심을 갖고 계절을 상징하는 그림도 그리고, 언어영역에 가서 사계절 책을 가져와서 자세히 들여다본다. 또한 악기를 연주하며 노래를 부르는 놀이에서 끝나는 것이 아니라, 노랫말에 나오는 사계절 카드를 자신이 그린 사계절 그림카드로 만들어 친구들과 함께 노래를 부른다. OO가 먼저 그림카드를 만들기 시작하자 남OO, 손OO, 송OO도 서로 이야기하며 사계절 책을 보며 사계절 그림을 즐겁게 그린다.

[그림 7-5] 유아의 사계절 그림

2. 영유아과학교육에서 교사의 역할

영유아가 주도하는 과학 활동을 생활 속에서 실행하기 위해서는 영유아가 질문할 때 즉각적인 답을 주는 것이 아니라 함께 시행착오를 통해 답을 찾아보기도 하는 등 과학교사의 역할이 매우 중요하다. 따라서 과학교육을 할 때 교사는 영유아의 모든 질문에 대해 즉각적으로 답해 주는 것은 피해야 한다.

구성주의자인 피아제(Piaget)는 영유아들이 정답을 말할 때보다 오답을 말할 때 더욱더 관심을 가지고, 영유아들이 우리의 생각과 달리 어떻게 물리적, 논리수학적 지식을 구성하는지를 연구하였다(Kamii & DeVries, 1978). 교사들은 영유아와 함께 궁금한 것이나 모르는 것이 있을 때 어떻게 그 답을 찾아가야 하는지에 대한 다양한 방법을 안내하고, 유아가 어떤 생각을 했는지 이야기하며 스스로 답을 찾을 수 있도록 기회를 제공해 주고, 기다려 주는 과정을 통해 놀이 속에서 과학을 재미있게 경험하도록 지도하는 것이 중요하다.

이와 같이 영유아의 과학교육에 중요한 영향을 미치는 교사의 역할을 지원자(제시자), 관찰자, 촉진자, 질문자, 환경의 구성자, 상호작용자, 참여자, 학습자로 구분하여 살펴보면 다음과 같다.

1) 지원자(제시자)

과학 활동을 지도할 때 지원자(제시자)의 역할은 영유아가 주도하는 과학 활동이 되도록 언어적(비언어적)·환경적으로 지원해 주는 것이다. 따라서 교사는 영유아가 개인적 흥미와 발달 수준에 따라 자유롭게 오감각을 활용하여 만져 보고, 느끼고, 표현하고, 눈으로 자세히 관찰하고, 움직여 보고, 소리도 들어 보는 등 온몸으로 탐색할 수 있도록 풍부한 자료와 허용적인 분위기를 제공해 주어야 한다. 또한 영유아의 놀이나 활동이 흥미 있고 의미 있게 확장될 수 있도록 연계 가능한 책, 사진, 구체물(소품, 도구 등), 동영상 자료 등을 지원해 준다. 예를 들면, 돌은 일반적으로 물에 가라앉는 특성이 있지만 물에 뜨는 돌(부석 등)도 제시해 주고, 나무와 꽃 등을 관찰하고 모르는 것을 찾아볼 수 있도록 도서, 동식물 도감, 인터넷, 관찰을 다양하게 할 수 있는 도구(확대경, 스마트폰 현미경, 루페 등)를 지원해 주어 영유아의 사고를 확장시켜 줄 수 있다.

[그림 7-6] 물에 뜨는 돌(부석) 실험하기

주목나무의 빨간 열매

벚나무의 열매 버찌

[그림 7-7] 식물도감 책 이용하기

[그림 7-8] 루페를 이용하여 크게 관찰하기

[그림 7-9] 스마트폰 현미경을 이용하여 자세히 관찰하기

2) 관찰자

과학 활동을 하는 동안 영유아의 행동, 친구와의 상호작용, 놀이 참여도 및 방법을 주의 깊게 관찰하는 관찰자의 역할은 영유아의 흥미, 발달 특징 등을 이해하기 위해 중요하다. 관찰을 통해 교사는 영유아의 발달에 따른 놀이 개입 시기와 방법을 이해하기 위한 중요한 자료를 모을 수 있다. 따라서 교사는 놀이 활동 시간에 영유아의 행동을 자세히 관찰하여 어떤 생각을 하는지, 어떤 논리적 사고 과정을 거치는지 등을 파악할 수 있도록 노력해야 한다. 이러한 관찰 자료는 영유아의 발달에 대한 구체적인 정보를 제공하여 부모와 상호작용할 수 있다. 또한 가정과의 연계속에서 영유아를 잘 지도할 수 있도록 유용하고 감동적인 정보를 제공한다.

이에 대한 구체적인 예를 들면, H유치원 교사는 성격이 조용한 선O라는 유아로부터 우연히 시작된 은행 껍질까기놀이 관찰 자료를 통해 조용한 성격의 유아도 적극적으로 자신을 표현하고자 하는 욕구가 강하다는 것을 교사 자신이 새롭게 인식하는 계기가 되었음을 보고하였다. 또한 이러한 구체적 관찰 자료를 부모와의 상담 시에도 활용하여 부모에게 보여드려서 '이렇게 자세히 선O를 이해해 주셔서 감사하다'며 눈물을 흘리시는 어머니의 모습에 감동을 받기도 했음을 말하면서 관찰자의 역할이 중요함을 제시하였다.

선○에 의해 은행이라는 열매를 먹을 수 있다는 정보를 얻은 아이들은
친구들과 함께 은행을 구워 먹기로 계획하고
많은 양의 은행이 필요하자 역할을 나누어 본격적으로 놀이를 시작한다.

1. 은행 열매를 찾아 오는 팀

[그림 7-10] 관심 가지기 〈놀이터에 은행이 많이 떨어졌어요〉

2. 은행 열매 껍질 벗기는 팀

돌멩이로 단단한 속껍질을 깬 뒤, 조심조심 껍질을 벗겨 은행 열매를 꺼낸다.

[그림 7-11] 놀이의 시작 〈은행 껍질을 깔 수 있어〉

또한 영유아가 개미 · 꽃 등 자연 관찰을 할 때 오감각을 모두 사용하도록 하며, 주변에 있는 사물이나 자연(나뭇잎 · 자연 · 하늘 등)의 모양과 색깔 등을 관찰하여 새롭게 발견한 점을 자유롭게 표현하도록 한다. 또한 유아들에게 자연 변화의 세밀한 부분(날씨, 계절, 동식물의 변화 등)도 관찰하고, 작은 변화라도 관심을 갖도록 격려하는 것이 중요함을 알 수 있다.

"노란색 잎 속에 작은 동그라미 무늬가 있어요."
계절이 변하면서 단풍이 드는 중에 나뭇잎이 초록색으로 보이게 했던
"엽록소가 눈에 보이는 것이 아닐까?"라는 예측을 한다.
"단풍잎에는 아직 색이 변하지 않은 부분도 있으니까 이렇게 초록색 부분도 그렸어요."

[그림 7-12] 나뭇잎 속에 남아 있는 초록색 무늬

3) 촉진자

영유아가 주도하는 과학 활동을 계획하고 실행하는 교사의 역할은 매우 중요하다. 2019 개정 누리과정(교육부 · 보건복지부,2019)에서도 놀이를 통한 영유아의 배움을 강조한다. 따라서 영유아가 주도하며 실제 놀이한 내용 및 교사가 놀이를 촉진해 주기 위해서 지원해 줄 수 있는 내용을 고민해야 한다. 영유아의 놀이는 이러한 교사의 고민과 노력을 통해 더욱 유의미한 배움이 될 수 있다.

영유아들이 활동자료를 이용하여 반복적인 놀이를 지속함에 따라 흥미가 떨어지고 문제가 생길 때(열심히 쌓은 컵이 무너져서 속상해하고 갈등이 생김 등) 교사는 영유아의 놀이를 확장하고 심화하기 위해 촉진자로서의 역할로 개입할 수 있다.

1. 놀이의 시작, 촉진

"높이 쌓아 보자."
"선생님 키보다 높이 쌓을 수 있으려면 친구하고 협력하고, 배려도 하고, 응원도 필요하겠다."
"국화반은 할 수 있을 거야. 선생님이 우리 국화반 친구들을 잘 알지. 화이팅!!"
"선생님, 종이컵 옆에 서 봐요."
"야호! 우리가 힘을 합치니까 진짜 성공했어!"

매번 무너지는 종이컵 때문에 속상한 아이들에게 다른 놀이를 제안

"무너지는 성벽놀이 어때?"
"종이컵이 무너질 때 속상하기도 하지만, 사실 재미있기도 하잖아요."
"그럼, 우리 정말 높이 쌓아서 무너지는 성벽놀이를 해 보는 건 어떨까?"

2-1. 놀이의 전개 및 확장

장난감을 종이컵 속으로 던지는 행동을 하는 아이들에게
"우리 종이컵 안으로 누가 더 잘 던지나 투호놀이 해 볼까?"
"그럼, 동물팀하고 곤충팀으로 나눠서 해요."

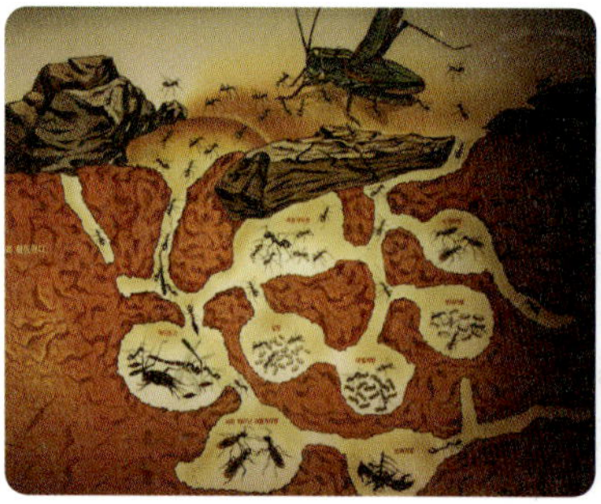

2-2. 놀이의 전개 및 확장

"개미집은 방이 정말 많은 것 같아. 방마다 하고 있는 일도 다 다른 것 같아."
"종이컵! 우리 종이컵으로 개미집 만들자."
"다른 곤충이나 이런 피규어로 개미 먹이창고도 만들자."
"방이 너무 깊숙해서 먹이들이 잘 안 보여."
"(종이컵을 앞뒤로 살펴보며) 더 괜찮은 방법이 있을 거야."
선생님의 행동을 유심히 보더니 종이컵을 앞뒤로 살펴본다.
"아! 좋은 생각이 떠올랐어. 종이컵을 뒤집으면 돼."

4) 질문자

영유아와 함께 과학교육 활동을 진행함에 있어서 교사는 질문을 제공하여 영유아가 과학적, 창의적 사고를 할 수 있도록 도울 수 있다. 영유아들이 자신의 흥미와 호기심에 따라 활동이나 놀이를 주도해 감에 따라 교사는 영유아들이 창의적 사고자, 문제해결자이자 과학적 소양을 갖출 수 있도록 질문자로서 역할(Holt, 1991)을 수행해야 한다. 영유아들의 독립적 사고능력을 증진할 수 있는 효율적인 6가지 질문방법(Martin, Sexton, Wagner, Gerlovich, 1997)은 다음과 같다.

첫째, 구체적인 질문을 계획한다. 둘째, 간단하고 정확하게 직접적으로 질문한다. 셋째, 대답해야 할 사람을 선택하기 전에 질문한다. 넷째, 기다려 주는 시간을 이용한다. 다섯째, 개념적 갈등을 야기시키는 질문을 한다. 여섯째, 모든 영유아를 격려할 수 있는 다른 유형의 질문(관찰, 분류, 대화, 측정, 예견 등을 위한 질문)을 한다. 구체적인 사례를 통해 질문자의 역할을 살펴보면, 영유아들은 교사가 의도적으로 질문자의 역할을 수행하지 않더라도 자유롭게 자신의 생각과 흥미에 따라 교사에게 질문하고 도움을 구하며 활동함을 알 수 있다.

그네놀이터 반대편 숲에서 놀이하던 아이들이 선생님을 부른다. 보여주고 싶은 것이 있다며 빨리 자기들이 있는 곳으로 오라고 한다. 아이들의 재촉에 가 보니 "이것 보세요. 우리가 집을 만들었어요."라고 이야기한다. "집이요?" 집을 왜 만들었는지 묻자 "바깥놀이터에 올 때마다 들어가고 싶어서요."라고 대답한다. "왜 여기에 만들었을까?"라고 다시 묻자 나뭇가지를 세우기 위해서 움직이지 않는 나무 기둥이 필요했다고 이야기한다.

완성된 집으로 한 명 한 명 몸을 넣어 아이들이 들어가 본다. 생각보다 넓은 집에 여러 명의 친구가 들어갔다 나왔다를 반복했더니 나뭇가지가 한쪽으로 무너지려고 한다. 그때 아주 빠르게 무너지는 나뭇가지를 봄으로 받쳐 집 형태를 유지했지만 결국 나무 기둥에 세워 두었던 나뭇가지들이 모두 무너져 버린다. "힘들게 만들었는데, 어떻게 하지?" 선생님이 더 슬픈 표정으로 이야기하자 아이들은 "괜찮아요. 다음에 다시 만들 수 있어요."라고 씩씩하게 대답한다. "다음에 만들 때에는 오늘처럼 무너지지 않는 집을 어떻게 만들지 생각해 볼까?" 선생님의 이야기에 모두 의지를 보인다.

[그림 7-13] 집 만들기

5) 환경의 구성자

유아주도적인 통합적 과학 활동을 진행하기 위해서 실내외 모든 공간과 자료들을 창의적으로 활용할 수 있다. 창의적인 환경 제공은 물리적 환경뿐만 아니라 심리적 환경까지를 포함한다. 따라서 교사는 영유아의 흥미와 호기심을 중요하게 반영하여 물체의 특성 및 변화, 동식물의 변화 과정, 주변환경 등을 관찰하고 탐구할 수 있는 물리적 환경을 제공해 주어야 한다. 영유아는 환경과 직접적 상호작용을 통해 스스로 지식을 구성해 갈 수 있으므로, 교사에 의해 의미 있게 구성된 환경은 영유아의 행동에 직접적으로 영향을 미칠 수 있다. 영유아 스스로 활동을 선택하여 진행할 수 있도록 신중하게 계획된 환경을 제공해 주는 교사의 역할을 강조한다(Chaille & Britain, 1991).

낙하산 실험(예비 유아교사와 함께)

마시멜로 화산실험

사랑의 말 전하며 식물 키우기

물에 뜨는 물체, 가라앉는 물체

[그림 7-14] 창의적 과학환경 구성

과학 활동을 위한 창의적 환경을 마련하기 위해 다른 활동과 상호 연관성을 갖고 활동주제에 따라 물리적 환경과 자료를 준비해 주어야 한다. 과학 활동은 과학 영역에서만 구성되는 것이 아니라 유아교육기관의 실내외를 활용하여 동식물의 생태계, 여러 가지 자연현상 및 물리화학적 현상을 경험할 수 있도록 창의적인 환경을 제공해야 하며, 계절과 영유아의 관심 주제에 따라 변화 있게 구성해야 한다. 교사는 영유아들이 남과 다른 생각을 창의적으로 말할 때 칭찬하고 격려하며, 활동하는 동안 가능한 충분하게 활용할 수 있는 다양한 자료를 마련해 주고 영유아의 흥미와 관심에 따라 선택해서 활동하게 해야 한다.

또한 교사는 물리적 · 심리적으로 창의적 환경을 제공하기 위하여 영유아의 엉뚱한 생각과 행동, 시행착오와 실패를 허용적으로 받아들이는 분위기를 제공해야 한다. 물이 교실 바닥에 넘쳐서 혼란을 야기하는 상황일지라도 흘린 물을 닦는 데 가장 적합한 것이 스펀지 · 휴지 · 비 가운데 어떤 것인가 등의 생각과 과학적 실험을 하는 기회라고 보는 허용적이고 창의적인 시각과 역할이 필요하다. 이러한 역할의 중요성은 다음과 같은 유명한 과학자의 일화를 통해서 확인할 수 있다.

최근에 나는 스티븐 글렌으로부터 어느 유명한 과학자에 대한 이야기를 들었다. 그 과학자는 매우 중요하고 획기적인 의학적 발견을 많이 이룬 사람이었다. 어떤 것이 그를 그렇게 특별한 인간으로 만들었는가? 한 신문과의 인터뷰에서 그는 기자로부터 평범한 사람들보다 훨씬 더 창조적이 될 수 있었던 비결을 말해 달라는 질문을 받았다. 이 질문에 그는 자신이 4살이었을 때 어머니와 함께 나눈 경험을 예로 들었다. 어느 날 그는 냉장고에서 우윳병을 꺼내다가 그만 떨어뜨리고 말았다. 미끄러운 우윳병은 바닥에 떨어지면서 주방 바닥 전체를 흰 우유 바다로 만들었다. 주방으로 들어온 그의 어머니는 그에게 고함을 치고 훈계를 늘어놓는 대신 이렇게 말했다. "로버트, 도대체 무슨 걸작품을 만들어 놓은 거니? 이런 엄청난 우유 바다는 처음 보는구나. 어쨌든 이미 저질러진 일이니 네 맘껏 우유를 갖고 놀아 봐라. 그런 다음 닦아 내자꾸나."

실제로 그는 엄마의 말대로 바닥에 쏟아진 우유를 갖고 장난을 치며 놀았다. 몇 분 뒤 어머니가 말했다. "로버트, 이렇게 어질러 놓은 다음에는 반드시 깨끗이 치우고 제자리에 돌려놔야 한다는 걸 너도 알겠지. 그런데 어떤 식으로 치웠으면 좋겠니? 스펀지를 쓸까? 아니면 수건이나 막대걸레를 써서 치울까? 어느 쪽이 네 맘에 드니?" 그는 스펀지를 선택했고 그래서 두 사람은 함께 엎질러진 우유를 닦아냈다. 그런 다음 그의 어머니가 말했다.

"잘 들어 봐. 넌 작은 손으로 큰 우윳병을 드는 실험에서 실패한 거나 마찬가지야. 우리 뒤뜰로 가서 병에 물을 채워 갖고 다시 한번 시도해 보자. 병을 떨어뜨리지 않고 그걸 옮길 수 있는 방법을 네가 발견하도록 말이다." 그 결과 어린 소년은 두 손으로 병의 주둥이를 잡으면 그걸 떨어뜨리지 않고 옮길 수 있다는 걸 배웠다. 얼마나 훌륭한 교육방법인가!

이 유명한 과학자는 그 일을 통해 실수를 두려워할 필요가 없다는 걸 알았다고 말했다. 그 대신 실수가 어떤 새로운 걸 배우는 기회임을 그는 깨달았다. 과학실험이라는 것이 바로 그런 것 아닌가. 어떤 실험이 제대로 성공하지 않을지라도 우리는 그것으로부터 가치있는 어떤 걸 배우기 마련이다.

–류시화 역(1997), 『마음을 열어주는 101가지 이야기』–

6) 상호작용자

영유아와 영유아, 영유아와 교사, 영유아와 환경과의 정서적 · 언어적 · 환경적 상호작용은 과학 활동을 흥미 있고 의미 있게 경험하도록 하며, 교사와 영유아가 행복감을 느끼도록 도와준다. 개정 누리과정에서도 영유아는 또래, 교사 및 자신을 둘러싼 환경 등과 관계를 맺으며 성장하므로 이들과 적극적으로 다양한 상호작용을 하도록 도와야 함을 제시하고 있다(교육부 · 보건복지부, 2019). 교사는 영유아의 활동에 귀 기울여 놀이의 의미와 배움을 발견하고 영유아와 정서적 · 언어적(비언어적)으로 다양한 상호작용을 하며, 영유아와 영유아 간의 충분한 상호작용이 이루어지도록 도와야 한다. 영유아의 흥미와 관심이 어디에 있는지 파악하고, 칭찬, 격려, 미소, 공감 등 정서적 또는 언어적 상호작용을 통해 영유아를 긍정적으로 수용하고 격려하는 것이 중요하다.

영유아와 교사 간의 정서적 상호작용은 노먼 록웰의 〈의사와 인형〉이라는 작품에서도 찾아볼 수 있다. 그림에서 진료 받으러 온 아이의 근심어린 표정과 대비되어, 편안하고 친근한 의사선생님으로 느낄 수 있도록 아이가 가져온 인형에 청진기를 대고 진찰하는 의사선생님의 넉넉함과 여유로움을 통해서, 영유아와 교사 간의 따뜻하고 허용적인 정서적 상호작용자로서의 교사의 역할을 시사받을 수 있다고 본다.

[그림 7-15] 노먼 록웰의 〈의사와 인형〉

주변의 나무를 선정하여 지속적으로 1년 동안 관찰하는 활동을 하며 영유아들은 자신의 나무와 친해지는 것을 알 수 있다. 따라서 내 나무가 잘 자라도록 '나무야 사랑해.'라는 말을 자주 하며, '내 나무가 힘들지 않도록 쓰레기도 주워야지.' 하며 쓰레기를 줍기도 하고, 추운 겨울이 다가오는 시기에는 내 나무가 춥지 않게 이불을 덮어 주고 멍이 든 나무에게 사과하기도 하는 등 자연을 소중하게 생각하며 아끼고 잘 보호해 주는 마음과 동식물을 사랑하는 마음을 가질 수 있도록 지원하고 생활 속에서 함께 상호작용할 수 있다.

추운 겨울을 보내야 할 나무에게 나뭇잎 이불 덮어 주기

사람들의 발차기 등으로 멍이 든 나무에게 사과하기

H유치원 K교사의 '유아숲지도사' 연수 중 숲해설가 선생님의 밤나무 이야기

밤나무에 열리는 열매를 얻기 위해 사람들이 자주 발로 차다 보면 주 가지가 손상, 곁가지가 발달되어 마치 하나의 뿌리에 두 개의 나무가 자란 것처럼 보인다.

그리고 나무가 곧게 자라지 못하고 배가 나온 것처럼 불룩 튀어나온 부분이 생기는데, 사람들이 밤을 따기 위해 발로 너무 많이 차서 나무에 멍이 든 것이라고 설명해 주셨다.

사랑과 관심으로 식물 키우기
"사랑해", "잘 자라라", "건강하게 자라라" 등

'사랑의 나무' 지나갈 때
"사랑해" 이야기하기

[그림 7-16] 나무와의 상호작용

7) 참여자

교사는 영유아와 함께 활동에 참여하여 영유아의 생각을 이해하고, 스스로 직면한 문제를 해결할 수 있도록 언어적 · 비언어적으로 적절하게 제안하며, 다양한 방법으로 격려할 수 있다. 이는 활동을 하는 동안 계속해서 참여해야 함을 의미하는 것은 아니다. 교사의 지속적인 참여자 역할은 영유아주도의 활동(놀이)의 흐름을 끊거나 자유로운 사고 과정에 방해가 되기도 한다.

영유아들은 어린 연령일수록 놀이에 교사를 초대하는 경우가 많고, 연령이 높을수록 교사로부터 정보를 얻고자 하는 경우가 많다. 또한 영유아들은 대부분의 시간 동안 독립적으로 활동하는 경향을 보이며, 놀이에 몰입해 있는 동안에는 교사의 개입을 요구하지 않는다. 또한 영유아들은 '선생님이 오면 친구들이 더 많아지니까 좋아요. 친구들은 역할을 싫어하는 것도 있는데, 선생님은 그냥 저희가 말하는 거 다 해 주실 수 있잖아요.'라고 말하며, 교사보다 친구의 참여를 더 좋아하는 경우도 있다(전유영, 2018).

H유치원의 만 5세 유아와 교사의 저널에 따르면, 역할놀이영역에서 아이들이 놀고 있을 때 (책상 위에 음식 상 차리기) 교사가 유아들과 함께 참여하여 상호작용을 하기 위해 유아를 바라보거나 질문 등을 하자 유아는 놀이를 멈추고 가만히 있거나, "선생님~ 가요~"라고 이야기하는 것을 볼 수 있다. 유아들이 '놀이 하면 생각나는 것'을 표현한 것을 보면 교사는 없고 친구를 중요하게 표현했다. 또한 '좋아하는 교사'를 표현한 그림을 보면 같이 놀이하는 선생님을 좋아하는 교사로 인식하고 있다(유칠선 · 권종애 · 이은희 · 최유경 · 손정민, 2018). 따라서 교사의 직접적 참여가 오히려 유아의 지식 구성을 방해할 수도 있으므로 친구들 간의 상호작용을 더 중요하게 인식하고 함께 놀이하는 참여자의 역할을 수행해야 한다.

[그림 7–17] 놀이에 대한 영유아의 생각

[그림 7–18] 영유아가 좋아하는 교사

8) 학습자(연구자)

교사는 과학하는 과정에서 영유아 · 부모와 함께 연구하는 태도를 가져야 하며, 사회 · 과학의 변화에 능동적으로 대처하는 능력을 갖추어야 한다. 영유아는 일상생활 속에서 교사가 과학적 현상을 대하는 태도, 사물을 관찰하고 조사하고 탐구 · 연구하는 과정을 모방하게 된다. 따라서 교사는 자연물에 대해 갖고 있는 편견(Holt, 1991)이나 지나친 개입을 피하고, 영유아의 생각에 대해 그 이유를 물어보는 태도를 통하여 탐구 과정을 확장할 수 있다.

교사는 언어적 · 비언어적 참여를 통해 영유아들이 주도적으로 자신의 생각을 표현하며 자율적으로 지식을 구성할 수 있도록 격려해야 한다. 특히 까미와 드브리스(Kamii & DeVries, 1978)는 영유아와 함께 활동하며 지식의 종류에 따라서 직접적 · 간접적으로 지도해야 함을 강조하였다. 즉, 물리적 지식과 논리 · 수학적 지식은 교사의 직접적 참여 지도보다는 물체와의 상호작용과 사물들 간의 관계 파악에 의해서 구성할 수 있는 기회를 제공해 주어야 한다고 보았다. 한편, 사회적 지식은 유아의 흥미 · 요구 등을 고려하여 자연스럽게 활동 과정에서 직접적 참여를 통해 언어적으로 설명할 수 있다고 보았다.

또한 교사는 활동에 참여하는 과정에서 영유아–영유아, 영유아–교사 간에 서로 생각을 교환하며, 상대방을 잘 관찰하여 서로 협력하고 배려하는 마음을 나누는 등 언어 · 사회 · 정서 · 도덕 · 인지발달이 통합적으로 발달해 가도록 도와야 한다.

유치원에서 1년 동안 다양한 나무들을 만나고, 관찰하고, 돌봐주며 생활하는 과정을 통해 영유아들은 자연과 우리와의 관계를 비롯한 자연이 우리에게 주는 고마움, 자연을 사랑하는 마음을 배운다. 졸업을 앞두고 헤어져야 하는 아쉬움을 표현한 감동적인 편지는 누리과정에서 추구하는 건강하고, 창의적이고, 감성이 풍부하고, 자주적이며, 더불어 사는 영유아로 성장했음을 느끼게 한다. 궁극적으로 교사로서의 역할을 돌아보며 깊은 성찰을 하는 교사가 되어야 한다.

[그림 7-19] 나무에게 주는 편지

그네놀이터에 토마토가 있다는 혜O이 말대로 열매의 모습이 토마토를 닮았다. 꽃도 토마토 꽃과 비슷하다. 혜O과 함께 있던 아이들도 토마토가 맞는 것 같다며 혜O이의 생각에 동의한다. 하지만 토마토라고 하기에는 크기가 너무 작아 '풀' 도감에서 찾아보기로 한다.

여름에 피는 꽃, 하얀 꽃을 도감에서 찾았더니 예상과는 다르게 토마토가 아닌 '까마중'이라는 식물이었다. 아직 열매가 다 익지 않아 초록색이지만 까만색으로 변하면 먹을 수 있는 열매라는 설명에 아이들은 벌써부터 기대를 한다. 먹을 수 있는 열매에 관심이 많아지더니… 유아가 "먹으면 몸에 좋아요? 맛있어요?"라고 질문을 하여 "선생님도 안 먹어 봐서 잘 모르겠는데, 교실에 가서 조사해 보자." "인터넷 찾아보면 돼요"… "뭐라고 검색할까?" "까마중을 먹으면?"…

'까마중' 식물을 알고 나니 주변 곳곳에 '까마중' 식물이 보인다.

여름에 피는 꽃, 하얀 꽃 '까마중'이라는 식물
열매가 다 익지 않아 초록색이지만 까만색으로 변하면 먹을 수 있는 열매
'까마중' 식물을 알고 나니 주변 곳곳에 '까마중' 식물이 보인다.
까마중-비타민A와 C가 풍부하며 안토시안의 성분이 높아 시력을 보호
단, 익지 않은 열매에는 독이 있으니 꼭 까맣게 익은 열매만 먹어야 함(출처: 네이버)

[그림 7-20] 유아와 함께 찾아낸 식물(까마중)

영유아들은 과학 경험에 기초하여 자신의 지능을 활용해 구성한 과학 개념에 대해 교사의 직접적 지시와 언어적 설명보다는 구체적 관찰–도감에서 찾기 - 인터넷 검색 등과 같은 일련의 시행착오를 통해 자발적으로 혹은 친구들과의 상호작용 속에서 주도적인 학습자로 발달해 가고 있음을 알 수 있다. 따라서 교사는 영유아들이 과학적 지식과 기술을 발견하고 수정해 갈 수 있도록 학습자의 역할을 해야 한다.

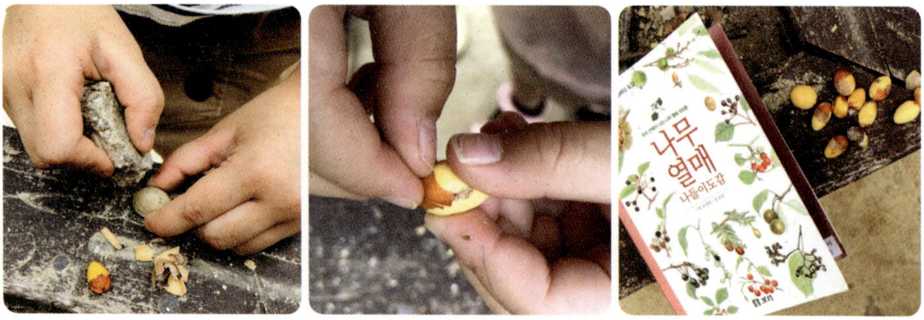

유○는 바깥놀이를 하며 열매를 주워 온다.
"열매를 주웠어요. 무슨 열매인지 알아요?"
질문을 하는 유○에게 놀이터에 있는 나무 중 하나인 것 같다고 이야기하자
곰곰이 생각을 한다. "우리가 사마귀 얼굴을 닮았다고 생각했던 열매인데…."
선생님의 말이 끝나자마자 "은행이요?"라고 이야기한다.

"먹을 수도 있어요?" 다시 되돌아온 질문에 "먹을 수 있는 열매죠."라고 대답을 했다.
"까 보고 싶은데 껍질이 딱딱해요."
궁금해하는 유○에게 "딱딱한 열매를 깔 수 있는 방법을 생각해 보자."
유○는 선생님 말에 "발로 밟아 볼까요?"라고 이야기한다.
"발로 밟는 것 말고는 없을까? 지금 여기에 아주 좋은 물건이 하나 있는데…."
유○는 주위를 살피더니 "아! 돌이요?"라고 이야기하며 돌을 하나 집어 열매를 내리친다. '딱!' 하는 소리와 함께 열매가 깨지고 속에 있는 알맹이가 나오자 신기해하면서
"지금 먹어도 돼요?"라고 묻는다.

"아니요. 이 열매는 구운 다음에 먹을 수 있어요. 지금은 못 먹어요."
먹지 못한다는 선생님 말에 모아 온 다른 열매도 까 보고 싶다며 열심히 돌로 내리친다.
유○의 모습을 본 다른 아이들도 관심을 보이며 유○처럼 은행을 까기 시작한다.

[그림 7-21] 유아와 함께 찾은 나무열매 도감(은행)

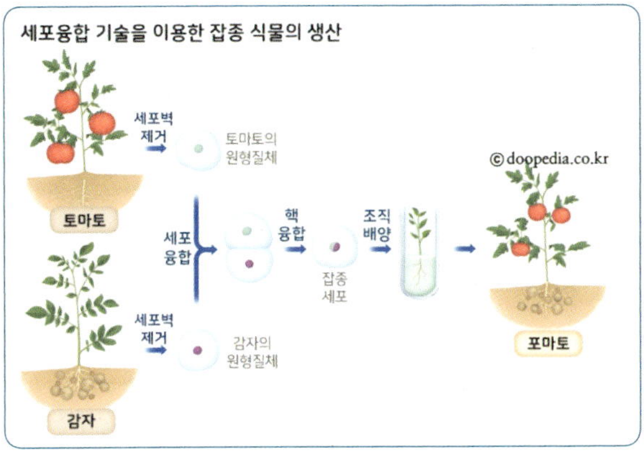

다음 주에 있을 감자 수확에 대해 이야기하자
하준이는 "선생님, 동후가 토마토랑 감자가 같이 나는 게 있대요."라고 이야기한다.
동후는 "위에는 토마토가 열리고 밑에는 감자가 열리는 식물이 있어요. 포마도요."

동후의 말에 궁금증이 생긴 아이들과 함께
포마토가 무엇인지 어떻게 생겼는지 함께 찾아보기로 했다.
인터넷에 '포마토'라고 검색하자 '톰테이토'라는 품종개량 식물이 검색됐다.
"토마토와 감자의 씨앗을 합친 씨앗을 심어야 포마토가 나오는데
포마토는 맛이 없었고, 또 많이 생산할 수 없어 인기가 없었대."

선생님의 이야기를 듣던 하준이는 누가 만들었는지 궁금하다고 이야기를 한다.
"포마토는 독일 멜처스라는 사람이 만들었고,
톰테이토를 새로 개발한 사람은 영국의 톰슨 앤 모건이요."
아이들은 사진을 보며 열매가 아주 크고 식물의 위, 아래에서
서로 다르게 자라는 게 신기하다고 이야기한다.

(톰테이토) 이미지 출처 : 네이버

CHAPTER

8

영유아과학교육에서의 환경

영유아들은 하루 중 많은 시간을 영유아교육기관에서 보내며, 역동적으로 감각하고 탐색하며 하루 일과를 경험한다. 영유아교육기관의 실내외 환경은 그 공간을 채우는 구성물과 분위기가 질적으로 구별되는 점이 있어, 과학적 자아가 충만한 영유아들은 교실 안과 밖에서 환경과의 풍부한 상호작용을 통해 다양한 과학적 경험을 한다.

영유아들의 풍부한 과학적 경험을 지원하기 위한 이상적인 과학교육 환경은 영유아가 놀이를 통해 주변을 주도적으로 탐색하고 탐구 및 실험을 통해 문제해결을 경험하는 공간이어야 한다. 또한 또래와의 상호작용을 통해 협력적으로 탐색하고 탐구 및 실험을 통해 문제해결을 경험하는 공간이어야 한다. 이를 위해 교사는 영유아의 풍부한 과학적 경험이 이루어질 수 있도록 자료를 조직하고 실내외 학습공간을 구성해야 한다.

1. 실내환경

영유아의 과학적 경험 지원을 위한 실내환경은 영유아가 주도적으로 탐색하고 발견할 수 있는 도전과 그 도전을 통한 기쁨을 느낄 수 있는 기회를 제공할 수 있도록 구성해야 한다. 이를 위해 영유아가 주변에 대한 흥미를 가지고 탐색, 탐구, 실험 등의 과학적 경험을 활발히 할 수 있도록 풍부한 교구 및 자료의 지원은 필수적이다.

1) 과학영역

과학영역의 구성 시 영유아에게 물리적 사회적 상호작용이 활발히 일어날 수 있도록 영유아들이 교구 및 자료를 선택할 수 있는 환경을 제시하고, 이 때 영유아의 관심과 흥미를 반영하여야 한다. 영유아들은 자신들의 흥미와 의견, 노력이 반영된 공간에 대한 관심이 높으므로, 영유아들이 과학영역 구성에 참여한다면 영유아의 과학적 태도와 과학적 사고, 과학적 탐구능력이 더욱 향상될 것이다.

(1) 과학영역의 구성 원리

과학영역은 영유아가 호기심을 가지고 문제를 해결하는 도전적인 장소가 되어야 하고(Koch, 2013), 과학 관련 자료는 영유아의 흥미와 자발적인 탐구 활동을 유발시킬 수 있어야 한다. 과학영역의 구성은 교실의 크기, 활동주제, 과학영역의 위치 및 구조 등이 영향을 미친다.

과학영역 구성 시 다음과 같은 구성 원리를 고려해야 한다.

첫째, 과학영역은 기본적인 측정과 관찰을 위한 도구를 비치하고, 영유아와 교사가 수집한 자료를 탐색할 수 있는 책상, 생활주제와 관련된 과학 활동자료를 제시하는 책상, 과학 관련 도서를 비치하는 정리장, 동식물을 기를 수 있는 공간 등으로 이루어진다.

과학영역 교구장과 책상의 배치와 구성은 융통성이 있어야 하며, 영유아가 자유롭게 드나들 수 있도록 해야 한다. 공간이 협소하면 영유아 간의 갈등을 유발할 수 있으며, 교구장이나 책상이 고정되어 있으면 과학영역에서의 다양한 활동 전개가 어려울 수 있다.

둘째, 과학영역의 자료나 도구는 영유아에게 적합한 것으로 배치하며, 영유아가 스스로 꺼내 사용하고 정리할 수 있도록 구성해야 한다.

영아들이 물체와 물질, 자연물, 간단한 생활도구 등을 탐색할 수 있도록 과학영역을 구성한다. 영유아들은 보고, 만지고, 냄새 맡는 등의 감각적 탐색을 주로 하므로 안전한 자료를 제공하여야 한다.

유아들이 관찰자료, 실험자료를 비치하고, 이 과정을 기록할 수 있는 기록지, 게시판 등을 마련해 주어 과학영역에서 활동을 공유할 수 있도록 한다. 전열기구나 유리로 된 물체나 도구 등 영유아들이 다루기에 위험한 물체는 상시 비치하기보다는 필요한 경우만 제공하는 것이 바람직하다. 또한 영유아들이 주도적으로 과학 영역에서 활동을 수행할 수 있도록, 과학 관련 도서, 식물도감, 동물도감 등을 비치해 두는 것도 좋다.

셋째, 과학영역에서 동식물을 기를 경우, 동식물의 성장환경을 고려하여 실내에서 성장 가능한 동식물을 선택해야 하고, 영유아들에게 안전한 동식물을 선택하여 기른다. 교실에서 동식물을 기를 경우 알레르기를 유발하거나 병균을 옮길 가능성이 있는 동식물은 교실에서 기르지 않는 것이 바람직하다.

과학영역에 동식물을 기르는 공간을 마련하여, 물이나 먹이를 주는 당번을 정하고, 동식물의 이름 팻말, 성장 과정이나 주요 부위의 명칭을 알 수 있는 도식화 게시 등을 준비한다. 영유아가 동식물을 관찰하며 길러 보는 과학 활동에서 돌봄의 경험과 생명에 대한 소중함이 강조되어야 한다.

넷째, 과학영역은 채광이 좋은 창가에 위치하는 것이 좋으며, 물과 전기를 쉽게 이용할 수 있는 공간에 위치하는 것이 좋다. 과학영역에서 식물 기르기, 빛과 관련된 과학 현상을 관찰하고 실험하는 활동이 가능하기 위해서는 채광이 좋아야 한다.

물을 사용하여 다양한 과학 활동이 가능하고, 과학 활동 후 때로는 물로 닦아 낼 필요가 있어 물을 쉽게 이용할 수 있는 공간에 과학영역을 배치하는 것이 좋다. 물론 과학영역의 바닥은 물로 닦아 내기 용이한 재질이어야 한다. 또한 간단한 도구를 활용한 과학 활동 시 전기를 사용해야 하는 경우가 있으므로 전기의 사용이 용이한 곳이 좋다.

다섯째, 과학영역은 교실 안의 다른 영역과 관련되어 활동이 확장되기도 하고, 교실 안과 밖의 과학 활동을 연결하는 탐구 기지(inquiry base)의 역할을 할 수 있도록 구성해야 한다. 활동주제, 계절, 영유아의 흥미를 반영하여 과학영역을 구성한다면, 과학영역이 다른 영역과 실외 활동과도 유기적으로 연결되는 탐구 기지 역할을 수행할 수 있을 것이다.

실내외 과학영역에서 식물을 돌보는 유아들

과학영역에서 자석을 탐구하는 유아들

OHP를 활용한 동극 활동

라이트테이블을 이용한 OHP필름 놀이

(2) 과학영역의 자료 구성

영유아는 주변의 거의 모든 것을 활용하여 과학적 탐색을 할 수 있으므로 영유아의 과학 활동 자료에 한계는 없으나, 과학영역의 자료 구성은 관찰, 측정도구 이외에도 영유아의 과학 활동을 지원할 수 있는 다양한 물체와 물질, 기계류 등을 구비해 주는 것이 바람직하다.

첫째, 영유아의 과학 활동 촉진을 위한 연령별 교구 및 자료와 유의점을 살펴보면 다음과 같다(김현자 외, 2019).

〈표 8-1〉 영유아의 과학 활동 촉진을 위한 연령별 교구 및 자료와 유의점

연 령	교구 및 자료	유의점
만 2세	어항, 화분, 자연물(조개껍질, 나뭇잎 등), 돋보기, 색 돋보기 등	• 한 번에 모든 자료를 제시하지 않음 • 가능하면 한 가지씩 제시 • 교구나 자료를 활용하여 영아와 충분한 상호작용 • 안전성을 수시로 점검
만 3세	거울, 색안경, 촉감상자, 소리상자, 어항, 관찰 가능한 곤충과 식물 등	• 유아에게 친숙하고 단순한 것을 교재 · 교구로 활용 • 다양한 감각 경험을 할 수 있는 교재 · 교구를 제공 • 안전성을 수시로 점검
만 4세	자석, 스포이트, 프리즘, 너트와 볼트, 열쇠와 자물쇠, 관찰 가능한 곤충과 식물 등	• 도구를 이용한 다양한 탐색 활동 격려 • 관찰 기록용지를 비치하여, 과학 활동 시 수시로 평가
만 5세	여러 모양의 자, 온도계, 백과사전, 양팔저울, 자석, 관찰 가능한 곤충과 식물 등	• 다양한 측정도구를 제공하여 탐색 및 기록 활동 격려 • 과학 활동에 대한 적절한 개입과 영역 구성 시 유아의 참여 유도

둘째, 과학 활동 지원을 위한 자료와 도구를 구체적으로 살펴보면 다음과 같다(안현정, 2011).

〈표 8-2〉 과학 활동 지원을 위한 자료와 도구

분 류	자료와 도구
일반적인 도구	돋보기(돋보기는 작은 것을 크게 볼 수 있음을 알게 하는 자료와 함께 제시), 프리즘, 집게, 도르래, 여러 종류의 플라스틱 용기(병, 컵 등), 가위, 건전지(전구, 전선, 전기가 통하는 물질과 아닌 것 등과 함께 제시), 손전등, 거울(손거울, 작은 거울, 큰 거울, 오목거울, 볼록거울, 만화경, 잠만경 등), 자석(자석에 붙는 것과 붙지 않는 것을 실험할 도구와 함께 제시), 체반(교실 내 모래놀이에 함께 제시하거나 다양한 곡식 등 체로 쳐 볼 수 있는 자료와 함께 제시), 스포이트, 호스, 분무기, 나침반, 진자, 다양한 천과 가죽 조각 등
측정도구	길이 측정도구(클립, 일정한 길이의 실이나 끈, 줄자, 막대자 등) 무게 측정도구(양팔저울, 앉은뱅이저울, 전자저울 등) 부피 측정도구(다양한 크기의 계량스푼, 비커, 그릇, 병, 주방도구 등) 시간 측정도구(타이머, 시계, 모래시계 등) 온도 측정도구(수은 온도계, 이마 체온계 등)

목공도구	목공놀이 탁자, 망치, 장도리, 못, 나뭇조각, 보안경, 면장갑, 다양한 크기의 볼트와 너트, 드라이버와 나사 등
특수도구	현미경, 루페, 망원경, 디지털 카메라, 녹음기, 청진기 등
일반적인 자료	종이, 공책, 연필, 색연필, 견출지, 신문, 옷핀, 클립, 집게, 스프링, 고무줄, 이쑤시개, 수세미, 빨대, 테이프, 면봉, 스펀지, 솔, 걸레, 솜, 모래종이, 거름종이, 풍선, 실, 스테이플러, 나무로 된 것, 주방용품, 자석에 붙는 것과 붙지 않는 것, 물에 뜨는 것과 뜨지 않는 것 등
그 밖에 필요한 자료	식물, 동물, 곤충도감이나 표본, 과학 관련 게시물이나 도서 등 그림과 사진자료, 시청각 자료, 동식물 기르기 등

셋째, 과학 활동 촉진을 위해 동식물에 관한 다양한 정보를 담은 정보그림책이나 과학 관련 그림책은 과학영역에 비치하고, 생활주제와 관련 있는 과학 관련 그림책은 주로 언어영역에 비치한다.

영유아의 과학 활동 촉진을 위한 과학 관련 그림책을 살펴보면 다음과 같다.

〈표 8-3〉 영유아의 과학 활동을 촉진하는 그림책

대 상	과학 관련 그림책	글/그림	출판사
영아	이건 우리 강아지가 아니야	피오나 와트 글/ 레이첼 웰스 그림	어스본코리아
	싹싹싹	하야시 마키코 글/그림	한림출판사
	미니팝업북세트	편집부/김혜란	애플비북스
	아삭아삭 과일 채소	편집부	계림북스
	오리처럼 뒤뚱뒤뚱	엄혜숙 글/정순희 그림	다섯수레
	삐약 우리 엄마세요?	아이코리아 연구개발실	아이코리아
	똥이 풍덩	알로나 프랑켈 글/그림 김세희 옮김	비룡소

대 상	과학 관련 그림책	글/그림	출판사
유아	만일 이 세상 바다가 하나가 된다면	재니나 도만스카 글/그림 이경우 옮김	한림출판사
	숲을 그냥 내버려 둬	다비드 모리송 글/그림	크레용하우스
	시간 상자	데이비드 위즈너	시공주니어
	비가 오는 날에	이혜리 글/그림	보림
	비는 어디서 왔을까?	김순한 글 / 장선환 그림	웅진닷컴
	파도야 놀자	이수지	비룡소
	나무	엘라 마리	시공주니어
	물이야기	프랭크 애시 글/그림 고정아 옮김	보림출판사
	그날, 어둠이 찾아왔어	레모니 스니켓 글/ 존 클라센 그림/ 김경연 옮김	문학동네어린이
	비야 안녕!	한자영 글/그림	비룡소
	늦어도 괜찮아 막내 황조롱이야	이태수 글/그림	비룡소
	마법이 시작될 거야	레인 말로우 글/그림 김영미 옮김	키즈엠

참고자료

창의적 사고를 위한 심리적 환경 조성 방법(Feldhusen & Treffinger, 1994)은 과학교육을 위한 심리적 환경 조성에 적용해 볼 수 있으므로, 교사는 다음과 같은 사항을 유의해서 영유아의 과학 활동을 지원해야 한다(조형숙 외, 2014).

- 영유아의 독특한 아이디어나 반응을 지지하고 강화한다.
- 실패의 경험에서 자신의 실수를 깨닫는 긍정의 기회로 삼고, 자신에게 적합한 목표를 세워 보는 계기가 되도록 지원한다.
- 활동 과정에서 영유아의 아이디어와 관심을 많이 반영한다.
- 영유아가 창의적인 아이디어를 제시하고 발전시켜 볼 수 있는 충분한 시간을 준다.
- 영유아 간, 영유아와 교사 간에 상호존중하고 수용할 수 있는 분위기를 조성하여, 영유아가 서로 지지하며 협력하여 개별적 · 집단적으로 학습할 수 있도록 지원한다.
- 다른 영역에서도 과학적 탐구 활동이 시작되거나 실행될 수 있다는 것을 인식해야 한다.
- 교사는 학습자료의 공급자, 관리자가 되어 영유아가 여러 가지 방법으로 탐구할 수 있도록 격려한다.
- 영유아가 자유롭고 안정감 있게 탐구할 수 있는 따뜻한 분위기를 조성한다.
- 영유아에게 선택할 수 있는 기회를 제공하고, 영유아의 의사를 존중하여 결정한다.
- 모든 영유아가 참여하도록 격려하고, 영유아의 생각이나 문제해결력을 적극적으로 지지함으로써 활동 참여의 가치를 일깨워 준다.

2. 실외환경

영유아들에게 실외환경은 과학 활동을 위한 역동적이고 생명적인 교육 공간이다. 실외 공간은 자연의 빛과 색, 소리, 냄새 등으로 가득 차 있어, 영유아들이 호기심을 가지고 적극적으로 탐구한다. 또한 실내 공간에 비해 상대적으로 개방적인 느낌을 받게 되어 영유아들이 대화를 자유롭게 하므로 다양한 소통을 촉진시킨다. 이러한 과정에서 과학적 만남, 과학적 대화, 과학적 경험은 풍부해질 수밖에 없다. 영유아의 과학적 경험 지원을 위한 유아교육기관의 실외환경은 바깥놀이터, 놀이터 주변에 심어져 있는 식물, 사육장, 모래놀이터, 텃밭 등이다. 이러한 실외 공간은 야외 체험학습장(outdoor learning center)이 되어 영유아들의 자연탐구지능(naturalist intelligence)(Meyer, 1997)의 발달에 도움이 된다(Martin, 2003).

1) 실외환경의 구성 원리

실외환경은 영유아가 공기, 바람, 날씨, 계절, 동물, 식물 등의 변화를 체험하는 공간으로써, 영유아과학교육을 위한 실외환경의 구성 원리와 활용 방법은 다음과 같다(김현령, 2013; 조형숙 외, 2014; 황의명 외, 2019).

첫째, 영유아들이 실외환경에서 적극적이고 안전하게 탐구 활동을 할 수 있도록 안전을 고려하여야 한다.

- 영유아가 뛰거나 무릎을 꿇거나 혹은 기어오르기 등 자신의 신체를 충분히 움직일 수 있도록 충격을 흡수할 수 있는 재질의 바닥이 좋다. 또한 넓은 잔디밭을 구성하는 것도 좋다.
- 날카로운 가시나 독성이 있는 식물, 전염병을 확산시키는 동물이 있는가를 살피고 관리한다.
- 교사는 영유아들의 실외 과학 활동을 관찰하고 지지할 수 있도록 시야를 확보한다.
- 영유아들이 실외에서 활동을 하며 휴식을 취할 수 있는 공간을 마련한다. 이러한 공간은 실외의 날씨 변화에 대응하기에도 적합하게 조성하는 것이 좋다.

둘째, 영유아가 동물과 식물을 탐색할 수 있도록 적절한 공간과 환경을 조성한다.

- 영유아의 흥미와 관심, 생활주제, 계절에 따라 채소나 식물을 길러 볼 수 있는 텃밭을 마련한다.
- 영유아들이 식물의 성장과 변화를 관찰할 수 있도록 다양한 꽃과 나무를 심는다. 특히 나무는 꽃이 피고 열매를 맺는 등의 성장 과정을 살펴볼 수 있는 것이 좋다.
- 영유아들이 동물의 성장과 변화를 관찰할 수 있도록 동물을 키울 수 있는 사

육장을 마련한다.

- 날씨를 관측할 수 있는 도구를 비치한다. 온도계와 풍향계를 설치하여 영유아들이 날씨에 관심을 가지도록 지원한다.

셋째, 모래놀이터는 물의 이용이 가까운 곳에 배치한다.

- 모래놀이터는 그 자체로도 영유아들이 모래를 자유롭게 탐색하고, 모래를 활용하여 자신의 경험을 표상하며 과학적 경험을 하므로 매우 중요하다. 특히 모래놀이터에서 물을 활용할 수 있다면 물과 모래를 섞어 수로 만들기, 모래밭에 웅덩이 만들기 등을 통해 영유아의 과학적 탐구를 촉진하는 데 도움이 된다.
- 모래놀이를 마친 후 교실로 이동하기 전 손과 발을 씻기에 용이하다.

넷째, 바깥놀이터에 다양한 대근육 놀이기구, 즉 신체놀이기구를 배치한다.

- 바깥놀이터는 영유아들이 자유롭게 뛰어 놀이하는 공간으로, 자신들의 몸을 움직이면서 원심력, 무게 중심, 마찰, 속도 등의 원리를 경험해 볼 수 있다.
- 미끄럼틀을 타면서 마찰, 속도 등을 경험할 수 있으며, 시소를 타면서 무게 중심, 균형 등을 경험해 볼 수 있다.

다섯째, 경사길, 곡선길, 울퉁불퉁한 길 등 다양한 표면의 길을 조성한다.

- 다양한 표면의 길에서 바퀴를 굴리거나 힘과 운동, 속도에 관한 다양한 탐구를 지원한다.
- 다양한 표면의 길을 직접 걸어 보며 표면에 따른 마찰력의 차이를 경험한다.
- 다양한 표면의 길에서 자전거를 타면서 힘과 운동, 속도에 관한 탐구가 가능하다.

여섯째, 영유아의 과학적 탐구를 위한 도구나 자료를 보관하는 장소를 마련한다.

- 모래놀이 도구와 물놀이 도구는 모래놀이터와 물놀이터 가까이에 보관하여

영유아들이 자유롭게 꺼내어 쓰고 놀이 후 스스로 정리할 수 있도록 한다.

- 물뿌리개, 모종삽 등은 텃밭 가까이에 보관하여 영유아들이 자유롭게 꺼내어 쓰고 사용 후 스스로 정리할 수 있도록 한다.
- 동물 사육장 근처에 먹이를 두어 영유아들이 당번을 정하여 동물에게 먹이를 줄 수 있도록 한다.

2) 실외에서 과학 활동 지원을 위한 자료와 도구

(1) 물·모래놀이영역

물 · 모래놀이영역에서 영유아들은 감각적 운동놀이를 통해 과학적 경험을 하게 된다. 물과 모래는 매우 개방적인 놀잇감이므로 그 교육적 가치가 매우 중요하다. 물 · 모래영역에서 영유아들은 모래나 물을 이용하여 다양한 이야기와 다양한 구체물, 비구체물을 만들어 낸다. 물 · 모래영역은 독자적으로 매우 중요한 영역이나, 각각의 영역을 가까이에 구성함으로써 영유아의 과학적 경험을 한층 더 다채롭게 할 수 있다.

물과 모래를 섞어서 놀이할 때는 마른 모래의 감촉과는 다른 촉감, 즉 손에 차지게 달라붙는 느낌, 물과 섞이면서 점점 변화하는 색깔, 손이 빚어 내는 대로 만들어지는 모래의 변화를 통해 영유아들은 물질의 변화를 다양하게 경험할 수 있다. 과학의 속성 중 하나인 '변화'를 어렵지 않게 경험하게 된다.

물 · 모래영역은 채광과 통풍, 물빠짐이 좋은 곳에 설치하며, 그늘을 만들어 주어 영유아들이 놀이를 하는 데 편안한 환경을 제공해야 한다. 물 · 모래영역에서 유아들의 과학적 놀이를 촉진하기 위하여 모래를 팔 수 있는 도구, 다양한 주방놀이 도구, 다양한 형태의 모양 틀, 물통, 계량컵 등을 제공하여 과학적 탐구와 측정이 가능하도록 한다.

물과 모래의 섞임을 즐기는 영유아들

채광, 통풍, 그늘이 좋은 모래놀이터 환경

(2) 동식물 기르기 영역

동식물 기르기 영역에서 영유아들은 동식물의 성장 과정을 관찰하고 돌보며 과학적 경험을 할 수 있다. 동식물 기르기 영역에는 영유아가 관심을 가지고 있는 동식물이나 주제에 부합하는 동식물을 배치하여 길러 보도록 한다. 특히 개정 누리과정(교육부 외, 2019) 자연탐구영역에 '생명과 자연 존중' 목표와 '자연과 더불어 살기' 내용 범주가 추가되어 동식물 기르기 영역에서의 과학적 경험의 중요성이 강조되었다.

동물의 경우 토끼나 닭과 같이 영유아들에게 친숙하면서 영유아가 쉽게 기를 수 있는 동물을 영유아들이 자주 다니는 곳에 두고, 영유아들이 동물의 이름을 직접 지어 주고 먹이를 주는 등의 활동을 할 수 있게 한다. 이를 위해 이름표 팻말, 먹이 기록지, 성장 일지 등을 준비해 주는 것이 좋다.

식물의 경우 영유아가 쉽게 기를 수 있는 식물이거나 계절별로 성장을 잘 하는 식물, 꽃이 피는 식물, 열매를 맺는 식물 등을 기르는 것이 좋다. 이 때 식물의 이름표 팻말, 물뿌리개, 성장 기록 일지, 모종삽 등을 준비해 주는 것이 좋다.

유치원 입구 앞 토끼 사육장

염소에게 먹이 주기

항아리에 재배하는 부레옥잠

강낭콩 싹틔우기

텃밭에 토마토 심기

(3) 텃밭 및 잔디밭영역

텃밭 및 정원, 잔디밭영역은 영유아들이 기관 내의 텃밭, 정원, 잔디밭, 산책로와 같은 야외 체험학습장에서 자연을 배경으로 과학적 경험을 할 수 있는 영역이다. 텃밭에서는 계절에 따라 잘 자라는 식물을 직접 재배하고, 잔디밭에서는 계절에 따라 변화하는 잔디의 색을 관찰하고, 곤충, 새와 같은 동물, 구름, 바람, 비, 빛과 그늘과 같은 자연현상을 관찰하고 탐구할 수 있다. 또한 텃밭, 잔디밭과 같은 야외 체험학습장에서의 과학적 경험이 교실과 연결될 때 영유아의 과학적 경험은 더욱 유의미해질 수 있다.

텃밭은 계절에 따라 잘 자라고 수확해서 식용으로 활용할 수 있는 상추, 배추, 당근, 양파, 파와 같은 채소를 재배하는 것이 좋으며, 이를 위해 이름표 팻말, 성장 기록지, 물뿌리개, 모종삽 등 준비해 둔다.

잔디밭에서는 교실 안에서의 과학적 경험이 실외로 연결되도록 하거나 교실 안에서 경험하기보다는 바깥에서 경험하기 유리한 과학 활동을 하는 것이 좋다. 염색 활동을 하거나 나뭇잎으로 꾸미기 활동, 비가 오는 날 우산을 쓰고 나와 날씨 경험하기 등의 과학 활동을 할 수 있다. 이를 위해 실외에서 꾸미기 활동용 흰색 천, 붓, 물통, 물감, 꾸미기용 재료 등을 비치하는 것이 좋다.

자연물로 꾸미기 활동을 하는 영유아

비를 경험하는 영유아들

산책 중 개미와 개미집을 관찰하는 영유아들

실내·외에서 키우는 달팽이, 장수풍뎅이 등을 관찰하는 영유아들

(4) 대근육 놀이영역

바깥운동 놀이영역, 즉 대근육 놀이영역은 다양한 놀이기구를 활용해서 영유아들이 놀이를 하면서 중력, 원심력, 마찰력, 무게 중심 등의 원리를 몸을 통해 경험할 수 있다. 영유아들이 이러한 놀이를 통해 과학적 경험을 할 때 교사는 영유아의 수준에 맞춰 경험한 원리를 이해할 수 있도록 언어적 상호작용을 해 줄 수 있다.

대근육 놀이영역은 안전을 고려하여 영아와 유아반이 놀이하는 영역을 되도록이면 구분하는 편이 좋다. 대근육 놀이영역에서는 놀이 경험을 통한 과학적 경험 확장을 위해 영유아들에게 도전적이면서 안전한 놀이기구와 밧줄 등을 마련해 주는 것이 좋다.

TED

테즈카 다카하루(Takaharu Tezuka): 당신이 본 최고의 유치원(TED Kyoto, 2014. 9)

교실 안과 밖의 경계 없이 설계된 후지 유치원은 유치원의 공간-계절의 변화를 느낄 수 있도록 통창으로 설계된 건물, 옥상 바닥의 천장, 유치원 내부에 있는 느티나무, 넓은 잔디밭, 많은 나무들 등-은 유아들의 경험을 무한대로 확장할 수 있다는 점을 시사한다.

CHAPTER

9

영유아과학교육에서의 평가

체계적인 평가를 위해서는 연간교육계획안을 바탕으로 평가 계획을 수립하되 평가 시기, 평가 내용, 평가 관련 활동 및 평가 방법 등이 포함되도록 한다. 수립된 연간평가계획을 토대로 학기초와 학기중은 유아의 성장·발달 및 학습에 대한 정보를 수집하는 진단 및 형성평가를, 학기말에는 다양하게 실시한 평가자료 및 분석 결과에 근거하여 자연탐구영역의 평정척도를 활용한 총괄평가를 실시한다(황해익, 송연숙, 정혜영, 2008).

1. 영유아과학교육 평가의 개념과 기준

영유아과학교육에서 평가란 유아가 과학 활동에 참여하면서 경험한 과학적 성취 전반에 대한 영유아의 과학적 경험 세계를 살펴보는 것이다. 영유아과학교육의 평가는 과학교육의 목적과 밀접하게 관련되어 이루어져야 한다. 그러므로 영유아과학교육의 평가를 통해 영유아의 현재 과학능력 발달을 이해하며, 과학 활동 과정과 결과를 통하여 일어난 변화와 진보를 알고, 적절한 교수-학습방법을 제공하여 유아의 과학적 잠재력을 최대한 개발할 수 있어야 한다(유연화, 임경애, 최현정, 2015).

유아평가는 유아가 무엇을 알고 있는지 어떻게 행동하는지에 대해 관심을 두고 유아의 발달과 학습에서의 성취와 진보의 증거들을 수집하기 위해 관찰하고 기록하고 문서화하는 과정이다(Fleege, 1997). 미국 유아교육협회(NAEYC)와 미국 유아교육전문가협회/교육부(National Association of Early Childhood Specialists/State Department of Education)의 교육과정과 평가에 대한 안내지침서에는 평가를 '개별 유아들을 위한 유아교육 프로그램을 증진시키기 위해 이루어지는 잠재적인 과정'으로 설명하고 있다. 애플(Apple, 2000)은 평가를 어떤 교육적인 결정을 하기 위해 정보를 수집하는 과정이며, 평가 정보를 모으는 중요한 목적은 유아의 발달적 수준을 확인하기 위해 진단평가를 하고, 진단평가의 결과에 기초해 프로그램을 계획하고, 프로그램을 실시한 후 유아의 성취와 진보를 점검하는 것이라고 하였다. 유아교육에서의 평가는 학습의 성취와 진보가 효율적으로 이루어졌는지를 알아보기 위해 증거와 자료를 수집하고, 평가 결과를 바탕으로 유아에게 적절한 교수계획을 수립하여 제공하는 과정으로 정의할 수 있다.

영유아과학교육 평가는 영유아가 어느 정도의 과학적 지식을 가지고 있는가를 단순하게 검사하는 것이 아니라, 영유아의 과학적 성취와 진보에 대한 다양한 정보를 수집하고, 정보를 해석하여 교수-학습 과정에 반영하며, 부모와의 의사소통 수단으로도 사용할 수 있는 복합적인 과정이라고 볼 수 있다.

영유아과학교육 평가가 수행될 때 평가의 질을 판단하기 위한 준거로 평가 기준을 수립하는 것이 중요하다. 미국국립연구원(National Research Council)은 국가과학교육기준(Nationsl Research Council, 2001)에서 평가의 질을 판단하는 데 도움이 될 수 있는 과학교육 평가 기준을 구체적으로 제시하였다. 과학교육 평가 기준은 5개 영역으로 이루어졌으며 〈표 9-1〉과 같다.

〈표 9-1〉 미국 국가과학교육기준의 평가 기준

기준	내용
평가 기준 A 평가가 제공하는 정보는 의사결정 내용과 부합되어야 한다.	유아과학교육에서의 평가는 주의 깊게 고안되어야 하며, 명확하게 진술된 목적을 가지고 있어야 한다. 또한 교사의 의사결정과 의사결정을 내리는 근거가 되는 자료 간의 관계가 분명하여야 하며, 평가 절차는 본질적으로 일치되어야 한다.
평가 기준 B 과학에 대한 학습 기회와 성취의 측면이 동시에 평가되어야 한다.	과학에 대한 학습 기회, 학습의 성취와 진보가 반드시 평가되어야 한다. 유아에게 적절한 학습 기회가 주어지지 않는다면 과학에 대한 성취가 있을 수 없으므로 과학을 학습할 기회와 성취는 동등하게 평가되어야 한다.
평가 기준 C 수집된 자료의 질은 그 자료에 대한 해석에 근거하여 이루어진 결정 및 행동의 질과 직결된다.	과학교육 평가 기준은 측정하도록 요구된 특징이 실제로 측정되었는가, 평가 과제가 유아의 발달 수준의 측면에서 진정한 의미로 만들어진 것인가, 개별적인 유아의 수행이 성취와 같은 측면을 측정하도록 요구한 다른 그 이상의 과제에서 유사한가, 유아는 그들의 성취를 증명할 적절한 기회를 가지고 있는가, 평가 과제와 과제를 제시하는 방법이 만약 다른 시간에 사용되었다면 같은 결정을 이끌 정도로 충분히 안정된 자료를 제공하고 있는가를 살펴보아야 한다. 평가 과제는 발달적으로 적합해야 하며 익숙한 상황에서 실시되어야 한다.

기 준	내 용
평가 기준 D 평가는 공정하게 실시되어야 한다.	유아과학교육 평가는 공정해야 한다. 유아를 평가할 평가 과제는 다양한 상황에서 유아의 서로 다른 흥미와 경험을 고려하여 이루어져야 하고, 유아의 성에 대한 편견이나 개별적인 경험을 가정해서는 안 된다. 유아들의 평가에 사용되어지는 과정은 모든 유아에게 공정해야 한다.
평가 기준 E 성취와 학습 기회에 대한 평가로부터 이루어지는 추론은 명확해야 한다.	유아의 성취와 과학 학습 기회에 대한 평가 결과로부터 추론할 때는 추론의 바탕을 이루고 있는 가정들에 대한 명확한 언급이 있어야 한다.

또한 교사 및 교육과정에 대한 평가로서 교사의 과학 활동 교수방법과 과학교수에 대한 태도 및 교수효능감 등에 대한 평가도 이루어져야 한다.

이와 같이 과학교육 평가 기준은 평가를 수행할 때 평가의 목적이 분명해야 한다는 점과 과학에 대한 학습의 기회를 제공해 주고 학습의 기회와 성취가 동등하게 평가되어야 한다는 점을 강조하고 있다. 또한 평가 방법이 발달적으로 적합해야 한다는 점과 영유아가 익숙한 상황에서 평가가 이루어져야 한다는 점, 평가 결과가 타당해야 한다는 점 등을 강조하고 있다.

2. 영유아과학교육을 위한 평가 내용

영유아과학교육에서 영유아를 평가하는 중요한 목표는 영유아들이 알고 있는 것과 할 수 있는 것에 대한 정보를 얻고 해석하는 것에 있다. 이것을 위해서는 영유아과학교육 과정의 목적과 목표를 반영해야 하며, 영유아의 성취를 정확하게 나타내는 평가 정보를 얻어야 한다(Martin, 1997). 영유아과학교육의 평가 내용은 영유아과학교육의 목적과 일관된 맥락에서 다루어져야 한다. 영유아과학교육의 목적은 과학적 태도를 갖게 하고, 탐구하는 과정에서 탐구능력이 증진되고, 과학적 개념을 형성하도록 도와줌으로써 현대사회에서 요구하는 과학적 소양을 길러 주는 것이다. 영유아과학교육의 목적이 어느 정도 성취되었는지의 여부를 밝혀 과학교육 과정 전반에 대한 검토 및 개선을 이끌어야 하므로 과학교육의 목적에서 중요하게 다루어지는 영유아의 과학적 개념, 과학적 태도, 탐구능력을 중심으로 평가 내용을 구성해야 한다. 또한 교사의 과학교수불안, 과학교수효능감을 중심으로 평가 내용을 구성하며, 영유아교육기관의 평가로 관찰법, 포트폴리오 내용을 구성한다.

1) 유아 평가

(1) 과학적 개념

영유아는 탐구 과정에서 자연스럽게 과학의 내용을 다루고, 자신에게 의미 있는 방식으로 과학적 개념을 구성한다(김은정, 2002). 구성주의 관점의 이론가들은 영유아들이 과학적 현상에 대해 어떻게 이해하고 어떠한 개념을 가지고 있는지를 알아보기 위해 노력해 왔다. 이러한 노력의 결과 영유아들은 과학적 개념을 배우기 이전에도 자기 나름대로 개념을 구성하여 자연현상을 관찰한다는 사실이 밝혀졌다(Driver, 1987). 영유아는 형식적인 교육을 받기 이전부터 주변 세계와 일상적인 경험을 통해 여러 가지 사물에 대한 특성과 과학적 현상에 대한 사전 개념을 형성하고 있다. 영유아의 사전 개념은 자연에 관한 직관적인 생각들로서 주로 일상적인 경험을 이해하는 데 이용된다. 이러한 개념은 자연에 대한 경험, 일상생활 속에서의 경험과 교육 등을 통해 형성된다. 즉, 아무리 어린 영유아라도 교사가 전개하려는 과학적 주제에 대한 사전 경험이나 개념을 이미 가지고 있는 경우가 많으며, 유아교육기관에서 형식적 교육을 받기 이전부터 주변 세계와 일상적 경험을 통해 과학적 현상에 대한 사전 개념을 형성하고 있다.

과학적 개념은 영유아가 자연적, 직관적인 경험을 통해 형성하고 있는 사전 개념이 탐구중심 과학 활동의 과정에서 여러 가지 관찰한 사실을 통해 얻은 지식들과 결합되어 관찰개념, 구성개념, 이론개념으로 변화되면서 구성된다. 영유아기에 다룰 수 있는 과학적 개념은 과학교육 내용에 따라 다양하다. 과학적 개념은 5장에 제시된 〈표 5-1〉 유아과학교육 영역에 따른 과학적 개념을 참고하고, 과학적 개념에 대한 평가도구(안경숙, 2003)는 〈표 9-2〉와 같다.

〈표 9-2〉 과학적 개념 평가척도

	문 항	수행하지 못함	어느 정도 수행함	잘 수행함	탁월하게 수행함
생명 과학 교육 내용 영역	1. 유아는 식물(동물)이 여러 가지 종류가 있다는 것을 안다.	①	②	③	④
	2. 유아는 살아 있는 것(인간, 동물, 식물)은 물, 공기, 영양분, 적당한 온도를 필요로 한다는 것을 안다.	①	②	③	④
	3. 유아는 살아 있는 것은 성장하고 변화한다는 것을 안다.	①	②	③	④
	4. 유아는 살아 있는 것은 서로에게 영향을 주고 받는 것을 안다.	①	②	③	④
	5. 유아는 씨앗이 뿌리와 줄기, 잎을 가진 식물로 성장한다는 것을 안다.	①	②	③	④
물리 및 화학 교육 내용 영역	6. 유아는 물리적인 변화가 외형상으로는 변하지만 물질 자체는 같은 상태라는 것을 안다.	①	②	③	④
	7. 유아는 어떤 물질이 속성까지 변하여 새로운 물질로 만들어질 수 있다는 것을 안다.	①	②	③	④
	8. 유아는 우리가 살고 있는 이 세계에 다양한 형태의 에너지가 존재한다는 것을 안다.	①	②	③	④
	9. 유아는 기계가 다양한 기능을 가지고 있고 분해와 조립이 가능하다는 것을 안다.	①	②	③	④
	10. 유아는 사람들이 기계를 이용하여 물건을 쉽게 이동할 수 있다는 것을 안다.	①	②	③	④
지구 및 공간 과학 교육 내용 영역	11. 유아는 지구에는 물, 돌, 흙, 화석 연료 등과 같은 물질이 있다는 것을 안다.	①	②	③	④
	12. 유아는 지구에 있는 물질은 다른 방식으로 사용될 수 있는 속성이 있음을 안다.	①	②	③	④

지구 및 공간 과학 교육 내용 영역	13. 유아는 물의 무게와 위로 미는 힘이 물체를 뜨게 한다는 것을 안다.	①	②	③	④
	14. 유아는 지구의 물질 중 물의 형태는 액체이나 조건에 따라 변할 수 있음을 안다.	①	②	③	④
	15. 유아는 물이 다른 물질을 녹일 수 있다는 것을 안다.	①	②	③	④

[기타 참고사항 및 종합 의견]

과학적 개념이 구성되어지고 영유아의 경험이 누적되면서 좀 더 추상적이고 포괄적인 과학교육의 기본 개념을 이해하게 된다. 과학교육의 기본 개념은 과학과 과학기술 분야의 기초가 되는 개념으로서 유아기부터 형성되기 시작하여 과학적 개념의 성취와 진보에 따라 점차적으로 확장된다. 과학의 기본 개념을 이해하고 점차적으로 구성해 갈 수 있도록 돕기 위해서는 다양한 과학 활동을 제공하고, 적절한 질문을 제공할 수 있어야 한다. 과학의 기본 개념은 과학교육 내용 영역에 따라 다양한 과학적 개념이 획득되면서 이해되어지기 때문에 영유아기 동안 과학적 개념이 구성될 수 있도록 흥미로운 탐구중심의 과학 활동들을 제공해야 한다.

과학적 개념이 획득되면 영유아들은 자신들이 아는 것이 무엇인지를 의식적으로 알게 되고 자신의 이해를 명료하게 표현할 수 있게 되므로, 과학적 개념을 평가할 때는 과학 활동 과정에서 영유아가 발견한 사실이나 재구성한 개념을 표현할 수 있도록 기회를 제공해야 한다. 또한 영유아의 사전 개념의 경우 잘못된 개념이거나 협소한 개념일 경우가 많으므로 과학 활동을 제공한 후에 사전 개념을 파악하고, 교수-학습 활동이 이루어지는 과정에서 사전 개념이 과학적 개념으로 변화되었는지를 평가할 수 있어야 한다.

(2) 과학적 태도

과학적 태도는 과학적으로 사고하는 습관을 말하는데, 영유아가 과학 활동 과정에서 문제를 해결할 때 어떻게 사고하고 행동하는가를 의미한다. 영유아기에 적합한 과학적 태도에는 호기심, 적극성, 솔직성, 객관성, 개방성, 비판성, 판단유보, 끈기성, 협동성 등이 있다(유연화, 임경애, 최현정, 2015).

과학적 태도는 타고난 자질이 있는 영유아에게만 기대되는 능력이 아니며, 교사가 제공하는 환경과 경험에 따라 달라질 수 있다. 과학적 태도는 과학적 지식과 방법을 이해하도록 하는 것뿐 아니라, 과학적 지식과 개념을 이해하고 추리하도록 도움을 준다. 그러므로 과학적 태도는 과학교육의 중요한 목적이면서 영유아의 과학적 성취와 진보를 평가하기 위한 영역으로 고려되어야 한다.

과학적 태도는 어린 시절의 경험을 통해 구성되고 학습되는 것이며 경험에 의해서 변형될 수 있다. 과학적 태도 형성을 위해서는 영유아들에게 또래와 함께 탐구하고 상호작용하면서 긍정적인 과학적 태도를 키워 나갈 수 있도록 기회를 주어야 한다. 영유아들이 과학에 대해 가지고 있는 태도는 자신의 경험과 탐구에 비추어 형성된다. 영유아들이 과학에 흥미를 느끼고, 성공적인 경험을 통해 탐구하며, 스스로 의문을 가지고 올바른 결론을 도출하게 되면서 과학에 대한 긍정적인 태도가 형성된다고 할 수 있다. 이러한 과학에 대한 긍정적인 태도는 영유아들의 삶 전체에 중요한 영향을 준다.

이처럼 과학적 태도는 과학적 과정의 일부로서 모든 문제를 과학적으로 해결하는 데 필수요건이며, 이러한 태도는 과학적 탐구 활동을 통하여 함양된다고 할 수 있다. 과학적 태도는 유아의 행위와 관련되어 있으므로 단기간에 함양된다거나 평가할 수 있는 것이 아니며, 장기적으로 과학적 태도를 기르는 것이 가장 중요하다. 영유아기에는 과학적 태도인 자연에 대한 호기심과, 과학 활동에 대한 자신감과, 자기 생각과 또래의 의견을 비교하여 타당한 것을 받아들이려는 긍정적인 자세를 길러 주어야 한다. 영유아들이 성장하는 과정에서 축적된 경험들이 과학적 태도를 형성하고 이러한 태도는 과학 탐구능력을 함양하는 데 중요한 요인이라고 볼 수 있다.

안경숙(2003)이 제시한 유아의 과학적 태도의 구성요소의 의미는 〈표 9-3〉, 유아의 과학적 태도를 측정할 수 있는 척도는 〈표 9-4〉와 같다.

〈표 9-3〉 유아의 과학적 태도의 요소별 평가 준거

구성요소	의 미
호기심	유아 주변의 환경에서 신기한 것을 탐구하려는 본능적인 태도
적극성	유아가 과학 활동에 적극적으로 참여하려는 태도
솔직성	과학 활동의 결과를 왜곡하지 않고 편견 없이 받아들이며 인정하려는 태도
객관성	결론을 내리기 전에 가능한 많은 자료를 수집하여 결론을 내리려는 태도
개방성	새로이 밝혀진 결과를 통해 기존의 자신의 견해와 태도를 기꺼이 수정하려는 태도
비판성	다른 사람의 의견에 대해 옳고 그름을 판단하고 토론할 수 있는 태도
끈기성	어떠한 문제를 끝까지 해결해 보려고 노력하는 태도
협동성	다른 사람과 함께 협의하고 서로 돕는 태도

〈표 9-4〉 과학적 태도 평가척도

문 항	수행하지 못함	어느 정도 수행함	잘 수행함	탁월하게 수행함
1. 유아는 과학적인 주제에 대한 호기심을 말로 표현하거나 관련된 질문을 자주 한다.	①	②	③	④
2. 유아는 과학영역을 자주 선택한다.	①	②	③	④
3. 유아는 과학과 관련된 새로운 책, 비디오 등을 관심 갖고 본다.	①	②	③	④
4. 유아는 과학 활동이나 실험에 적극적으로 참여한다.	①	②	③	④
5. 유아는 과학 활동의 과정에서 의문나는 것이나 잘 모르는 것을 솔직히 표현한다.	①	②	③	④
6. 유아는 자신이 예상한 점이나 관찰한 것을 망설이지 않고 솔직히 표현한다.	①	②	③	④
7. 유아는 실험이 실패했을 때 좌절하거나 의기소침해 하지 않는다.	①	②	③	④
8. 유아는 과학실험이나 활동을 하는 과정에서 잘 안되는 점을 그대로 표현하고 도움을 요청한다.	①	②	③	④

문 항	수행하지 못함	어느 정도 수행함	잘 수행함	탁월하게 수행함
9. 유아는 다른 친구의 의견이 옳고 그른지에 대한 자신의 생각을 말한다.	①	②	③	④
10. 유아는 다른 친구의 의견이나 설명에 대해 증거를 요구하거나 자신의 주장에 대한 증거를 제시한다.	①	②	③	④
11. 유아는 과학 활동 과정에서 쉽게 포기하지 않고 지속적으로 문제를 해결하려고 노력한다.	①	②	③	④
12. 유아는 실험 도중 실패했을 때 포기하지 않고 반복해서 실험해 보거나 왜 실패했는지 찾아보려고 시도한다.	①	②	③	④
13. 유아는 과학 활동의 과정에서 다른 유아와 함께 협력하거나 도움을 요청한다.	①	②	③	④
14. 유아는 과학 활동을 마친 후에 다른 유아들과 함께 정리정돈을 같이 한다.	①	②	③	④

[기타 참고사항 및 종합 의견]

영유아의 과학적 태도에 대한 평가의 내용은 과학적 태도의 구성요소들에 대한 관찰할 수 있는 행동으로서, 평가자는 각자의 구성요소를 고려하여 과학적 태도의 성취와 진보를 평가할 수 있어야 한다.

(3) 과학적 탐구능력

과학 활동은 탐구의 연속적인 과정으로, 탐구능력은 영유아과학교육 평가의 중요한 구성요인이다. 탐구는 사전 지식을 과학적인 과정을 통하여 새로운 지식으로 형성해 가는 과정이다. 탐구는 과학적 과정과 지식 및 태도를 이용하여 추론하고 비판적으로 사고하는 방법이며, 문제를 관찰하고 실험하여 결론을 도출해 내는 창의적인 사고 과정이다.

이러한 과학적 탐구는 교수-학습 단계를 통하여 지식을 획득하고 활용하는 능력을 길러 주는 일련의 과정이다. 영유아는 과학에 흥미를 가지고 탐구하는 능력이 있을 때에 과학적 태도가 올바르게 형성되고 이로부터 과학적 지식을 효과적으로 잘 형성할 수 있게 된다. 과학적 탐구능력은 일상생활의 호기심으로부터 물체의 현상에 대해 의문을 제기하고, 문제를 해결하고자 하는 과정에 요구되는 능력을 의미한다. 탐구능력이란 영유아들이 어떤 문제를 접했을 때 과학적 탐구방법에 의해 스스로 문제를 해결해 나갈 수 있는 능력을 말한다. 영유아들은 생활 속에서 문제를 인식하고 질문하며, 가설을 설정하고 조사하며 결과에 이르는 전 과정에 탐구능력을 사용하고 획득된 결과를 검증한다.

이러한 능력은 삶의 전 과정을 통해 함양되며 교육을 통해 점진적으로 형성되므로 연령과 개인의 능력에 적합한 지속적인 경험이 필요하다. 영유아는 구체적인 경험을 기반으로 새로운 정보를 얻기 위하여 과학적 탐구 기능을 활용하여 스스로 문제를 해결해 나갈 수 있다.

영유아의 탐구능력을 평가하는 목적은 영유아의 현재 수준을 파악하고 부족한 점을 보완할 수 있는 교수-학습 전략을 마련하기 위함이다. 따라서 영유아의 탐구능력은 과학 활동이 진행되는 상황에서 자연스럽게 이루어지는 것이 바람직하다. 관찰과 비교, 분류, 측정 등으로 이루어지는 과정 속에서 교사는 개별 영유아의 반응과 참여 정도를 살피고 어려워하는 점이나 부족한 점을 파악해야 한다. 개별 영유아의 탐구 능력을 향상시키기 위해서는 총체적인 평가가 필요하며, 탐구능력을 개발할 수 있도록 교사는 평가를 지속적으로 실시해야 한다(김정희 외, 2018).

영유아의 과학적 탐구능력을 기르기 위해서는 호기심을 가지고 주변을 관찰하며 궁금한 것에 대해 스스로 답을 찾는 다양한 활동에 지속적으로 참여할 수 있도록 기회를 주는 것이 중요하다. 영유아가 문제를 인식하고 의문을 해결하는 과정을 통해 과학적 탐구능력을 증진할 수 있으며, 이를 지원하는 과학교육이 이루어져야 한다.

안경숙(2003)이 제시한 영유아의 과학적 탐구능력의 구성요소 의미는 〈표 9-5〉, 영유아의 탐구능력을 측정할 수 있는 척도는 〈표 9-6〉과 같다.

〈표 9-5〉 탐구능력의 구성요소 의미

구성요소	의 미
관찰하기	유아가 주의를 집중하여 오감각을 사용하거나 도구를 이용하면서 물체의 특징과 변화를 관찰하고, 묘사하는 탐구 과정 기술이다.
분류하기	여러 가지 물체나 다양한 정보, 수집된 사물들을 어떤 특정한 준거를 사용하면서 유사점과 차이점에 따라 나누는 탐구 과정 기술이다.
측정하기	오감각을 이용하거나 도구 등을 사용하여 측량하는 탐구 과정 기술이다.
예측하기	자료를 가지고 탐색하거나 실험하는 데 있어서 이미 알고 있는 지식에 기초하여 일어날 일을 미리 예상하는 탐구 과정 기술이다.
실험하기	유아가 예측한 것을 직접 해 보는 활동으로, 과학 활동의 모든 사고기능을 통합하여 활용하는 탐구 과정 기술이다.
의사소통 및 토의하기	탐구 과정에서 서로의 생각을 주고받거나 사물을 설명하거나 이야기를 나누는 탐구 과정 기술이다.

〈표 9-6〉 유아의 탐구능력 평가척도

문 항	수행하지 못함	어느 정도 수행함	잘 수행함	탁월하게 수행함
1. 유아는 확대경과 같은 도구를 사용하여 관찰한다.	①	②	③	④
2. 어떤 사물이나 동 · 식물의 변화를 주의 깊게 관찰한다.	①	②	③	④
3. 유아는 관찰한 내용을 그림이나 글로 표현한다.	①	②	③	④
4. 유아는 사물을 한 가지 어떤 속성(모양, 크기, 색깔 등)을 고려하여 분류한다.	①	②	③	④
5. 유아는 두 가지 속성 이상을 고려하여 분류한다.	①	②	③	④
6. 자신이 분류한 것에 대해 설명한다.	①	②	③	④
7. 실험을 해 보기 전에 어떻게 될 것인지 예측한다.	①	②	③	④
8. 유아는 자신이 예측한 것에 대한 이유를 제시한다.	①	②	③	④
9. 유아는 자신이 예측한 것이 맞았는지 확인한다.	①	②	③	④

10. 유아는 사물의 속성에 따라 적절한 측정 유형(길이, 부피, 무게, 시간)과 측정도구를 선택한다.	①	②	③	④
11. 유아는 사물의 속성에 따라 적절한 측정 단위(비표준단위/표준단위)를 선택한다.	①	②	③	④
12. 유아는 측정한 결과를 그림이나 글, 도표 등으로 기록한다.	①	②	③	④
13. 유아는 실험적 상황을 만든다.	①	②	③	④
14. 유아는 새로운 방식으로 자료를 조작하거나 관련된 변인을 조작하여 탐구한다.	①	②	③	④
15. 유아는 자신의 아이디어를 탐구하기 위해 실험한다.	①	②	③	④
16. 유아는 과학 활동 과정에서 자신이 생각하고 있는 아이디어를 말로 설명하거나 글로 표현한다.	①	②	③	④
17. 유아는 자신의 과학적 경험을 과학적 어휘를 사용하여 말한다.	①	②	③	④
18. 유아는 과학 활동 과정에서 다른 유아의 이야기를 잘 들으며 구체적으로 질문한다.	①	②	③	④
19. 유아는 '관찰하기, 분류하기, 예측하기, 측정하기, 실험하기, 의사소통 및 토의하기'와 같은 탐구 과정 기술을 적절히 선택하고 적용한다.	①	②	③	④
20. 유아는 탐구하는 과정에서 나타난 현상에 대해 질문을 하고, 자신의 질문과 생각을 탐구한다.	①	②	③	④
21. 유아는 탐구하는 과정에서 책이나 비디오, 컴퓨터 등을 포함한 다양한 정보원을 사용한다.	①	②	③	④
22. 유아는 탐구 과정에서 다른 사람이 이해할 수 있는 합리적인 방법을 사용하여 자신이 발견한 것이나 알아낸 것에 대해 설명한다.	①	②	③	④
23. 유아는 계속적으로 탐구할 기회를 달라고 요구한다.	①	②	③	④
24. 유아는 탐구 과정에서 발견한 새로운 증거들과 새로운 경험을 통해 알아낸 것을 중심으로 결론을 내린다.	①	②	③	④

[기타 참고사항 및 종합 의견]

2) 교사 평가

(1) 과학교수불안

과학교수불안이란 과학교과를 가르쳐야 하는 상황에서 나타나는 긴장의 경험으로서, 불안이나 두려움, 걱정, 근심 등의 감정을 말한다. 과학교수불안은 상태불안과 특성불안으로 구성되어 있다. 상태불안은 직접 과학수업을 하는 상황에서 느끼는 긴장의 경험으로서 두려움, 근심, 걱정 등의 불안을 의미하고, 특성불안은 교사가 일상적으로 느끼는 일반불안을 의미한다(배미양, 2001).

체르니악과 치아렐루트(Czerniak & Chiareloot, 1990)의 연구에 의하면 과학교수불안은 자신감과 관련이 깊어 과학 지도에 자신이 없는 교사는 과학 지도를 회피하며, 다른 것을 원인 삼아 과학 시간을 빈번히 취소한다고 하였다. 이처럼 낮은 자신감은 높은 불안과 상호 관련되어 있으나, 교사들은 과학을 가르치는 학습방법과 과학의 본질, 과학 과정에 대한 기술의 습득 등을 통해서 자신감을 증가시키고 과학불안을 줄일 수 있다고 하였다.

과학교수불안에 대해 스필베르거(Spielberger, 1970)가 초등교사들의 과학 지도에 대한 불안 경향성을 측정하기 위해 제작하고, 웨스터백(Westerback, 1984)이 예비 초등교사를 대상으로 과학적 상황으로 수정한 S-STAI(Science-State Trait Anxiety Inventory)를 배미양(2001)이 영유아교사에 맞게 번역한 '유아교사의 과학교수불안 척도'는 〈표 9-7〉과 같다.

〈표 9-7〉 유아교사의 과학교수불안 척도

문 항	전혀 그렇지 않다	그렇지 않다	보통이다	그렇다	매우 그렇다
1. 과학 활동을 계획할 때는 마음이 차분하다.	①	②	③	④	⑤
2. 과학 활동을 계획할 때는 마음이 든든하다.	①	②	③	④	⑤
3. 과학 활동을 계획할 때는 긴장되어 있다.	①	②	③	④	⑤
4. 과학 활동을 계획할 때는 후회스럽고 서운하다.	①	②	③	④	⑤

5. 과학 활동을 계획할 때는 마음이 편안하다.	①	②	③	④	⑤
6. 과학 활동을 지도할 때는 당황해서 어찌할 바를 모르겠다.	①	②	③	④	⑤
7. 과학 활동을 지도할 때는 불행이 있을까 봐 걱정하고 있다.	①	②	③	④	⑤
8. 과학 활동을 지도할 때는 마음이 놓인다.	①	②	③	④	⑤
9. 과학 활동을 지도할 때는 불안하다.	①	②	③	④	⑤
10. 과학 활동을 지도할 때는 편안하게 느낀다.	①	②	③	④	⑤
11. 과학 활동을 관찰할 때는 자신감이 있다.	①	②	③	④	⑤
12. 과학 활동을 관찰할 때는 마음이 조마조마하다.	①	②	③	④	⑤
13. 과학 활동을 관찰할 때는 극도로 긴장되어 있다.	①	②	③	④	⑤
14. 과학 활동을 관찰할 때는 긴장이 풀려 포근하다.	①	②	③	④	⑤
15. 과학 활동을 관찰할 때는 만족스럽다.	①	②	③	④	⑤
16. 영유아와 함께 과학 활동을 할 때는 만족스럽다.	①	②	③	④	⑤
17. 영유아와 함께 과학 활동을 할 때는 걱정하고 있다.	①	②	③	④	⑤
18. 영유아와 함께 과학 활동을 할 때는 흥분되어 어쩔 줄을 모른다.	①	②	③	④	⑤
19. 영유아와 함께 과학 활동을 할 때는 즐겁다.	①	②	③	④	⑤
20. 영유아와 함께 과학 활동을 할 때는 기분이 좋다.	①	②	③	④	⑤

(2) 과학교수효능감

과학교수효능감이란 교사가 과학을 효과적으로 지도하는 능력에 대한 자신의 신념인 과학교수개인효능감(personal science teaching self-efficacy)과 교사가 영유아의 과학학습에 영향을 미칠 수 있다는 믿음에 대한 과학교수결과기대감(science teaching outcome expectancy)으로 구성되어 있다.

과학교수효능감이란 교사 자신이 갖고 있는 과학적 지식과 교수방법을 가르쳤을 때 영유아가 효과적으로 과학적 능력을 습득할 수 있다고 믿는 정도이다. 즉, 주어진 활동이나 상황에서 개인이 이행하는 수행능력을 뜻하며, 과학을 지도하는 교사의 효능감이 과학교수효능감이다. 교사 자신이 가진 교수방법과 과학적 지식을 가르쳤을 때 영유아가 효과적으로 과학적 능력을 습득할 수 있다. 과학교수효능감이 높은 교사들은 적극적으로 과학교육을 실천하고 확고한 방향성을 갖고 있으며, 과학교수효능감이 낮은 교사들의 공통점은 과학 활동을 선호하지 않는 것이다. 과학교수효능감이 높은 교사는 영유아들과의 상호작용을 통해 과학교육의 질 높은 과학적 능력을 얻는 데 이바지하고, 과학교육에 대한 확실한 방향성을 갖고 적극적으로 계획하고 실천하며, 영유아들의 과학 활동의 참여도 및 과학적 탐구능력과 과학적 태도 수준이 높다.

따라서 영유아가 과학 활동을 즐기고 스스로 과학적 탐색과 탐구를 좋아하고 성취하려는 유익한 영유아과학교육을 위해서는 교사가 갖는 과학교수효능감이 매우 중요하다. 과학교수효능감은 교사의 과학지도에 대한 자신감을 반영하고, 과학교육에 대한 긍정적 태도와 효과적인 교수행동의 기반이 되는 것이라고 할 수 있다

에녹스와 릭스(Enochs & Riggs, 1990)에 의해 개발된 STEBI(Science Teaching Efficacy Belief Insturment)를 서소영(1997)이 번역한 '유아교사의 과학교수효능감 척도'는 〈표 9-8〉과 같다.

〈표 9-8〉 유아교사의 과학교수효능감 척도

구 분	문 항	전혀 그렇지 않다	그렇지 않다	보통이다	그렇다	매우 그렇다
과학 교수 개인 효능감	1. 나는 끊임없이 효과적인 교수방법이 무엇인지 알아내고자 한다.	①	②	③	④	⑤
	2. 나는 아무리 노력해도 다른 영역만큼 과학 활동을 잘 지도하지 못한다고 느낀다.	①	②	③	④	⑤
	3. 나는 유아들에게 효과적으로 과학을 지도하기 위한 단계를 알고 있다고 느낀다.	①	②	③	④	⑤
	4. 나는 과학 활동을 지도하는 데 있어 그다지 유능하지 못하다.	①	②	③	④	⑤
	5. 나는 과학을 비효과적으로 지도한다고 생각한다.	①	②	③	④	⑤
	6. 나는 유아들의 과학 활동을 지도하는 데 필요한 과학 개념을 이해하고 있다고 생각한다.	①	②	③	④	⑤
	7. 나는 왜 과학 활동을 하는지를 유아들이 이해하도록 하는 데 어려움을 느낀다.	①	②	③	④	⑤
	8. 나는 유아들이 과학에 관한 질문을 할 때 적절하게 대답할 자신이 있다.	①	②	③	④	⑤

과학 교수 개인 효능감	9. 나는 유아들의 과학 활동을 지도하는 교사로서 필요한 능력을 가지고 있는지 염려된다.	①	②	③	④	⑤
	10. 나는 나의 교수능력을 외부전문가로부터 객관적으로 평가받는 것이 꺼려진다.	①	②	③	④	⑤
	11. 나는 유아가 과학 활동에 어려움을 나타낼 때 어떻게 지도해야 할지 당황한다.	①	②	③	④	⑤
	12. 나는 과학 활동을 지도할 때 유아의 질문을 반기고 격려한다.	①	②	③	④	⑤
	13. 나는 유아들이 과학에 관심을 갖도록 하기 위해 어떻게 해야 할지 모르겠다.	①	②	③	④	⑤
과학 교수 결과 기대감	14. 유아가 평소보다 적극적으로 과학 활동을 하는 것은 교사의 노력 때문이다.	①	②	③	④	⑤
	15. 유아들이 과학에 대한 관심을 더 많이 갖게 된다면 교사의 효과적인 과학교수방법 때문이다.	①	②	③	④	⑤
	16. 유아가 과학 활동에 관심을 보이지 않는 것은 교사의 적절하지 못한 과학교수방법 때문이다.	①	②	③	④	⑤
	17. 유아의 부족한 과학적 지식은 교사의 효과적인 교수방법에 의해 향상될 수 있다.	①	②	③	④	⑤
	18. 몇몇 유아가 과학 활동에 흥미 없어 하는 것을 교사의 탓이라고는 할 수 없다.	①	②	③	④	⑤
	19. 과학 활동에 관심이 없던 유아가 점점 활발한 참여를 하는 것은 교사의 적극적인 지도 때문이다.	①	②	③	④	⑤
	20. 교사가 과학교수방법에 많은 노력을 기울여도 유아의 과학에 대한 태도는 변하지 않을 수 있다.	①	②	③	④	⑤
	21. 과학 활동에 대한 유아의 관심과 흥미 정도는 일반적으로 교사에게 책임이 있다.	①	②	③	④	⑤
	22. 유아의 적극적인 과학 활동 참여는 교사의 과학교수능력과 직접적인 관련이 있다.	①	②	③	④	⑤
	23. 교실의 과학 활동에 대해 유아의 흥미가 높아지고 있다고 하는 부모의 반응은 교사의 적절한 교수방법 때문일 것이다.	①	②	③	④	⑤
	24. 과학 활동을 전혀 관심 없어 하는 유아에게는 교사의 효과적인 과학교수방법이 영향을 미치지 않는다.	①	②	③	④	⑤
	25. 뛰어난 과학교수능력을 지닌 교사라도 과학 활동을 동기화 할 수 없는 유아는 있다.	①	②	③	④	⑤

3. 영유아과학교육을 위한 평가방법

1) 관찰

관찰은 영유아를 대상으로 하는 연구방법 중에서 가장 오랜 역사를 지닌 방법 중의 하나로, 영유아의 발달을 보다 잘 이해하기 위해 일상생활 속에서 이루어지는 자연스러운 행동을 자세히 탐색하고 기록하는 과학적인 방법이다(황해익, 2017). 교사는 관찰을 통해 개별 영유아에 대한 기술적 정보를 얻게 됨으로써 교수-학습을 위한 효과적인 자원으로 활용할 수 있다. 일반적으로 유아과학교육의 평가에 주로 활용되고 있는 관찰법인 일화기록, 행동목록법, 평정척도법을 중심으로 살펴보면 다음과 같다.

(1) 일화기록

일화기록은 개인의 특성을 이해하기 위해 그 개인이 나타낸 구체적인 행동 사례나 어떤 사건을 기록하는 방법으로, 현장에서 가장 많이 사용되고 있는 평가방법이다. 과학 활동 중 특정 행동이나 태도의 변화를 있는 그대로 기술하는 방법으로, 영유아의 특성을 나타내는 하나의 사건에 대해 객관적으로 자세하게 기록하는 것이다.

영유아의 과학교육의 발달과 관련된 일화기록들이 모여지면 개별 영유아의 발달상의 변화를 알 수 있고, 특징이나 요구를 교수 실제에 적용하는 데 도움이 된다. 또한 영유아의 발달을 돕는 적절한 환경을 구성하거나 교수 활동을 계획하는 데 도움이 된다. 일화기록을 하기 위해서 교사는 관찰 상황이나 환경을 미리 설정할 필요 없이 영유아를 관찰하여 중요하다고 생각되는 것을 그때그때 기록한다. 정확한 일화기록을 위해서는 사건이 일어난 즉시 순서대로 정확하게 기록하는 것이 중요한데, 유아교육현장에서 즉각적으로 기록하는 데에는 여러 가지 어려움이 발생할 수 있다. 이처럼 즉시 기록하지 못할 상황에서는 누가, 언제, 어디서, 무엇을,

어떻게 하였는지 키워드를 중심으로 기록하여, 이후에 정확한 일화기록을 하는 자료로 활용한다. 이와 같이 일화기록은 영유아가 하루 일과 속에서 표출하는 과학적 태도, 지식, 행동을 기록하는 데 매우 유용한 방법이다.

일화기록의 장 · 단점(송연숙, 정혜영, 유수경, 2019)은 〈표 9-9〉, 일화기록의 예시는 〈표 9-10〉과 같다.

〈표 9-9〉 일화기록의 장 · 단점

구 분	내 용
장점	• 한 가지 행동이나 상황에 초점을 맞추어 영유아가 어떻게 말하고 행동하는지를 집중 관찰하므로 당시의 상황을 보다 명확하고 분명하게 기록으로 남길 수 있다. • 사전 준비나 별도의 계획 없이 진행될 수 있기 때문에 다른 관찰 기록방법에 비하여 실시하기가 가장 간편하고 특별한 기록지가 필요없다. • 여러 번에 걸쳐 수집된 기록들은 다른 관찰방법과 비교될 수 있으며, 교사는 모아진 기록들을 통해 영유아의 독특한 행동 패턴이나 발달 특징과 수준, 흥미, 필요 등을 이해할 수 있다.
단점	• 관찰하기 원하는 행동만을 표집하여 기록하므로 관찰자의 편견이 작용하거나, 영유아의 행동 중 일부만을 기록하기 때문에 해석할 때 오류를 범할 가능성이 있다. • 시간이 지난 후 기록할 경우, 관찰 상황이 완전하게 기억되지 않아 사실이 왜곡되거나 관찰자의 주관이 들어갈 가능성이 있다. • 주변 상황을 충분히 기록하지 않기에 시간 간격과 행동 단위가 작은 경우에는 연속성의 결여, 자연성의 결여, 상황적 설명의 결여로 인해 그 자료의 가치가 제한을 받게 된다.

〈표 9-10〉 일화기록법의 예시

관찰대상	김영희	생년월일	2013.05.20
관찰자	□□□	관 찰 일	2019.11.6.(금)
관찰장면	바깥놀이	관찰시간	10:00~11:00
기 록			
바깥놀이 시간에 영희와 예진, 지윤이는 나의 나무를 관찰한다. 영희는 영희 나무를 꼭 안으며 "사랑해, 축복해."라고 말을 하고, 바닥에 떨어진 나뭇잎을 나무 기둥 주변에 모은다. 예진이가 영희에게 "영희야, 뭐 하는 거야?"라고 물어보자 예진이는 "내 나무 추울까 봐."라고 대답한다. 예진이는 영희에게 "이렇게 하면 나무 안 추워?"라고 물어보자 "겨울이니까 나무 따뜻하라고 이불 덮어 주는 거야."라고 대답한다. 옆에 서 있던 지윤이는 "와~나뭇잎 이불이 되었네."라고 말하며 박수를 친다. 예진이, 지윤이는 나의 나무에 다가가서 나뭇잎 이불을 만든다.			

교육과정영역: 자연탐구영역, 사회관계영역

요 약
• 나의 나무를 안아 주고 "사랑해"라고 말하는 것으로 보아 식물을 소중히 여기는 마음을 가지고 있다. • 나뭇잎 이불을 만들어 나무 기둥에 놓아 주는 것으로 보아 추운 겨울을 따뜻하게 지내는 방법을 알고 실천한다. • 나무에게 "사랑해, 축복해" 등을 표현하며 긍정적인 언어를 사용한다.

(2) 행동목록법

행동목록법은(checklist)은 평가하고자 하는 영유아과학교육의 발달 정도에 대한 목록을 사전에 작성하여 각각의 행동이 존재하는지 아닌지를 표시하는 기록방법이다. 일반적으로 행동목록법은 참여 대상의 현재 상태를 평가하여 단순히 '예', '아니오'의 형태로 기록하지만, 시간에 따른 행동의 변화를 알고자 할 때는 같은 행동목록법을 반복해서 사용할 수 있다. 이런 경우 행동의 출현 유무 표시와 함께 날짜를 기록하는 칸을 만들면 변화를 파악할 수 있다. 행동목록법의 장 · 단점(송연숙, 정혜영, 유수경, 2019)은 〈표 9-11〉, 행동목록법의 예시는 〈표 9-12〉와 같다.

〈표 9-11〉 행동목록법의 장 · 단점

구 분	내 용
장점	• 비교적 사용하기가 쉽다. 관찰자가 특별한 훈련을 받지 않고도 관찰 대상의 행동을 단순한 방법으로 기록할 수 있다. • 관찰 내용을 기록할 때, 투입하는 노력과 시간이 적다. • 양적인 처리가 가능하다. 행동이 나타났는지의 유무로 표시하므로 기초적인 통계분석을 적용할 수 있다. • 반복적 사용을 통해 영유아 개인의 단계적인 발달을 기록하고 관찰하는 데 도움이 된다. • 후속의 집중적인 관찰이 필요한 행동이나 기술 등을 발견하고 확인하는 데 도움이 된다.
단점	• 행동 단위를 의미 있게 조직적으로 분류하는 것이 어렵다. • 행동의 출현 빈도나 지속성 또는 행동의 질적 수준에 대한 다양한 정보를 제공하지 못한다. • 원자료를 수집하지 않는 다른 방법들과 마찬가지로 관찰된 행동의 세부 사항과 전후 맥락에 대한 정보를 얻을 수 없다.

〈표 9-12〉 행동목록법의 예시

관찰대상	손희성	생년월일	2013.06.29
관찰자	□□□	관찰일시	2019.6.14.(금)

다음의 행동이 관찰되면 '관찰됨'에, 관찰되지 않으면 '관찰 안 됨'에 ∨표를 하시오.

	관찰됨	관찰 안 됨
1. 과학 활동에 자발적으로 참여한다.	∨	
2. 주변의 동식물에 관심을 가진다.	∨	
3. 생명과 자연환경을 소중히 여긴다.	∨	
4. 유아는 관찰한 내용을 그림이나 글로 표현한다.	∨	
5. 유아는 과학과 관련된 새로운 책, 비디오 등을 관심 갖고 본다.		∨

(3) 평정척도법

평정척도법(rating scale)은 관찰자가 영유아의 과학적 행동의 질적인 차이를 평가하고자 할 때 연속성 있는 단계로 수량화된 점수 혹은 가치가 부여된 기록지에 평정하는 것이다. 평정척도법은 행동목록법에 질적 수준에 대한 정보를 첨가한 형태로 관찰자가 사전에 관찰하려는 행동영역에 대해 미리 알고 있을 때 사용된다. 평정척도법의 장 · 단점(송연숙, 정혜영, 유수경, 2019)은 〈표 9-13〉, 평정척도법의 예시는 〈표 9-14〉와 같다.

〈표 9-13〉 평정척도법의 장 · 단점

구 분	내 용
장점	• 특정 행동의 정도에 대한 추론이 요구되기는 하지만, 사용하기가 편리하고 특별한 교육이 필요 없어서 손쉽게 사용할 수 있다. • 행동을 관찰 기록하는 데 시간과 노력이 많이 들지 않고, 많은 발달영역을 한꺼번에 평가할 수 있다는 점에서 효율성과 경제성이 높다. • 관찰을 하면서 바로 적지 않고 교사가 편리한 시간에 평정할 수 있다는 것도 현장의 교사들이 평정척도를 많이 사용하는 이유가 된다. • 평정척도는 행동목록과 달리 행동의 질도 평가할 수 있으므로 영유아 교육현장에서 매우 유용하게 쓰일 수 있다.
단점	• 관찰자가 나타내고자 하는 것을 정확하고 객관적으로 적은 항목을 개발하는 것이 쉽지 않다. • 관찰 결과에 대한 판단을 요구하는 것이므로 개인의 편견이 개입될 여지가 많다. • 각 행동이 관찰되는 상황 설명 없이 단지 행동의 수준만을 기록하게 된다.

〈표 9-14〉 평정척도 예시

관찰대상	허연진(여)	생년월일	2013.09.30
관찰자	□□□	관찰일시	2019.07.03.(수)

요 소	항 목	전혀 그렇지 않다	그렇지 않다	보통이다	그렇다	매우 그렇다
호기심	1. 질문을 자주 하는가?				V	
	2. 새로운 대상에 관심을 기울이는가?					V
	3. 문제가 있을 때 원인을 찾으려 하는가?				V	

끈기성	4. 실험 도중 실패했을 때 반복하여 실험 결과를 찾으려 하는가?					V
	5. 해결되지 않는 문제는 계속해서 해결하려고 하는가?					V
	6. 한 가지 문제가 해결되면 또 다른 문제를 해결하려고 하는가?				V	

2) 포트폴리오 평가

포트폴리오는 영유아가 무엇을 배웠는지, 어떻게 그 학습을 이루어 냈는지, 어떻게 생각하고 질문하고 분석하고 창조해 냈는지, 타인과의 지적 · 정서적 · 사회적 상호작용은 어땠는지 등 영유아들의 학습 과정 전반에 대한 기록을 말한다.

포트폴리오 평가는 시간의 흐름에 따른 개별 영유아의 성장과 발달에 대한 다양한 측면에 대한 평가로, 현장에서는 주로 교육과정 내용 영역별로 자료를 수집하여 평가한다. 즉, 관찰, 검사, 작품수집, 과학일지 등 모든 방법으로 얻은 결과를 장기간에 걸쳐 모아 둔 자료집을 보고 평가하는 것이다. 따라서 다양한 평가방법과 더불어 교사, 또래, 가족과 영유아 자신이 모두 평가의 주체가 된다는 점에서 총체적인 평가방법이다.

포트폴리오 평가를 영유아과학교육에서 사용할 경우 다음과 같은 효과를 얻을 수 있다(김현경 외, 2016).

첫째, 자기 평가를 통하여 반성적 사고를 돕는다.
둘째, 영유아의 개인차를 고려할 수 있다.
셋째, 영유아의 향상, 노력, 성취에 초점을 맞출 수 있다.
넷째, 영유아의 과학 활동을 수준별로 평가할 수 있다.
다섯째, 과학 학습에 평가와 교수를 연결시킬 수 있다.

포트폴리오를 통한 성취 평가에서는 영유아의 진보와 성장의 모든 양상을 고려할 수 있으며, 이를 통하여 영유아의 태도, 흥미, 생각, 학습 양식, 인지발달, 탐구 과정과 기능, 탐구의 숙달, 내용의 습득 등 영유아의 전반적인 발달 양상의 변화 과정을 알 수 있다.

유아 과학 활동 포트폴리오 평가자료에는 다음과 같은 내용이 포함될 수 있다(유연화 외, 2015).

- 사물의 변화 또는 일이 진행되는 순서에 대한 이해를 나타내는 자기 보고나 반응들[그림 9–1, 9–2]

[책 만들기]

① 제목: 사랑의 나무
② 겨울이 지나고 봄이 왔어요. 나무 위에는 나뭇가지들이, 나무 밑에는 나뭇잎들이 있었어요. 그런데 한달이 지나고 나무에 나뭇잎이 폈어요.
③ 근데 나뭇잎은 뭘까요?
④ 그건 바로 사랑의 나뭇잎에 사랑한다고 말하고 소원을 빌면 이뤄져요.

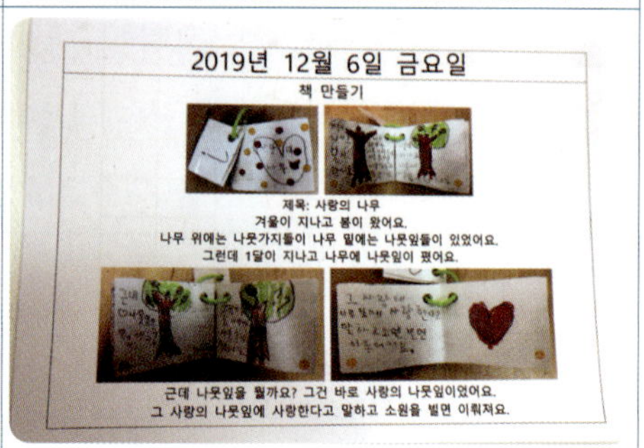

[그림 9–1] 식물의 변화 책 만들기 예시

눈이 내리는 겨울, 바깥놀이에 나가서 눈 내리는 모습을 관찰하였다. 유아들은 나의 나무의 나뭇잎이 모두 떨어지고 앙상한 가지만 남아 있는 나무를 관찰하고, 온 세상이 눈으로 하얗게 덮여 하얀 천사나라 같다고 이야기하였다. 봄, 여름, 가을의 날씨, 유치원 숲의 모습을 회상하며 사계절의 변화를 자연스럽게 보고 듣고 느끼며 경험한 후 교실에 들어와서 색종이 뒷면에 '봄아, 여름아, 가을아, 겨울아' 동시를 지어 그림과 글씨로 표현하였다.

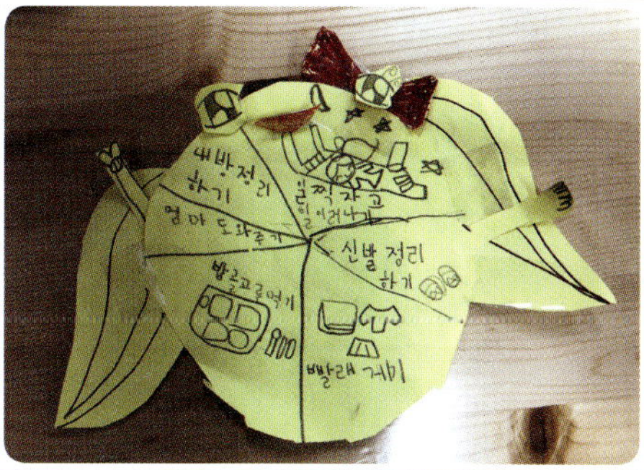

[그림 9-2] 사계절의 변화 및 방학 중 하루 일과 계획표 예시

- 동식물 관찰 기록 활동지[그림 9-3, 9-4]

① 20◇◇년 4월 1일

00 유아가 딸기 모종 가져와서 친구들에게 소개 → 관찰 → 딸기 모종이 잘 자랄 수 있도록 하기 위해 창가 햇빛 드는 곳에 둠

② 20◇◇ 4월 9일

딸기 모종이 많이 자라서 넓은 곳에 옮겨 심음(스티로폼 박스 재활용) → 딸기 모종이 잘 자랄 수 있도록 하기 위해 박스와 아세테이트지로 유아와 함께 비닐하우스 만들어 줌 → 유아들이 '딸기집'이라고 부름

③ 20◇◇년 4월 18일

딸기 화분(스티로폼 박스)에 유아들이 그림을 그리고, 유아들이 아침에 등원할 때 물을 주고, 매일 "잘 자라. 맛있는 딸기 열매 맺어서 우리 꼭 만나자. 사랑해. 우리가 너를 아껴 줄게."등의 이야기를 딸기 모종에게 전하며 딸기에 대한 배려와 관심이 지속됨

④ 20◇◇년 4월 22일

하얀색 꽃이 핌

⑤ 20◇◇년 4월 28일
연두색 딸기 열매 맺힘

⑥ 20◇◇년 5월 11일
빨간 딸기 열매 맺힘

[그림 9-3] 딸기 모종 관찰일지 예시

[그림 9-4] 나비의 성장 과정 이야기 꾸미기 예시

- 요리 활동 시 재료 탐색과 변화 과정을 관찰하는 사진이나 결과에 대한 기록 [그림 9-5, 9-6, 9-7, 9-8]

① 숲에서 모과나무 발견 → 모과를 따기 위해 채를 지원하여 다음 바깥놀이 시간 모과 수확함

② 모과 탐색("와~향기 나요. 천국의 향기 같아요. 우리 교실에 두면 좋은 향이 날 것 같아요.")

③ 모과의 활용으로 교실에 두고 방향제와 모과차 담그기로 함

④ 모과의 속 모양 관찰하기 및 모과 잘라서 맛보기

⑤ 모과 칼로 자르기

⑥ 모과와 설탕 섞어 주기

⑦ 모과차 완성

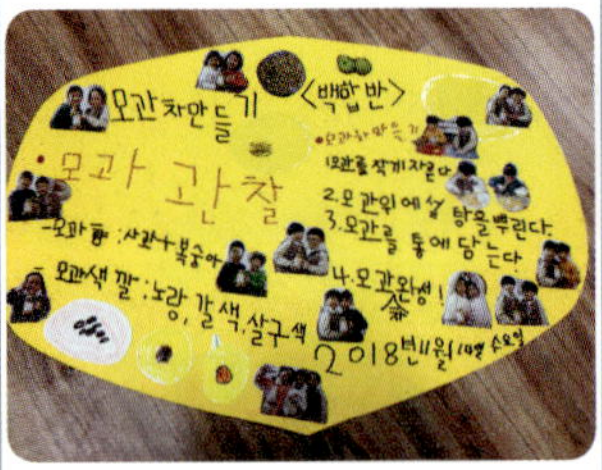

⑧ 모과차 만들기 순서도 만들기

⑨ 한 달 후 추운 겨울에 바깥놀이에서 따뜻한 모과차 마시기

[그림 9-5] 모과차 담그기

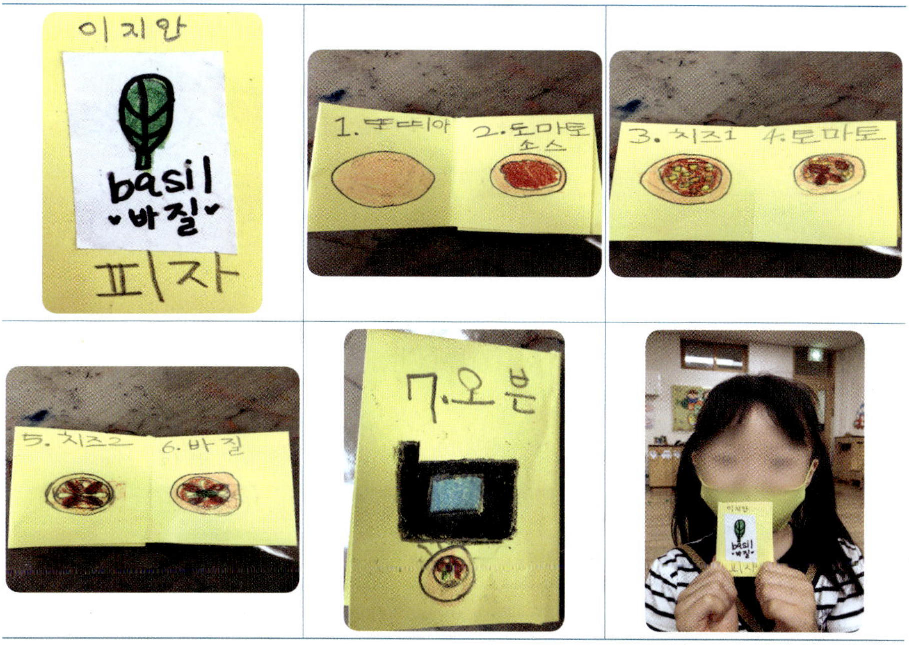

[그림 9-6] 바질피자 만들기 후 스스로 책 만들기

'쿠키' 2행시 짓기

쿠: 쿠키쿠키 초코칩 쿠키를 만들며

키: 키득키득 웃음소리 가득한 국화반은 요물딱 조물딱 쿠키를 만들어요.

[그림 9-7] 쿠키 만들기 후 2행시 짓기와 나만의 쿠키 모양 그리기

[그림 9-8] 감 말리기 후 곰 세 마리 노래 개사하기

- 주제와 관련된 과학 활동 실험 결과에 대한 예측, 실험 과정을 나타내는 사진 및 결과에 대한 보고서[그림 9-9]

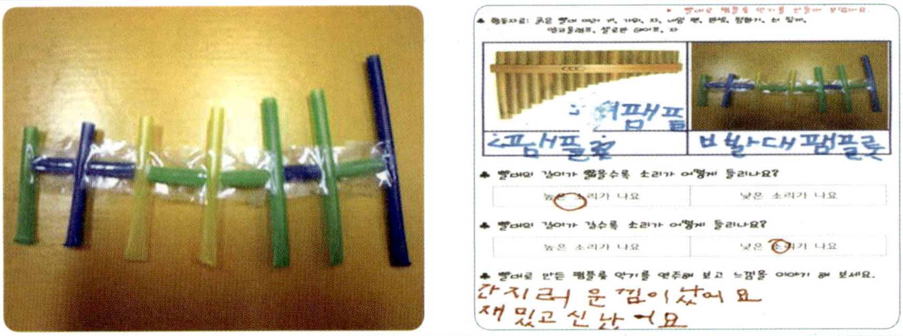

[그림 9-9] 빨대 팬 플루트 예시

- 바깥놀이인 산책이나 견학지에서의 자연물 관찰 사진, 수집물 또는 유아 관찰 기록[그림 9-10]

<table>
<tr><td colspan="2">가을 숲에서 색깔 찾기 → 모둠별로 빨강색, 노랑색, 보라색, 연두색 등 색깔을 나눠 갖고 숲에서 같은 색의 자연물 찾아보기 → 함께 모여 나누기(예: 보라색팀 유아들은 코스모스를 가져오며 '빨개졌대요, 빨개졌대요. 길가에 코스모스 얼굴~' 노래를 부르며 가을을 느끼게 하는 대표적인 꽃이어서 찾았다고 이야기함)</td><td colspan="2">목련나무 관찰하기 → 하얀 목련 잎 나눠 갖고 오감을 활용해서 탐색하기 → 한 유아가 손톱자국이 목련에 남는다는 것을 발견 → 유아들이 한 명씩 모여 목련 꽃잎에 그림 그리기</td></tr>
<tr><td></td><td></td><td></td><td></td></tr>
<tr><td colspan="4">유아가 숲에서 방석식물 발견 → 추운 겨울에 초록색 잎의 식물에 대해 궁금해함 → 도감 찾아보며 방석식물에 대한 정보 알아냄(방석식물이 땅에 낮게 깔린 모습으로 자라는 이유는 꽃샘추위를 이기고 지면의 복사열을 최대한 활용하기 위함) → 유아들이 자연물로 방석식물 꾸미기</td></tr>
<tr><td>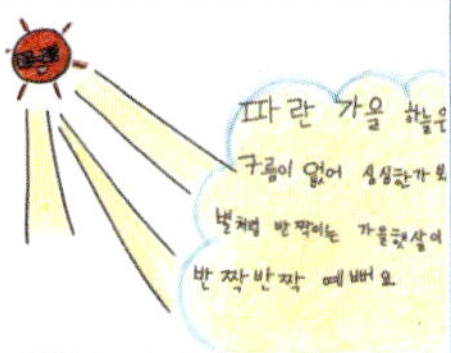</td><td></td><td></td><td></td></tr>
<tr><td>파란 가을 하늘은 구름이 없어 심심한가 봐요. 별처럼 반짝이는 가을 햇살이 반짝반짝 예뻐요.</td><td>시원하고 부드러운 가을 바람, 나무들이 좋은지 살랑살랑 간지럼을 태워요.</td><td>바람에 흔들리는 나무가 좋은가? 새들도 나무 위에 멋진 집을 지어요.</td><td>알록달록 아름다운 풍경이 가득한 가을이에요.</td></tr>
<tr><td colspan="4">가을 숲 산책 후 가을의 느낌을 그림과 이야기로 표현함</td></tr>
</table>

[그림 9-10] 자연물 관찰 및 수집

- 과학적 주제에 대한 토론 장면 및 토론 결과, 문제해결 과정을 나타내는 사진 및 기록 보고서
- 영유아가 즐겨 보는 과학 관련 도서 목록 및 관심 분야에 대한 기록
- 영유아의 과학적 태도, 개념 발달을 볼 수 있는 학기별 체크리스트 및 개념 발달이 나타나는 증빙 서류

최근 들어 과학교육계는 평가의 새로운 방향에 대한 논의를 하면서 과학 지식 위주의 결과 중심 평가가 조사, 관찰, 실험 등 탐구 과정 요소의 성장 · 발달에 관한 정확한 정보를 제공하지 못한다고 비판하면서, 구체적이고 의미 있는 학습 과제에 대해 수행 과정과 학습 결과를 함께 평가할 수 있는 다양한 방법을 요구하고 있다(김경미, 김현주, 송연숙, 2018). 이러한 흐름에 맞추어 유아의 과학적 지식을 평가하기 위한 방법도 특정한 내용을 묻는 지필 검사나 표준화된 검사의 결과보다는, 경험담 발표나 토론 등을 통해 목표에 접근하는 방법과 과정을 중심으로 평가가 이루어지고 있다. 즉, 영유아가 과학 활동을 진행하는 자연스러운 상황에 대한 관찰이나 일화기록 등과 같은 과학 활동의 과정에 대한 평가와 과학 활동을 통해 영유아가 얻은 과학적 개념의 성취 결과 및 영유아가 활동한 결과물에 대한 평가를 강조하고 있다.

이와 같은 성격은 포트폴리오가 추구하는 수업과 평가의 특성과 일치하는 것으로, 영유아기의 과학교육은 포트폴리오 평가가 매우 적절한 영역이라고 볼 수 있다. 영유아의 발달과 학습을 기록한 증거를 조직적으로 목적을 가지고 체계적으로 모아놓은 것을 말하는 포트폴리오는 수행 평가의 가장 중요한 요소 중 하나로, 하루하루의 일과 속에서 영유아가 참여한 활동을 기록한 것들로 이루어진다.

포트폴리오는 1년 동안 각 영유아들의 노력과 진보, 성취를 보여주는 작품들을 수집하는 것으로, 이 과정에서 영유아들은 자신들의 작품의 질을 판단해 보고, 교사와 함께 작품의 선정 과정에 참여할 수 있다. 그러므로 영유아는 자신이 제작한 포트폴리오를 통해 자기 자신의 변화 과정을 알 수 있고, 자신의 장점이나 약점, 성실성 여부, 잠재 가능성 등을 스스로 인식할 수 있으며, 교사들은 영유아의 과거와 현재의 상태를 쉽게 파악할 수 있을 뿐만 아니라 앞으로의 발전 방향에 대한 조언을 쉽게 할 수 있다. 그러나 포트폴리오가 일련의 자료 수집에 머물지 않고 평가 도구로서의 기능을 하기 위해서는 영유아 개인에 대한 풍부한 정보와 학습 성취의 증거를 제공하는 것뿐만 아니라, 일련의 평가계획에 따라 체계적이고 지속적으로 실행하고, 그 결과를 다시 피드백해 주는 유아 과학 활동에 대한 포트폴리오 평가

체제를 확립해야 한다.

유아의 포트폴리오 평가를 위해 체계적인 작품 수집을 하기 위해서는 다음의 단계를 고려해야 한다(한유미, 오연주, 2003).

(1) 작품 수집 기준 세우기

- 영유아 1인당 몇 개의 작품을 수집할 것인가?
- 얼마나 자주 작품을 수집할 것인가?
- 어떤 작품을 수집할 것인가?

(2) 영유아의 자발적인 작품 수집하기[그림 9-11]

- 교사는 영유아에게 작품을 수집하는 것에 동의하는지 물어보아야 한다. 만약 영유아가 그 작품을 집에 가져가기를 원하면, 복사 또는 사진으로 기록하여 사용한다. 수집한 작품들은 한 학기나 학년이 끝날 무렵 집으로 보낸다.
- 교사의 지시에 의한 작품보다는 영유아가 자발적으로 만들어 낸 작품을 수집하는 것이 좋다.

색종이 비닐에 매직으로 그림 그리기로 시작된 놀이에 유아가 빨대를 요구하여 빨대를 제공함→놀이가 지속되며 조각 색종이를 작게 오려 안에 넣음→유아가 빨대로 공기를 넣을 때마다 조각 색종이가 안에서 움직임→공기의 세기에 따라 색종이 움직임이 다르다는 것을 알게 됨	지구와 우주 주제로 놀이하며 로켓과 태양을 접고 깜깜한 밤을 표현하기 위해 검정색 색종이에 붙임. 우주 관련 책을 보며 놀이가 지속됨

매일 숲에서 자연과 함께 놀이하며 사계절의 변화와 특징을 자연스럽게 경험을 통해 알게 되고, 계절에 따라 자신의 감정 등을 신체, 언어 등으로 표현하였음→봄, 여름, 가을, 겨울의 특징을 유아가 그림으로 표현하였고, 가을의 아름다움을 몸과 마음으로 느끼고 교실로 돌아온 후 가을 풍경을 종이에 표현하였음→그 위에 나뭇잎 모양 종이에 〈가을길〉 노래를 개사하여 유아가 가을을 느낀 감정을 표현하였음

[그림 9-11] 영유아의 자발적인 작품 수집하기 예시

(3) 작품에 대한 영유아의 의견 첨부하기[그림 9-12]

- "어떻게 만들었니?", "어떤 점이 마음에 드니?", "다르게 할 걸 하는 생각이 드는 것은 무엇이니", "또 해보고 싶니?" 등과 같은 질문을 한다.
- 영유아가 글을 못 쓰면 교사가 받아서 적어 준다.

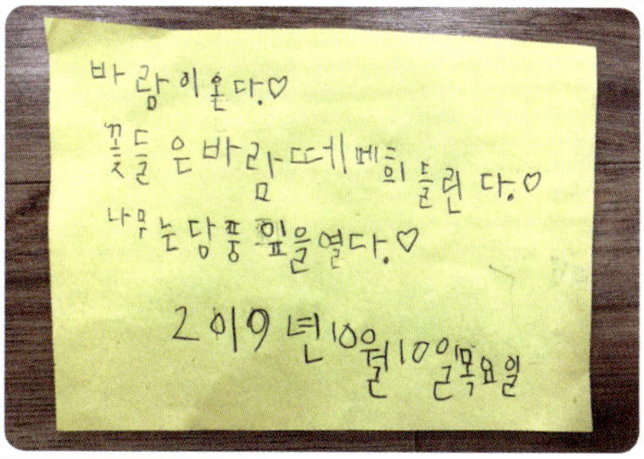

[A교사 저널 2019.10.10.]

바깥놀이 시간에 자연을 만나 가을을 느끼고 교실로 돌아왔다. 놀이 시간에 유아가 그림을 그려 교사에게 가져왔다. 교사는 어떤 그림인지, 유아는 어떤 마음으로 이 그림을 그렸는지 질문하였다. 유아는 바깥놀이 시간에 숲에서 관찰한 가을 하늘의 구름, 바람에 흔들리는 꽃 등을 표현했다고 이야기하였다. 글을 쓸 수 있는 유아여서 그림의 내용과 유아의 마음을 글로 표현해 보자고 하여 스스로 글로 표현하였다.

[그림 9-12] 작품에 대한 영유아의 의견 첨부하기 예시

(4) 작품에 대한 교사의 의견 기록하기

- 이 작품을 만드는 것은 누가 주도했는가?
- 영유아가 이 작품을 통해 성취하였는가?
- 이 작품은 특정 교육 목표의 달성이나 성과를 나타내는가?
- 이 작품을 통해 영유아가 새로운 상황의 개념을 적용하거나 확장하고 있는가?

CHAPTER

10

영유아과학교육에서의 통합적 교육방법

영유아들은 주변에서 일어나는 다양하고 작은 일들에 대해서도 늘 궁금해하며 질문하고, 책도 찾아보며, 자세히 관찰하는 등 다양한 방법으로 접근하여 그 궁금증을 해결하면 행복해하는 모습을 자주 보게 된다. 따라서 본 장에서는 영유아들에게 재미있게 과학을 지도할 수 있는 통합적 교육방법을 창의성 기반 접근, 융합인재교육(STEAM) 기반 접근, 문학적 기반 접근, 자연탐구 기반 접근, 미술적 기반 접근, 요리 활동 기반 접근으로 구분하여 살펴보면 다음과 같다.

1. 창의성 기반 접근

1) 창의성 기반 접근의 중요성 및 가치

4차 산업혁명 시대에 가장 요구되는 사람은 창의 · 융합형 인재이다. 창의 · 융합형 인재는 인문학적 상상력과 과학기술 창조력을 갖추고 새로운 지식을 창조하며, 지식을 융합하여 새로운 가치를 창출할 수 있는 사람이다(미래창조과학부, 2014). 기존의 많은 지식 습득을 강조했던 교육에서 이제는 상상력과 창의력 중심의 혁신적 교육이 요구된다. 따라서 미래에는 인공지능, 사물인터넷, 로봇 등을 활용하여 창조하고 공감하는 사람, 패턴을 인식하고, 의미를 만들어 내는 사람이 되도록 교육해야 한다(민행란, 2019).

개정 누리과정이 추구하는 인간상에서도 창의적인 사람을 강조하고 있다. 창의적인 사람은 호기심이 많으며, 자신만의 방식으로 상상하고 느끼고 표현하고 탐구하는 가운데 새롭고 독창적인 생각을 하도록 격려해야 함을 강조한다. 미래사회는 지식이 많은 사람보다는 지식을 잘 활용할 수 있는 사람과 창조적 사고로 지속 가능한 사회를 만들어 갈 수 있는 역량을 갖춘 사람이 필요함을 강조한다(교육부 · 보건복지부, 2019).

현대의 영유아들은 아주 어릴때부터 부모의 스마트폰, 컴퓨터, 아이패드, 스크린 등 디지털 매체를 사용하며 성장하고, 자신이 원하는 것들을 찾아내곤 한다. 이러한 디지털 매체의 사용은 영유아들을 흥미 있고 편리하게 하지만, 한편 자연의 변화를 감상하고, 자연과 친밀한 관계를 맺고, 열매를 맺기 위해 기다리는 등의 일상의 아날로그적인 생활이 감소하고 있다. 하지만 영유아들에게 디지털 매체를 두려워하게 하거나, 거기에 종속되게 해서도 안 된다. 디지털 매체와 아날로그 매체를 균형 있게 유지하며 생활하는 환경을 지원해 주는 것이 필요하다. 또한 영유아 스스로 생활 속에서 자신의 궁금증을 해결하고, 더 멋지고 실감나게 생각을 확장하여 놀이할 수 있도록 도움을 줄 수 있다.

실제로 현장에서 생활해 보면, 영유아들은 교사가 계획한 활동을 하는 것보다 자신의 지능을 활용하여 시행착오를 거치며 자유롭게 창의적으로 놀이하는 것을 좋아한다(문미옥 · 신현옥 · 김영숙 · 류칠선, 2000). 따라서 창의성 계발의 최적기인 영유아들이 주변 세계에 대해 호기심과 탐구심을 가지고 오감각을 활용하여 만지고, 창의적으로 사고하고, 질문을 제기하여 해결책을 찾으며, 디지털과 아날로그 매체를 균형 있게 사용하도록 지도할 수 있다.

이러한 창의적 기반 접근은 주어진 문제를 해결하는 성향적 특성(독립성, 개방성), 인지적 특성(사고의 확장, 사고의 수렴, 문제해결력), 동기적 특성(호기심, 흥미와 몰입)을 가지고, 상상하고 느끼고 구체적으로 표현하여 해결하는 창의적인 능력을 증진하는 데 가치를 둔다.

2) 창의성 기반 접근의 방법

현대의 유아들은 디지털과 아날로그 매체 활용의 균형을 통해 많은 양의 지식을 아는 데 머무르지 않고, 알고 있는 지식을 창의적으로 활용하여 직면한 문제를 해결하는 능력이 필요하다. 따라서 교사가 문제를 해결하는 구체적인 방법을 미리 말해 주지 않고 유아와 함께 혹은 유아 스스로 해결해 가는 과정에서 부딪히는 문제를 시행착오를 통해 해결해 가도록 지원하면 유아들은 균형 있는 매체 활용을 통해 더 많은 창의적 사고와 문제해결능력을 구성할 수 있다.

교사는 6가지 창의성 구성요소인 유창성, 융통성, 독창성, 정교성, 민감성, 상상력을 증진할 수 있는 질문(Guilford, 1967 ; Torrance, 1966 ; 전경원,2015)을 활용하여 언어적, 환경적 지원을 할 수 있다.

독창성은 정형화된 논리로 사고하도록 정해 주기보다는 남다른 발상과 독특한 아이디어를 창출할 수 있도록 격려하는 것이다. 따라서 'OO와 다르게 어떻게 하면 좋을까?' '남과 다른 생각을 해 보자.' '남들이 못하는 생각을 해냈구나.' 등의 질문으로 자세히 관찰하고, 작은 변화에도 적극적으로 반응하고 표현하도록 격려한다.

민감성은 그냥 지나칠 수 있는 지극히 자연스러운 상황에 대해서도 '어떻게 해서 이렇게 되었을까?' '왜 그럴까?' '지금 어떤 일이 있었니?' '~하게 해보면 무엇이 달라질 것 같니?' 등의 질문으로 활동 과정에서 사소한 일에도 민감하게 느끼고 문제 제기를 하도록 유도할 수 있다.

정교성은 사물을 정교하게 관찰할 수 있도록 유도하는 것이다. '이것과 저것은 아주 조금 다른 것이 있는데 어떤 점이 다를까?' '무엇이 달라졌는지 발견해 보자.' 등의 표현을 사용하여 질문할 수 있다.

융통성은 기존에 사용해 오던 방법으로 사고하는 것을 벗어나서 다양한 해결방법을 생각하도록 질문하는 것이다. 활동하는 동안에 필요한 도구가 없을 때 대신 사용할 수 있는 도구가 무엇인지 생각해 보게 할 수 있다. 또한 실험을 할 때 최소한의 기본 방법만 알려주고 방법과 재료 등을 자유롭게 사용하도록 하며, 그룹게임 등을 할 때 '왜 가위 바위 보를 해서 이긴 사람이 반드시 먼저 해야 하는가' 등 관행적 생각에 문제를 제기해 보게 한다. 또한 주변에서 흔히 보는 물건을 전혀 다른 용도로 쓸 수 있는 방법을 생각해 보도록 유도할 수 있다.

유창성은 특정한 상황 혹은 문제해결 과정에서 많은 양의 아이디어나 해결책을 생각해 내는 능력으로 양적인 풍부함을 말한다. 따라서 아이디어의 질이 문제가 아니라 얼마나 다양한가 하는 아이디어의 양이 중요하다. 이처럼 다양한 아이디어를 수용해 주는 허용적이고 수용적인 분위기를 조성해 주고, 많은 양의 아이디어를 제한된 시간 안에 많이 산출하도록 격려할 수 있다.

상상력은 창의적 사고의 원동력이라고 할 수 있으며, 과거의 경험을 기초로 해서 앞으로의 행동을 새롭게 계획하도록 자극하는 방법이다. 많은 선행 경험을 통해 이전 경험들의 축적과 이러한 경험에 대한 재해석 및 통찰능력이 요구된다. 또한 이를 기초로 현실에서 일어날 수 있는 가능한 변화들을 새로운 상황 속에 통합하여 상상할 수 있게 된다.

다양한 디지털 매체를 활용하는 영유아들은 선을 따라 움직이는 '오조봇'을 이용하여 많은 시행착오를 거치며 다양하게 활동을 확장하였다. 구체적인 과정은 단순한 선 – 다양한 선으로 변화 – 오조봇 색깔코드에 관심 – 친구들과 협동하여 길과 구조를 연결하여 확대 – 코딩 명령에 관심 – 목적지가 많아진 복잡한 코딩놀이 순으로 약 1개월 동안 진행하였다. 활동 과정을 관찰하며 교사는 영유아의 생각을 잘 듣고 수용해 주며, 시행착오를 통해 발달할 수 있도록 6가지 창의적 질문을 제시하고 공감하며 기다려 주는 지원을 하였다.

H유치원 유아들과의 창의성 기반 접근 사례를 놀이의 배경과 교육적 지원(관심의 시작, 놀이)으로 살펴보면 다음과 같다.

▨ 놀이의 배경

'오조봇'은 만든 선(길)을 따라 움직이는 로봇이라고 소개를 한다.

'오조봇'이 움직일 수 있는 길의 형태를 다양하게 만들어 보고, 색의 변화도 관찰하며,

특정 색(코드)에 따라 움직임이 변하는 등 다양한 방법을 찾아 놀이를 시작하였다.

교사는 유아들이 찾아낸 오조봇의 코드가 어떤 놀이로 확장될 수 있는지 기대하며 충분한 놀이의 시간과 공간을 제공하였다.

▨ 놀이의 흐름에 따른 교육적 지원

관심의 시작

단순한 선

오조봇이 잘 이동할 수 있는 선은 어떤 선일까?

선의 다양화

선의 변화

여러 가지 다양한 선의 변화가 어떤 놀이로 이루어질까?

코드의 필요성

오조봇 코드의 관심

오조봇을 다양하게 움직일 수 있는 코드 명령!!
스스로 색 조합하여 코드표 찾아보기
코드 스티커 활용하기

오조봇 놀이의 구조적 확대

코드 사용, 길의 대형화

코드를 사용한 뒤 오조봇의 움직임이 화려해진다.
더 오래, 더 다양하게 오조봇의 움직임을 관찰하려면 어떻게 지원해야 할까?

코딩 입력

간단한 코딩놀이

출발하는 곳과 도착하는 곳
오조봇을 나의 계획대로 이동하려면 어디에서 어떤 코드가 필요할까?

코딩놀이의 확장

목적지가 많아진 복잡한 코딩놀이

관심의 시작	단순한 선

코딩 로봇 '오조봇'을 소개하며 선을 따라 움직이는 로봇이라는 단순한 정보만 아이들에게 전달한다.
아이들은 '오조봇'이 선을 따라 어떻게 움직이는지, 선에서 왜 움직이지 못하는지를 놀이를 통해 하나씩 알아 가는 과정을 통해 '오조봇'에 관심을 가진다.
아이들이 오조봇을 기다리게 하고 싶은데 안 된다고 질문을 하여, 소개 책자를 유아와 함께 찾아서 '영점조절'이라는 '출발', '도착' 정보를 알게 되었고, 출발과 도착 지점을 만들 수 있게 되었다.

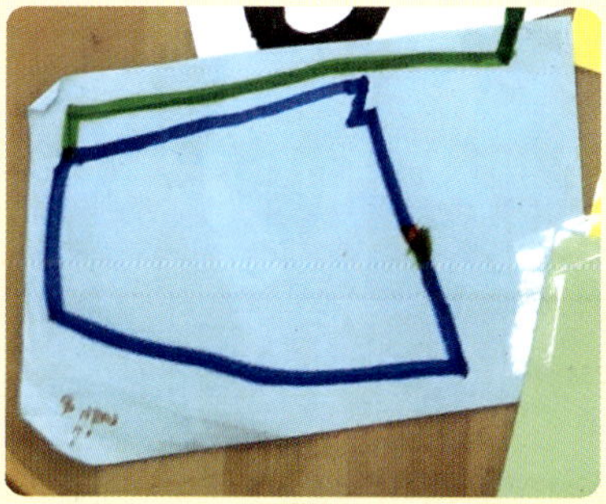

"이것 봐! 오조봇이 선을 따라 움직여."
"선이 일자여야 해, 근데."
"네모 모양으로 그리면 안 움직일까?"
"방향을 바꾸어 볼까?"
"선끼리 만나야 오조봇이 움직일 수 있어."
"선이 너무 뾰족하면 잘 못 움직여."
"근데 오조봇이 안 멈춰."

◀영점 조절을 알게 됨

출발, 도착으로 사용▶

놀이	선의 변화(정교성, 상상력)

'오조봇' 놀이가 반복되는 과정 속에서 아이들은 우연히 새로운 발견을 하게 된다. 지나가는 선의 색에 따라 오조봇 색이 변한다거나, 오조봇이 색깔에 따라 다르게 반응을 보이게 되는 순간을 맞이하게 된다. 그리고 연속되는 점과 점들이 이어지는 과정 속에서 새로운 점으로의 전환이 생길 뿐 아니라 그 점들의 연속은 또 다른 선을 만들어 내는 출발선이 되기도 한다.

선의 모양은 단순한 직선의 형태에서 창의적인 그림으로 이어지기도 했으며, 면을 채워 오조봇의 색 변화도 놀이화한다.

"선과 선을 이어 보자."
"다른 선으로 옮겨 갔어."
"왜 방향을 바꾸지?"
"오조봇 색깔이 바뀐다."
"매직 색깔이랑 오조봇 색깔이랑 똑같아."
"중간에 다른 색 선으로 그려 볼까?"
"오조봇 색깔이 바뀔까?"
"우리가 가고 싶은 대로 오조봇이 안 간다."

"오조봇 색깔이 매직 색깔처럼 바뀌는 것 같아."
"오조봇 색깔을 바꿔 볼까?"
"선으로 그리면 오조봇이 안 지나가는 곳이 있을지도 몰라."
"동그라미로 크게 그려 보자."
"하하하, 지나간다."
"우~와! 색깔이 진짜 바뀐다."
"오조봇도 무지개 색깔을 가지고 있나 봐."
"그림으로 그려도 오조봇이 지나갈까?"
"야! 오조봇이 개구리 그림을 그리면서 지나가고 있어."

놀이	오조봇 코드(민감성)

선 색의 다양화를 주며 놀이하던 아이들은 우연한 기회에 오조봇의 이상한 움직임(방향을 바꾸거나, 갑자기 빨라지거나, 그 자리에서 빙글빙글 돌거나 하는 등)을 발견한다.
오조봇이 인식하는 코드가 있음을 알고 정해져 있는 코드를 알아 내고자 다양한 색을 조합해 보거나 색 길이의 변화를 주어 코드를 찾아내 본다.
하지만 아이들이 찾아내는 코드의 한계성으로 인해 코드 스티커를 제공하여 놀이를 지원한다.

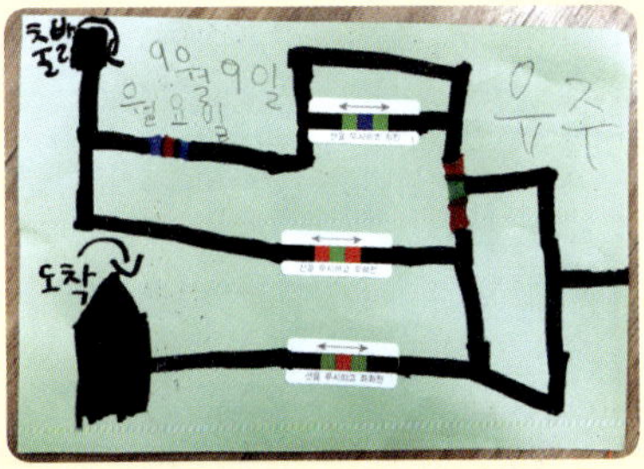

"코드 표를 붙였더니 어떻게 됐어?"
"오조봇이 코드에 따라 어떻게 움직였어?"
"코드표 대신 매직으로 그려도 오조봇이 코드표처럼 움직일까?"

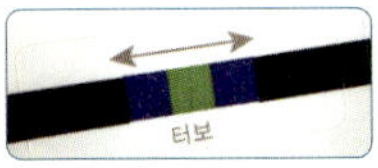

친구가 길가에 누워 있는 모습의 사진을 보여주며 왜 이런 자세를 하고 있는지 질문하자 아이들은 "뛰어서", "장난쳐서", "울퉁불퉁한 길에 걸려 넘어져서" 등 경험에 따른 다양한 이야기를 한다.
우리 유치원으로 오기까지의 길은 차량에서 하차 후 비탈길을 내려와야 한다. 안전하게 걷는 방법에 대해 이야기하며 비탈길에 대해 설명을 했다. 비탈길에서 발생하는 '가속도'에 대해 이야기하며 '가속도'란 점점 속도가 더해서 빨라지는 것으로 내가 조심, 더 조심해서 천천히 걸어야 한다고 이야기하자 해○이는 "가속도가 오조봇에 있는 터보 같은 거지요?"라고 이야기한다. "맞아, 오조봇이 터보 코드를 만나면 빨라지지? 비슷한 거야. 속도가 빨라지는 거지." 해○이의 '터보' 이야기에 아이들은 "아!"를 외치며 "빨라지지." 등 '오조봇의 터보 코드'에 대해 이야기를 한다.

▲코드에 대해 관심이 높아짐(터보는 해○이의 가속도로 인식)

등원 차량에서 하차 후 유치원으로 들어오기까지 안전하게 걸어오는 방법에 대해 이야기를 나누었다.

놀이 　 길의 대형화 / 길 연결하기(독창성, 융통성)

긴 호흡으로 이루어지는 오조봇 놀이는 짧은 순간의 놀이가 아닌 연속적, 지속적으로 이루어지고 있었고, 아이들도 어느 순간 누가 먼저 하는지에 관심 갖지 않고 서로의 오조봇 길을 연결하여 대형화 된 오조봇 길을 만든다.
길을 연결하는 과정에서 테이프가 있는 곳을 오조봇이 잘 지나가지 못하자 오조봇이 잘 지나갈 수 있는 방법을 찾아 해결해 보기도 한다.
하지만 길이 넓어질수록 오조봇이 못 읽는 길도 생기게 된다.

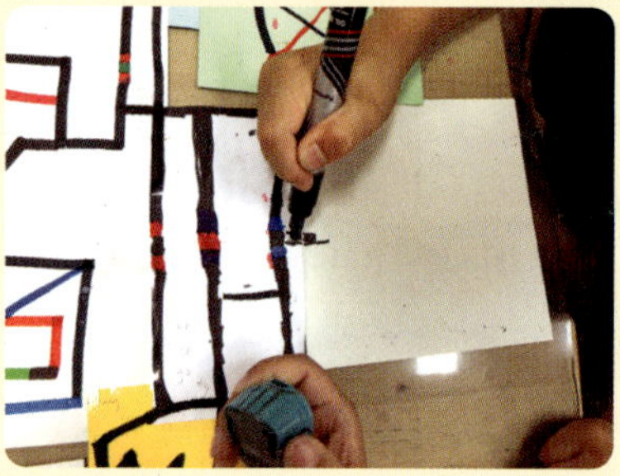

"내가 만든 길이랑 네가 만든 길이랑 서로 연결하면
오조봇이 오래 움직일 수 있을 것 같아."
"좋은 생각이야. 한번 해 보자."
"테이프가 있는 곳은 오조봇이 잘 지나가지 못하는 것 같아."
"종이를 다른 방법으로 연결해야 할 것 같아."
"풀로 붙일까?"
"테이프를 종이 뒤에서 붙이자."
"오조봇이 안 걸리고 잘 움직인다."

"오조봇이 지나가야 할 길이 넓어졌다."
"오조봇 다섯 개가 한 번에 움직일 수 있어."
"그런데, 왜… 가는 길만 가지?"
"넓은데 서로 못 피해서 부딪치기도 해."
"오조봇이 못 가는 길이 있어."
"길이 너무 넓어져서 그런 것 같아."
"넓다고 좋은 게 아닌가 봐."

놀이	코딩 입력 / 코딩놀이로 확장(상상력, 유창성)

단순히 길을 따라 움직이는 오조봇이 놀이가 아닌, 코드 명령에 따라 코드를 이용하여 길을 계획하는 코딩놀이가 실행되었다. 대형화했던 길을 단순화하고 단순화한 길에 맞춘 적절한 코드를 사용하여 출발과 도착 지점을 정해 오조봇을 이동시켜 본다. 성공 시 중간 거점(알고리즘)을 추가하기도 하며 코딩놀이를 지속한다. 또한 오조봇을 이용한 새로운 형태의 놀이도 만들어 낸다.

"오늘은 영점 조절 하는 곳이 두 곳이네. 어디에서 출발이야?" 선생님의 질문에 오조봇을 올린다. "도착할 곳은 어디죠?"라고 묻자 "유치원?"이라고 대답한다. "출발해서 유치원까지 잘 도착할 수 있을까?" 선생님의 혼잣말 같은 질문에 도○이는 고개를 끄덕이며 오조봇을 움직인다. 잠시 후, 오조봇 길을 다시 보여준다. 처음과 다르게 집과 마트가 생겼다. "어디에서 어디로 갈지 정했어요?" 선생님의 질문에 도○이는 오조봇을 집에 올려 출발시킨다. 오조봇은 길을 따라 마트에 들렀다가 유치원으로 이동한다. "오조봇이 마트에 들렀다가 유치원으로 갔네요. 도○이가 계획한 대로 오조봇이 간 건가요?" 선생님의 질문에 웃으며 고개를 끄덕인다.
오늘은 다른 날의 놀이와 다르게 출발과 목적지가 정해진 코딩이 처음 실행된 날이다(H유치원 K교사 저널).

◀코딩놀이
출발해서 거쳐야 할 중간 거점이 많아짐

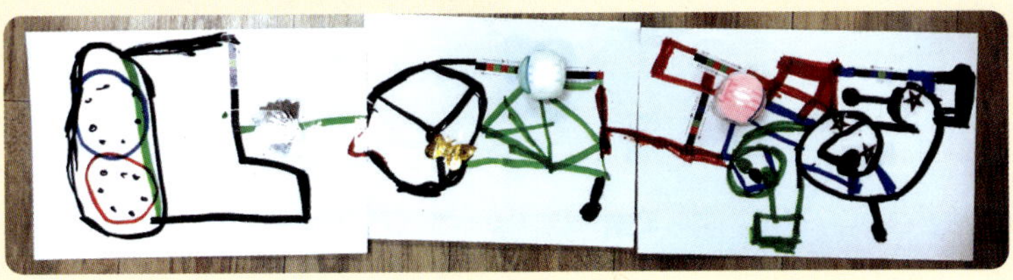

▲술래잡기
동시에 출발, 한쪽이 따라가게 되면서 부딪치는 순간 게임 끝남.
유아들은 계속해서 다른 놀이방법을 이야기하며 고민함

2. 융합인재교육(STEAM) 기반 접근

1) 융합인재교육 기반 접근의 중요성 및 목적(목표)

영유아들이 살아갈 미래에는 과학기술이 급속하게 발전하고, 일상생활 전반에 많은 영향을 미치게 된다. 3D프린팅, 로봇, 사물인터넷, 인공지능 등이 활용되는 4차 산업혁명 시대가 가속화됨에 따라 지식, 기술, 학문 간의 융합을 통해 창의성을 갖춘 융합인재를 요구한다. 이는 개개 학문영역의 지식만으로는 해결하는 데 한계가 있는 어려운 문제들을 지식영역의 통합을 통해 창의적으로 해결하는 능력이 요구되는 시대임을 보여준다. 교육부에서도 창의적 아이디어와 과학기술경쟁력이 곧 국가경쟁력이라는 기조 아래 과학기술 지식뿐만 아니라 상상력과 예술적 감성까지 아우를 수 있는 창의융합인재 양성을 목표로 'STEAM(Science, Technology, Art, Engineering & Mathematics)' 교육을 강조하였다. 융합인재교육의 목적 및 목표는 다음 [그림 10-1]과 같다(서울시교육청 유아교육진흥원, 2018).

목 적

실생활과 관련된 과학기술에 관심을 갖고 다른 사람과의 협업을 통해 일상적 문제를 창의적으로 해결할 수 있는 유아 양성

↑

목 표

첫째, 과학기술 관련 일상생활 속 문제를 창의적으로 해결할 수 있는 능력을 기른다.
둘째, 문제해결에 필요한 지식을 융합적으로 활용할 수 있는 능력을 함양한다.
셋째, 협력적 의사소통을 통해 타인과 협업할 수 있는 능력을 증진한다.
넷째, 과학기술을 활용하여 다른 사람을 배려하는 능력을 함양한다.

[그림 10-1] 융합인재교육의 목적 및 목표

융합인재교육 기반 접근은 생활 속에서 일어나는 문제에 관심을 갖고 다른 사람과의 소통과 협력을 통해 서로 배려하며 일상적 문제를 창의적으로 해결할 수 있는 능력을 강조한다. 융합인재교육은 과학교육 분야에서 출발하여 현대사회의 급격한 기술 및 공학의 발달이 세상의 변화를 주도하는 흐름에 맞추어 인문학, 예술

분야의 내용과 방법을 통합하여 삶의 필요와 질을 높이기 위한 창의적 문제해결능력을 기르도록 돕는 교육이다. 따라서 S(과학)는 자연 세계와 인간의 상호작용 과정을 이해하는 과정, T(기술)는 다양한 재료와 도구를 활용하여 공학적 설계를 구현하기 위한 산출물을 제작하는 과정, E(공학)는 과학적 원리를 기반으로 일상생활 속 문제해결을 위한 창의적 설계과정, A(예술)는 예술적 요소의 아름다움을 경험하고 자기만의 방법으로 표현하고 감상하는 일련의 과정, M(수학)은 사물의 특성을 수량화하며 구조와 순서, 단계를 이해하는 과정을 포함한다.

2) 융합인재교육 기반 접근의 교육방법

융합인재교육 기반 접근의 교수학습 과정은 상황 제시 – 창의적 설계 – 감성적 체험의 과정이 순환적으로 반복되어 새로운 문제에 도전하도록 격려한다. 융합인재교육 기반 접근의 3가지 활동 유형은 A-STEAM, ST접근-STEAM, Making이다. 3가지 유형의 교수학습 과정은 공통적으로 상황 제시 – 창의적 설계 – 감성적 체험의 과정으로 진행할 수 있다(서울시교육청 유아교육진흥원, 2018).

상황 제시	– 유아가 일상생활 속에서 경험할 법한 과학기술 관련 문제 상황 제시 – 주도적으로 문제를 해결하고자 동기와 관심 유발 – 스토리텔링, 이야기 나누기, 동요, 실물 탐색하기, 동영상 등으로 전개
↓	
창의적 설계	– 상황 제시 단계에서 인식한 문제를 해결하기 위해 창의적인 문제해결방법 모색 – 문제를 해결하기 위한 아이디어를 공유하고 평면 혹은 입체적인 설계도 구안 – 흥미영역 및 Maker Space에서 유아의 설계 아이디어가 실물로 제작되는 과정에서 S, T, E, A, M 요소의 융합적 경험 발생 – 설계와 실험, 피드백과 결과 공유를 복합적으로 수행
↓	
감성적 체험	– 창의적 설계의 최종 결과물 공유 – 전시, 발표, 공연 등 다양한 형태로 최종 결과물 공유 – 성공적인 경험을 통해 제기되는 새로운 문제에 도전하고자 하는 욕구 발생

[그림 10-2] 융합인재교육 기반 접근의 교수학습 과정

(1) A-STEAM

A-STEAM은 예술작품을 감상한 후 예술표현을 극대화하기 위하여 과학적 원리와 기술을 활용하는 예술표현 중심의 융합 활동이다. 드럼패드, 크로마키, 루프스테이션 등 교사들이 쉽게 접할 수 있는 핸드폰 애플리케이션을 활용한 활동 등이 있다. 이 중 크로마키를 소개하면 다음과 같다.

① 크로마키의 구조(체계) 및 가치

크로마키는 컬러텔레비전 방송의 화면합성기술이다. 색조의 차이를 이용하여 어떤 피사체만을 뽑아내어 다른 화면에 끼워 넣는 방법으로, 배경이나 인물을 촬영한 뒤 어느 하나를 분리하여 다른 카메라에 옮겨 구성하는 방법이다(박진아, 2020).

크로마키의 가치는 4가지로 설명할 수 있다.

첫째, 유치원이나 어린이집에서 공간감각 향상을 위한 대부분의 활동은 제한된 공간에서 교구조작을 통하여 이루어지는 경우가 많은데, 크로마키를 활용하면 초록색(파랑, 빨강, 노랑색도 가능) 천을 이용하여 넓은 공간에서 공간감각을 구성할 수 있고, 대근육을 활용하여 자유롭게 표현할 수 있다.

둘째, 빠른 시간에 원하는 다양한 배경을 찾아서 활용할 수 있어서 안전하고 다이내믹한 가상공간 내에서 흥미 있게 활동할 수 있다.

셋째, 크로마키를 활용한 활동은 기존의 컴퓨터를 활용한 활동의 문제점인 마우스나 키보드 사용으로 소근육 중심의 제한적 참여가 이루어지는 한계를 유아 자신이 직접 컨트롤러가 되어 온 몸으로 표현하며 즐길 수 있기 때문에 손만을 사용해 조작하는 활동들보다 정서적으로 더 큰 즐거움을 느낄 수 있다.

넷째, 자유로운 신체활동을 장려하고 친구들과 함께 참여함으로써 신체발달과 사회적 상호작용을 활발하게 격려할 수 있다.

② 크로마키의 활용방법

크로마키의 4가지 활용방법은 다음과 같다.

첫째, Chromavid 어플리케이션을 설치 후 앱을 실행한다. [그림 10-3]에 제시된 무료 앱을 사용할 수 있다. 가장 쉽게 활용하는 앱은 Chromavid이며 쉽게 다운받을 수 있다. 이때 어플리케이션에 설정한 색깔은 초록, 파랑, 빨강, 노랑색이 가능하나 대부분 초록색을 많이 활용하고 있다.

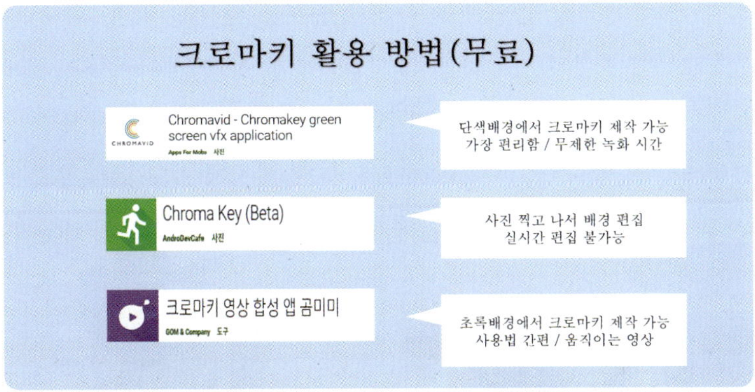

[그림 10-3] 크로마키 설치 및 활용방법

둘째, 어플리케이션에 설정한 색깔과 똑같은 색의 천을 준비해야 한다. 같은 색의 천에 내가 원하는 배경을 설정하면 흥미롭고 다양한 가상공간을 만들 수 있다. 영유아들이 가 보고 싶은 나라를 찾아 가상의 공간을 여행해 보기도 하고, 더운 여름에는 눈이 내린 추운 겨울풍경 속에서 추워서 움추린 자신을 표현하며 더위를 식히기도 하고, 화재현장 배경을 활용하여 생생한 체험으로 화재 시 대피하는 안전교육 등으로 활용할 수 있다.

셋째, 영유아들이 원하는 다양한 배경, 즉 동화 재구성 및 표현 활동을 위한 등장인물과 이야기에 맞는 배경, 영유아들이 만든 조형물, 즉 빌딩, 수영장, 자동차, 일하는 차 등에 어울리는 배경을 활용하여 영유아들이 원하는 놀이와 동극 등을 실감나게 할 수 있다(박진아, 2020 ; 최은주, 2014).

넷째, 어플리케이션에 설정한 색깔과 똑같은 색은 나타나지 않아서 형태를 알 수 없는 성질을 이용하여 투명인간놀이를 할 수 있다. 어플리케이션과 천을 초록색으로 선택했다면, 초록색 옷을 입거나 교실이나 주변에 있는 물건 중 초록색 물건은 색깔이 사라지므로 변하는 옷이나 물건을 활용하여 재미있는 실험을 할 수 있다.

H유치원에서는 크로마키를 다양한 형태로 활용하였다. 초록색 판이나 융판을 활용하여 영유아들이 친구들과 동화(토끼와 거북이) 구성하기 활동, 영유아들이 만든 작품에 실감 나는 배경을 찾아 주어 즐겁게 놀이를 확장해 주기, 화재 장면을 사용하여 안전교육에 활용하기도 하였다. 크로마키를 접해 본 아이들은 쉽게 배경을 바꾸며 놀이할 수 있는 것에 흥미로워 하였고, 대근육을 활용하여 넓은 공간에서 신나게 표현 활동을 할 수 있어 좋아하였다. 또한 자신이 입고 있는 옷과 배경색이 같은 경우 투명한 색깔로 변하게 되는 투명인간놀이를 하며 신기해 하였다.

크로마키를 활용한 동화구연(토끼와 거북이)

크로마키를 활용한 화재대피안전교육

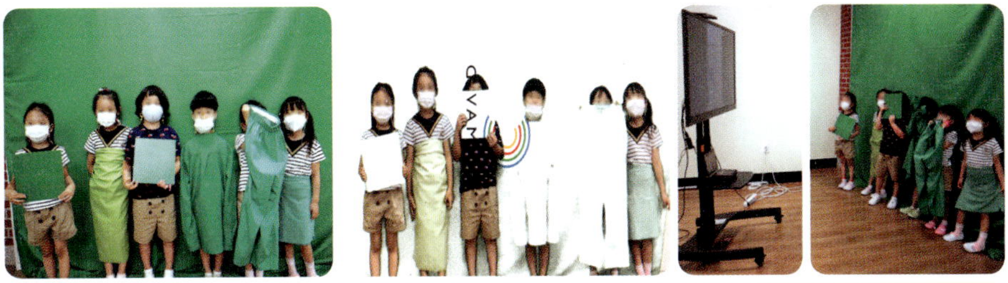

크로마키를 활용한 투명인간놀이(초록색이 바뀌는 성질 이용)

유아들의 작품 배경으로 활용한 크로마키 활용 사례

크로마키 활용 녹화영상 감상

(2) Making

Making 활동은 정해진 방법에 따라 무엇을 만드는 교육이 아닌 디지털 기기와 그 외의 실물재료를 활용하여 문제를 해결하거나 편리한 일상생활에 필요한 도구를 구안하고 창작하며 제작하는 활동이다. 활동 과정에서 영유아들의 참여와 아이디어가 적극적으로 나타나게 되고, 실제 활동이 운영되는 상황에 맞게 다양한 방법을 사용할 수 있으며, 영유아의 창의적인 아이디어와 도전을 적극적으로 격려하는 것이다.

미국을 대표하는 메이커스페이스(maker space) 테크숍(Tech Shop)의 CEO이자 공동 설립자인 마크 해치(Mark Hatch)는 만들기 활동을 하는 모든 사람을 메이커로 칭하며, 메이커 운동 선언문에서 9가지 정신(만들라, 나누라, 주라, 배우라, 도구를 갖추라, 가지고 놀라, 참여하라, 후원하라, 변화하라)을 제시하였다(Hatch, 2013).

따라서 메이커교육의 가치는 놀이의 본질적 특성을 교육적 맥락으로 활용하여 영유아가 배움에 대한 긍정적 · 자발적 · 주도적 태도를 형성하고, 비실제적인 놀이 속에서 실제로 활용할 수 있는 것을 구체적으로 만들어 활용하며 실제적 개념을 습득하고, 직면한 다양한 문제를 해결하는 능력을 함양할 수 있도록 지원하는 유아중심, 놀이중심교육을 추구하는 누리과정의 성격과 일맥상통한다(이연승, 2019)고 볼 수 있다.

H유치원에서는 영유아들과 예비교사, 전문가와 함께 자연물을 활용한 Making, 3D 프린팅을 활용한 Making, 레고 We Do 2.0을 활용한 Making 등 다양한 형태로 활용하였다.

① 자연물을 활용한 Making

바깥놀이터 숲속의 나무 조경작업 후 조각 나무기둥이 나왔다. 교사는 나무기둥도 영유아들에게 좋은 놀잇감이 될 수 있다는 생각에 나무기둥을 치우지 않고 숲속 한편에 두고 영유아의 관심을 따라가 보기로 하였다.

숲속 한편에 쌓아 둔 나무기둥

바깥놀이 시간에 영유아들은 숲속에 없었던 나무기둥이 있음을 발견하고 관심을 갖기 시작하였다. "얘들아~여기 봐. 나무기둥이 쌓아져 있어." "꼭 산 같다." "나무기둥 가지고 놀고 싶다." "선생님, 이거 뭐예요?" "나무기둥이 여기 왜 있어요?" "이거 가지고 놀아도 돼요?" 등의 질문을 하며 관심을 보였다. 교사는 영유아들이 원하는 대로 가지고 놀이할 수 있도록 하였다. 영유아들은 나무기둥을 탐색하기 위해 나무기둥을 만지다 나무껍질의 뾰족한 부분 등으로 불편함을 인지하고 교사에게 장갑을 요청하였다. 영유아의 요청에 따라 교사는 유아용 목공장갑을 제공하고, 영유아들은 장갑을 끼고 나무기둥을 탐색하다 옮기려고 시도할 때 나무기둥이 무거워서 힘들어하는 모습이 보였다.

교사는 영유아의 놀이 상황을 관찰하며 영유아들이 스스로 문제를 해결할 수 있도록 언어적 상호작용을 지원하였다. 영유아는 무거운 것은 친구와 함께 들면 된다는 협력의 문제해결 방법을 생각해 내고 실천하는 모습을 볼 수 있었다.

다음날도 숲에서 나무기둥의 관심은 지속되었다. 영유아들은 나무기둥 위에 자연물을 올려놓고 놀이를 하기도 하고, 나무기둥 위에 올라가서 균형을 잡아 보기도 하고, 나무기둥을 가운데 두고 점프하며 넘어 보기도 하며 다양한 놀이가 진행되었다. 나무기둥 위에 올라가서 균형을 잡으며, 비틀거리며 균형 잡기가 힘들자 여러 영유아가 모여 "내가 한번 해 볼게." 하며 시도하였다. 계속 비틀거리며 떨어지자 한 유아가 "나무기둥이 움직이니까 우리 몸이 흔들려서 떨어지는 거야."라고 말하자, 옆에 있던 유아가 "그럼 나무 기둥을 바닥에 고정해야겠네."라고 이야기하였다. "어떻게 바닥에 고정해?" "통나무 의자처럼 바닥에 땅을 파서 고정시키는 거 어때?"라며 영유아들은 서로의 의견을 내며 적극적으로 문제를 해결해 나가는 모습을 보였다. 땅을 파기 위해 교사에게 텃밭에서 사용했던 모종삽을 요구하고, 땅을 파고 통나무를 옮기기 시작하였다. 이 과정에서 영유아들이 주고받은 대화들이다. "아, 무거워. 00야 나 좀 도와줘." "어~내가 도와줄게." "영차, 영차, 조금만 더 힘을 내." 서로 협력하며 놀이가 진행되는 모습을 볼 수 있었다.

협력의 과정을 통해 영유아는 통나무 한 개만 고정하는 것이 아니라 통나무 여러 개를 연결하여 통나무길을 만들기로 하였다. 처음에는 3~4명 소수의 아이들로 시작된 놀이가 학급 전체 영유아들이 힘을 모아 함께 만들어 가는 놀이로 진행되었다. 통나무를 연결한 후 "00야~한번 올라가서 걸어 봐. 흔들리는지 안 흔들리는지." "와~재미있다. 하나도 안 흔들려. 우리 더 길게 만들어 보자." 이야기하며 통나무길은 영유아들이 원하는 모양대로 더 길게 만들어졌다. 영유아들은 "와~우리가 만든 통나무길이다. 이거 동생들에게 우리가 소개해 주자."라고 말하며 자발적으로 진행된 놀이에 대해 만족하는 모습을 보였다.

우리가 협력해서 만든 통나무길

영유아들은 1층 숲에서 2층 숲으로 가기 위해 밧줄을 타고 오르내리기를 하였다. 교사는 영유아들의 놀이를 관찰해 보니, 영유아들은 넓은 숲에서 한쪽에만 설치되어 있는 밧줄을 타고 오르내리므로, 숲 가운데 부분에 나무계단 만들기를 영유아들에게 제안하고 영유아들과 함께 협력해서 나무계단을 만들었다. 영유아들은 많은 통나무를 이동할 때 들고 오는 것에 어려움을 느끼자 또 다른 문제해결 방법을 생각하였다. 밧줄로 나무기둥을 묶어 끌고 오는 모습을 보이기도 하였고, 나무기둥을 굴려서 가져오거나 여러 명의 친구가 협력하여 나무기둥을 옮겼고, 계단이 쓰러지지 않도록 단단히 고정하는 부분은 삽으로 땅을 깊이 파야 해서 선생님의 도움을 받아 나무계단을 완성하였다.

유아들과 함께 만든 숲속 계단

② 3D 프린팅을 활용한 Making

3D 프린터는 원하는 재료와 디자인을 통해 입체적인 결과물을 찍어 내는 기계이다. 영유아들이 경험하는 전통적인 방식의 프린터와 달리 3차원의 입체적인 결과물을 찍어 내는 3D 프린터 매체의 경험은 영유아에게 다양한 경험을 제공함으로써 영유아의 성장과 발달을 촉진시킨다. 3D 프린터의 재료는 플라스틱, 고무, 금

속, 음식까지 가능하며 결과물 또한 다양하다. 일상의 놀이 속에서 영유아 자신이 도안한 놀잇감의 아이디어를 3D 프린터라는 매체를 통해 보다 견고하게 제작하여 필요한 결과물을 얻을 수 있다면, 기존에 영유아들이 만든 놀잇감이 금방 파손되는 경험을 하는 것과 달리 놀이의 맥락 속에서 용도에 맞게 자신이 제작한 놀잇감으로 즐겁게 놀이하는 성공적인 경험을 할 수 있다.

영유아들은 3D 프린터에 대한 직 · 간접적인 경험이 없었기에 전문가를 찾아 궁금한 점을 질문하고 직접 3D 프린터를 경험해 보았다. 영유아들은 전문가(D대학 컴퓨터과 C교수)의 설명을 들으며 3D 프린터를 탐색하고 프린터의 움직임과 출력 과정을 눈으로 살펴보았다. 영유아들이 평소 관심 있어 했던 공룡의 모습이 입체로 출력되는 과정을 경험하였다.

3D 프린터 경험하기

③ 레고 We Do 2.0을 활용한 Making

레고 위두 2.0은 레고블록을 통해 자신이 상상한 것을 물리적으로 구현할 수 있는 장점과 놀이중심 통합적인 학습환경을 제공한다. 레고 위두 2.0은 영유아 스스로 생각한 모형을 만들고, 만들어진 모형이 코딩으로 움직일 때 더욱 흥미롭고 즐거운 활동이 된다. 영유아들에게 레고 위두 2.0을 제시할 때 교사의 개입 없이 영유아 스스로 탐색하며 알아갈 수 있도록 제시하였다. 영유아들은 태블릿 PC를 보며 블록기능을 자유롭게 탐색하고 어떤 기능이 있는지 스스로 알아가며 여러 기능의 블록을 조합한다. 탐색하며 기능을 알아가는 데 많은 시간이 소요되지만, 영유아들은 기능을 찾고 알아가기 위해 서로 협력하며 많은 상호작용이 오고 가는 것을 볼 수 있었다. 태블릿 PC를 가지고 놀이하며 궁금한 것을 교사에게 질문하고, 친구들과 발견한 것을 가지고 경험한 것을 이야기할 때 즐거워했다. "와~내가 발견했어. 이 표시는 자리에서 한 바퀴 돌고 가라는 뜻이야." "00야~우리 함께 찾아보자." "선생님~우리가 음악 넣는 것도 찾았어요." 등 영유아들은 놀이하며 새롭게 알게 되고 찾게 된 것에 대해 기뻐하며 함께 나누는 모습을 보였다.

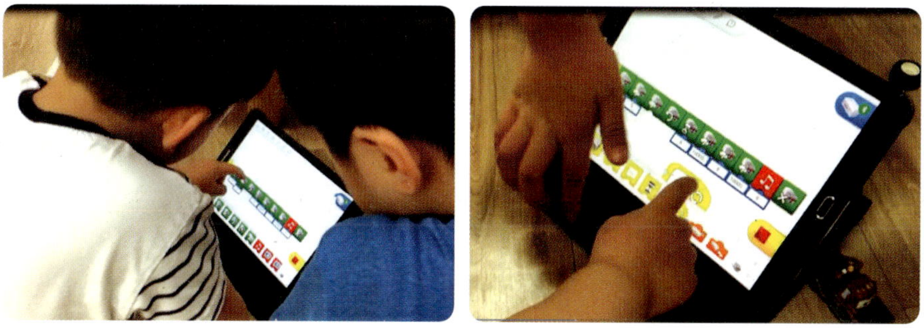

레고 위두 2.0 앱 탐색하기

영유아들이 레고를 원하는 모형으로 조립하면서 새로운 놀잇감을 만들기 시작하였다. 레고의 사전 경험이 많은 영유아들은 기존에 가지고 놀이하던 대로 다양한 자동차, 건축물 등을 구성하였다. 태블릿 PC의 코딩으로 영유아가 만든 놀잇감을 움직일 수 있도록 하기 위해 구성물에 바퀴 등을 연결하여 조작이 가능해질 수 있도록 구성하였다. "00야~바퀴를 달아서 진짜 자동차가 움직일 수 있게 만들어 보자." "헬리콥터의 날개를 움직이고 싶은데 어떻게 하면 좋을까?" "00블록을 사용하면 헬리콥터 날개가 뱅글뱅글 돌아갈 것 같아. 한번 해 보자." "와~정말 돌아가네. 정말 좋은 생각이다." 영유아들은 레고 블록을 구성하며 놀이에 몰입하였고, 끊임없이 문제해결을 위한 상호작용이 지속되었다.

다음에는 태블릿 PC의 코딩과 레고를 연결하여 영유아들이 넣은 암호대로 움직이는지 확인을 해 보았다. 영유아들은 암호대로 움직이는지 살펴보며 오류가 생기면 문제해결을 한 후 다시 암호를 넣으며 시행착오를 겪으며 놀이가 진행되었다.

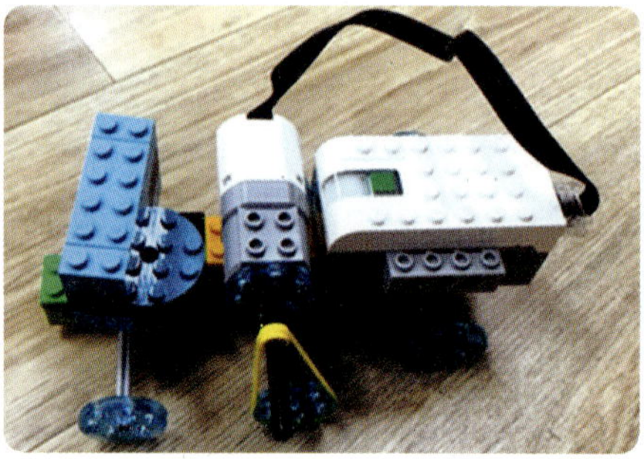

레고 위두 2.0 앱 탐색하기

레고 위두 2.0을 접하며 영유아들은 처음에는 호기심으로 시작하여 재미있는 놀이가 되었고, 기능 탐색 등을 통해 원하는 대로 되지 않으면 다시 반복하며, 고민하고, 친구나 교사에게 도움을 청하기도 하고 다시 몰입하며 새로운 것을 계속해서 발견하는 과정을 경험하였다. 레고 위두 2.0 안에 많은 복잡한 문제해결 과제가 있어 혼자 하다가 실패하면 다시 처음으로 돌아가서 시작할 수 있는 레고 위두의 장점을 활용하였다. 또한 혼자 하기가 힘들면 혼자보다는 여러 친구와 함께 협력해서 해결하며 성취감도 느끼고 친해지기도 하는 흐뭇한 모습을 발견할 수 있었다.

4차 산업혁명 시대의 도래로 인한 교육의 혁신이 요구되고 있는 시대에 디지털 매체 또한 급속도록 변화되고 있는 시점에서 D대학교 예비 유아교사들에게 현장에서 유아들이 어떤 디지털 매체를 사용하고 있는지 정보를 경험해 보게 하는 사례이다. 레고 위두 2.0 코딩 특강 전문가를 초청하여 경험해 본 후 유치원 현장에서 영유아들과 놀이에 참여하여 함께 매체를 경험해 보았다. 예비 유아교사들은 "너무 신기해요. 우리가 유치원 다녔을 때와 많이 달라요." "우리 어렸을 때는 이런 매체 상상도 못했어요." "아이들이 저희 대학생보다도 더 잘해요." "아이들이 정말 몰입하고 친구와 협력해서 재미있는 결과물을 만들어 내는 모습이 감동적이었어요." 등의 반응을 보였다. 변화하는 시대에 교육의 변화, 매체의 변화를 경험하고 배워서 현장에 적용하는 것이 중요하다.

D대학교 LINC+ 캡스톤 디자인(We Do 2.0 코딩 특강)

예비 유아교사에게 미래기술 관련 교구에 대한 이해와 창의적 교육활동개발 역량이 요구되고 있다. 4차 산업에 대비한 미래 역량과 관련된 소프트웨어 및 코딩 내용영역과 관련하여 D대학교 유아교육과에서는 기업과 연계한 프로젝트 기반이나 캡스톤 디자인 교수학습 활동을 교과와 연계하여 운영하고 있다. 이러한 미래교육에 대비한 활동 사례로 다양한 주제에 대해 영유아들이 창의 활동을 할 수 있도록 8명의 예비 유아교사들이 4명씩 팀을 나누어 조립형 로봇교구를 구성하여 활용하였다. 누리교육과정 주제와 연계하여 완구형 로봇교구를 놀이수업에 활용한 사례이다. 이러한 미래기술을 접목한 유아교구들은 아이들의 창의성, 컴퓨팅 사고력, 문제해결력, 미래 적응력을 길러 주는 것을 목적으로 유아 대상 융합교육에 적용할 수 있다.

조립형 로봇교구(로보티즈) 활용 사례

완구형 로봇교구(오조봇) 활용 사례

3. 문학적 기반 접근

1) 문학적 기반 접근의 중요성 및 가치

영유아교육기관에서 그림책, 그림(융판)동화, 증강현실 동화 등의 다양한 전달 매체를 활용한 과학의 내용이 포함된 재미있는 동화를 들으면서 과학적 사실과 개념을 자연스럽게 접하게 된다(Butzow & Butzow, 1989). 문학은 과학적인 태도를 형성하는 데 영향을 주며, 사물을 보고 느끼며 판단하는 능력을 형성하게 함으로써 과학적 사고의 기초를 마련하는 역할을 한다.

문학과 과학교육의 관련성 및 그림책 등의 문학작품을 통해 과학교육에 접근하는 문학적 기반 접근의 가치는 다음과 같다(이경우 외, 1999).

첫째, 과학적인 개념을 구성하고 탐구 과정을 경험하도록 돕는다. 그림책은 풍부한 과학적 경험과 조사하고 탐구하는 기회를 제공한다. 책 속의 주인공이 문제에 부딪치고 그 해결책을 찾아가는 과정, 어떤 것에 호기심을 느끼고 탐색하는 모습, 예측했던 결과가 일어나거나 발전되는 결말, 과학적인 개념이 녹아 있는 이야기의 전개 등과 같이 영유아들이 좋아하는 이야기에 호감과 흥미를 느끼면서 과학에 대한 이해를 도모할 수 있다.

둘째, 과학적 언어와 의사소통의 발달을 돕는다. 영유아들이 이야기 속에서 경험할 수 있는 과학적 어휘와 의사소통 내용은 과학적 의미를 구성하며, 일반적인 과학 개념의 발달에 도움을 준다. 영유아들은 친구 혹은 교사들 간의 언어적 상호작용을 통해 과학에 대해 흥미를 갖게 되고, 대화나 토의의 기회를 통해 과학과 문학을 통합하여 의미 있는 맥락 속에서 과학 개념을 구성하게 된다. 앤더슨(Anderson, 1981)은 영유아들과 함께 문학작품을 읽는 것은 단순히 유아에게 문학적 경험만을 주는 것이 아니라 관련 과학 활동을 이끌 수 있는 발판의 역할을 한다고 하였다. 또한 바로우와 살레시(Barrow & Salesi, 1982)는 과학의 개념과 과정이 내포되어 있는 문학작품을 읽고 토의하는 과정에서 호기심이 생기게 되며, 이러한 호기심을 통해 과학적 활동으로 자연스럽게 연결될 수 있다고 하였다.

셋째, 과학의 본질에 대해 풍부한 시각을 갖게 한다. 영유아문학은 과학이 인간의 경험에서 발전되어 온 것임을 보여주며 과학적인 사고를 미적인 차원으로 확장시키며, 책 속의 상상적인 개념과 과학과의 연관을 통해 과학적인 문제해결이나 추론과 사고를 증진한다. 문학 활동을 통해 이야기의 맥락 속에서 과학에 접하게 되면 영유아들은 과학을 즐거운 것으로 느끼게 되고, 그와 관련된 과학적인 경험으로 확장되어 결국 과학적인 능력도 기르게 된다. 또한 영유아의 사고력과 판단력 및 통찰력을 형성하게 한다.

2) 문학적 기반 접근의 교육방법

영유아들은 문학적 활동을 통해 과학과 문학을 관련 있게 느끼고 친숙한 환경 속에서 흥미 있게 과학을 발견할 수 있다. 또한 영유아들은 일상생활을 하며 주변 세계를 관련지을 수 있으며, 급변하는 미래사회에 접하게 될 세계, 즉 증강현실(Augumented Reality, AR)에 대해 알게 되고, 환상의 세계 속에서 자신을 투사해 볼 수 있다. 따라서 문학은 과학을 친숙한 놀이로 느낄 수 있게 도움을 주며, 책 속에 담긴 많은 정보들을 서로 관련짓고 탐색하여 새로운 지식을 구성하도록 도와준다.

문학적 기반 접근을 통한 과학교육의 방법은 탐구 과정 즐기기, 생활 속에서 탐구하기, 자연과 더불어 살기 등의 내용 범주에 대한 동화 및 동요, 동시를 다양한 전달 매체를 활용하여 들려준 후 토론을 하고 과학, 수학, 신체표현, 언어 등의 통합적 활동을 전개하는 것이다. 구체적인 교육방법을 제시하면 다음과 같다.

(1) 동화 및 동요(시) 선정하기

영유아들은 문학작품 속에 등장하는 인물의 행동, 문제해결 방법, 환경과 사건 등에 대한 이야기를 통해 쉽게 과학적 개념을 이해하게 되므로 동화 및 동요(시)의 선정은 중요하다. 영유아들은 과학적 사실이나 개념을 포함하고 있는 다양한 책을 보면서 자연스럽게 관찰하고 분류하고 예견하는 등의 과학적 과정을 경험하게 된다. 최근에는 영유아들이 증강현실 책에 대한 관심도 많으므로 필요에 따라 활용할 수 있다. 따라서 교사는 과학적 맥락이 통하면서, 전달하고자 하는 과학의 개념과 과정이 포함되어 있고 유아에게 흥미를 주는 동화 및 동요, 동시를 선정한다.

유치원 바깥놀이터에서 거미를 본 적도 있고 유아들이 좋아하는 다양한 동물도 나오고, 친절 · 배려 · 용기 등의 인성 내용도 포함하고 있고, 동물들의 특징도 알고 움직임도 경험할 수 있어서 증강현실 책『아기 올빼미』를 선정하였다.

1단계 동화 선정하기 –『아기 올빼미』(증강현실 책)

- 스마트폰이나 태블릿 PC의 앱을 이용하여 보거나, 듣거나, 읽을 수 있는 증강현실 동화책을 선정한다.
- 앱 실행방법을 아이들에게 소개해 추후 영유아들이 관심에 따라 증강현실 책을 활용할 수 있도록 한다.

『아기 올빼미』 책 선정 → 증강현실 앱

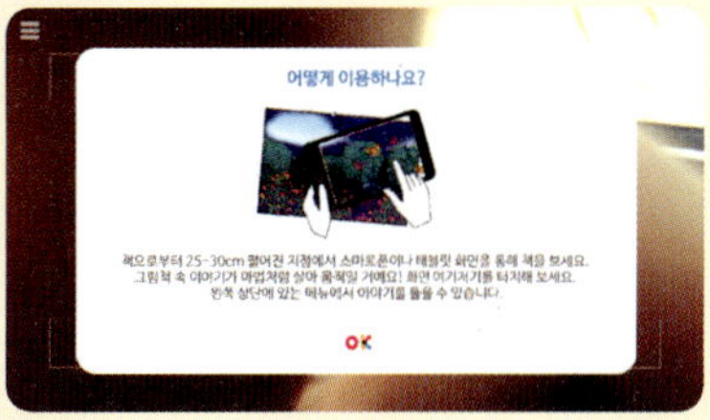

앱 사용방법

"『아기 올빼미』 동화책 보려면 태블릿 PC가 필요해."
"야, 카메라를 눌러야 하는 거야?"
"응, 증강현실 그림책은 앱을 눌러야 해."
"파란색 두더지처럼 생긴 그림이야. 찾아봐."
"와! 책 밖으로 그림이 나왔어."
"소리도 들려."
"한 번 눌러 볼까?"
"야! 내가 눌러 봤거든. 그랬더니 올빼미가 움직여!"

(2) 동화 및 동요(시) 듣고 이야기 나누기

영유아에게 흥미를 주는 동화 및 동요, 동시를 그림 동화, 테이블 동화, 증강현실 동화 등 다양한 교수 매체를 이용하여 소집단 혹은 대집단으로 들려주고 이야기 나눈다. 들려준 내용에 대해 영유아들에게 질문을 하거나 특정 부분을 다시 볼 수 있다. 또한 언어영역에 비치해 두고 영유아들이 과학의 개념과 내용에 관심을 갖고 재미있게 활동할 수 있도록 과학, 수, 언어, 신체표현 등의 통합적 활동으로 계획할 수 있다. 교사가 계획한 활동을 하도록 요구하는 것이 아니라 영유아 자신이 하고 싶은 활동을 창안 · 계획할 수 있도록 "책 표지를 보니 어떤 이야기일 거 같으니? 어떤 동물들이 나올까? 기억에 남는 장면이나 감동적인 말이나 행동은 어떤 것들이 있을까?" 등의 질문을 할 수 있다.

2단계	동화 듣고 이야기 나누기

- 『아기 올빼미』 동화책의 표지를 보며 어떤 이야기가 전개될지 예상해 본다.
- 제목을 알아본다.
- 동화를 듣는다.
- 내용을 회상해 본다.
- 기억에 남는 장면과 이유, 감동적인 말이나 행동 등에 대해 생각을 나눈다.

레나 마질뤼, 『아기 올빼미』. 보림

〈책 표지 보며 이야기 나누기〉

"책 표지를 보니까 올빼미가 주인공인가 봐요."

"깜깜한 밤에 올빼미가 나무에 앉아서 노래를 부르는 이야기?"

"올빼미가 안경을 쓰게 된 이유에 대해서 나오는 이야기인가?

"밤인데 꽃이 잘 보여요."

"아! 올빼미가 밤에 잘 보려고 안경을 쓴 이야기다."

"올빼미가 안경 주인을 찾고 있을 때 고양이가 친절하게 알려주어서 너무 고마웠어요. 고양이는 친절해요."

"은하수가 보고 싶은 올빼미가 반딧불이에게 부탁하자 빛을 꺼 주었어요. 반딧불이는 불빛을 꼭 내야 하는 곤충이지만 올빼미를 위해 배려해 주었어요."

"숲이 무서웠지만 안경 주인을 찾아 주기 위해 용기를 내었던 올빼미에게 잘 자라고 이야기해 주고 싶어요."
"자장가도 불러 주고 싶어요."
"칭찬 선물을 해 주고 싶어요."

(3) 과학 활동 및 확장 활동 하기

영유아들과 계획한 통합적 활동을 전개할 때 영유아의 흥미, 발달 정도 및 유아교육기관의 특성(원아 수, 물리적 환경 특성, 교육관, 교사 수 등)에 따라 융통성 있게 할 수 있다. 영유아들이 창의적인 생각으로 자유롭게 참여할 수 있도록 기회를 제공해야 한다. 따라서 과학 활동을 할 때 유아주도적인 교수방법을 사용해야 한다. 과학 활동 하기에서 교사는 영유아들에게 과학 개념과 관련하여 준비된 탐색의 시간 제공, 활동의 창안 및 기회 제공, 활동 실행의 기회 제공, 간접적 시범 보이기, 활동 확장 및 일반화 기회 제공 등의 역할을 수행함으로써 영유아들의 과학 활동을 도울 수 있다.

영유아들이 스스로 발견한 활동을 하는 과정에서 사고 과정을 확장할 필요가 있을 때 교사는 "올빼미가 안경 주인을 찾고 있을 때 고양이는 어떤 도움을 주었을까? 너희들은 친구에게 어떤 도움을 줄 수 있을까? 우리는 올빼미에게 어떤 도움을 주면 행복할 수 있을까? 밤에 다니며 활동하는 동물은 또 누가 있을까?" 등과 같은 질문을 하여 용기 있는 올빼미에게 노래도 개사하여 불러 주는 등 다양한 확장 활동을 하였다. 또한 책과 태블릿 PC 사용법도 변화 있게 사용할 수 있는 방법에 대해 생각해 보게 한다. 구체적인 활동 사례를 제시하면 다음과 같다.

3단계	과학 활동 및 확장 활동

- 『아기 올빼미』 동화책에 나오는 동물들의 특징 관찰, 탐구하기
  - 올빼미: 낮에는 주로 나뭇가지에 앉아 휴식을 취하고 밤에 활동한다.
  - 박쥐: 밤에 활동하는 야행성 동물
  - 고슴도치: 주로 밤에 활동
  - 반딧불이: 짝을 찾기 위해 빛을 내는 곤충으로, 어두운 밤에 잘 보임
  - 거미: 작은 진동에도 민감하게 반응하며, 밤에 주로 활동

- 동물들의 공통점을 찾아본다.

- 안경 주인을 찾아 주기 위해 용기를 낸 올빼미에게 무엇을 해 주고 싶나요?

〈과학 활동〉

"올빼미는 낮에 주로 나뭇가지에 앉아 휴식을 취해요."
"밤에는 날카로운 발톱으로 들쥐 등을 사냥해요."
"동화 속에서 만난 동물 친구들은
밤에 활동하는 올빼미와 어떻게 만날 수 있었을까요?"

"안경을 찾아 주기 위해 용기를 낸
올빼미를 위해 칭찬 선물을 주고 싶어요."
"올빼미가 좋아하는 것이 무엇일까?"
"밤에 먹이 사냥을 하기 어려우니까
먹이를 대신 선물로 줄까?"
"들쥐를 우리가 어떻게 잡아~"
"곰이 자느라 안경을 돌려주지 못했으니까
우리가 대신 가져다 주자."
"곰이 잠에서 깨면 우리가 위험해."
"올빼미 노래를 만들어서 불러 주는 건 어때?"
"올빼미가 이 노래를 듣고
용기를 더 많이 냈으면 좋겠어."

〈확장 활동–노래 개사하여 불러 보기〉

3단계	확장 활동-2

- 『아기 올빼미』 동화의 다양한 활동을 바탕으로 증강현실 책에 대한 관심이 지속되었으며, 책과 태블릿 PC 사용법에도 변화가 생겼다.

1단계: 선생님 도움 받기
"태블릿 PC는 선생님이 잡아 주세요."
"저는 페이지를 넘길게요."

2단계: 친구와 함께 보기
"내가 태블릿 PC를 잡아 줄게."
"그럼, 내가 넘길게."

3단계: 역할 나누기
"야, 우리 책을 세우자."
"그럼 책을 보기 편하잖아."
"우리는 뒤에서 보다가 다음번에 할게."

4단계: 책과 태블릿 PC 세우기
"책만 세우지 말고 태블릿 PC도 세워 볼까?"
"쓰러지지 않는 좋은 방법이 없을까?"
"태블릿 PC 뒤에 연필통을 놓아 볼까?"
"손이 편해졌어."
"우리 둘 다 터치할 수 있어."

4. 자연탐구 기반 접근

1) 자연탐구 기반 접근의 중요성 및 가치

급속하게 변화하는 사회에서 생활하는 현대의 영유아들은 물질적인 풍요는 누리지만 자연, 텃밭, 햇빛, 바람 등을 몸과 마음으로 충분하게 경험하지 못하며 생활하고 있다. 영유아들의 몸, 마음, 영혼이 건강해지기 위해서는 자연을 통해 마음껏 자유를 누리며 자연의 순리에 맞추어 생활해야 한다. 영유아 시기는 보고, 듣고, 만지고, 느끼고, 냄새 맡는 등 동식물을 통해 자연과 생활하며 자연의 변화와 아름다움을 느끼고 다양한 세계를 경험함으로써 전인적인 성장을 할 수 있다. 또한 영유아들은 본능적으로 아주 어릴 때부터 자연과의 접촉을 통해 정신적, 신체적 즐거움을 느끼고 자연과 공감하는 가운데 정서적 안정감을 느낀다.

어린이집이나 유치원의 하루 일과 중 영유아들이 가장 좋아하는 놀이는 밖에서 마음껏 자연과 교감하며 하는 활동이다. 영유아들이 그린 그림을 보면 '벚꽃이 많이 핀 놀이터에서 친구와 벚꽃길을 걸을 때 행복했어요.' 새 둥지를 자세히 관찰한 후 나뭇가지를 이용해서 새 둥지를 만들고 '새가 행복하면 나도 행복해요.'라고 적는다. 그림이 말해 주듯이 자연과의 충분한 교감은 영유아들의 마음을 행복하게 해 준다.

벚꽃 잎이 떨어지는 날
친구와 함께 벚꽃 잎을 맞으며
놀이터를 걸을 때 행복했어요.

떨어진 나뭇가지로
새 둥지를 만들었어요.
새가 행복하면 나도 행복해요.

하지만 실제로 영유아들은 자연보다는 실내에서 생활하며 일상생활에서 전자 매체에 할애하는 시간이 과도하게 많고, 조기 특기교육을 많이 받고 있다(김현정, 2007). 이로 인해 많은 영유아가 몸, 마음, 영혼의 병을 앓고 있으며, 근육의 양이 줄고 체력도 떨어지고, 지방의 양이 많아지고 각종 알레르기 질환, 소아비만, 각종 생활습관성 질병이 늘어나고 있다(하정연 · 임재택 · 배은진 · 백현운 · 이연주, 2009).

따라서 자연과 더불어 살아가며, 주변 사람을 포함한 모든 생명에 대한 감수성이 뛰어나며, 동식물과 주변환경에 관심을 가지고 소중히 여기며, 서로 배려하는 마음과 태도, 책임의식을 가진 사람으로 성장해 갈 수 있도록 해야 한다(교육부, 보건복지부, 2019).

2) 자연탐구 기반 접근의 교육방법

영유아들이 행복하고 건강해지기 위해서는 영유아들이 자연의 순리에 맞추어 생활하도록 해야 한다. 자연의 아름다움과 변화를 감상하며 건강하게 자라기 위해서는 자연 속에서 자연의 놀잇감인 흙, 물, 돌, 곤충, 동물, 식물 등을 활용하여 마음껏 자연을 탐구할 수 있도록 해야 한다. 영유아들이 자연과 함께 활동할 수 있도록 하루 일과를 통하여 텃밭 가꾸기, 산책하기, 동식물 기르기 등 다양한 활동을 할 수 있다.

(1) 텃밭 가꾸기

영유아들은 텃밭 활동을 통해 감자, 고구마, 상추, 오이, 가지, 토마토 등을 심고 가꾸며 날씨, 햇빛과 물, 계절의 변화, 식물의 성장 과정, 수확의 기쁨 등을 경험하며 자연과 교감할 수 있다. 텃밭 활동은 영유아들이 계속 관심을 가질 수 있도록 식물의 성장 과정에 대한 관찰기록도 하고, 연간계획을 통하여 지속적으로 하는 것이 좋다.

텃밭 가꾸기는 특정 시기에 계획된 활동으로 이루어지기보다는 일과 속에서 일상적인 일로 이루어져야 한다. 계절에 따라 모종과 씨앗을 심고 자주 관찰하며 친밀한 관계를 형성하고, 잘 자라도록 쓰레기도 주우며 돌볼 수 있다. 또한 "감자(고구마, 상추, 오이, 토마토, 고추 등)야 사랑해. 잘 자라."라고 사랑 표현(7장 [그림 7-16] 참고)도 하며, 자연의 소중함을 깨달을 수 있다. 교사가 정성과 사랑으로 마음의 여유를 가지고 텃밭 가꾸기 활동을 하게 되면 영유아들에게 유익함을 준다(김경미 · 김현주 · 송연숙, 2013). 이러한 자연과의 소중한 경험은 영유아들에게 자연뿐만 아니라 생활 속에서 다른 사람과의 관계의 소중함, 노력(수고)의 가치, 기다림 등도 배울 수 있게 한다.

고구마 심기 | 감자 수확하기 | 고추, 가지, 토마토 등 수확

[그림 10-4] 텃밭 가꾸기 활동

실제로 H유치원에서 고구마 캐기를 하던 중 유아가 "선생님 고구마 캐는 게 이렇게 힘든 줄 이제 알았어요. 우리 할아버지는 농사일을 하시는데 힘드신 것을 이제 처음으로 알았어요. 감사하다고 해야겠어요." 라는 말을 해서 감동을 받은 적이 있다. 텃밭 일을 통한 교육이 얼마나 가치 있는지 발견하게 되었고, 고구마 캐기(감자는 땅을 조금 파서 캐는 데 비해 고구마는 땅속 깊이 있으므로 땅을 깊게 파야 함) 활동 후 표상활동으로 그린 할아버지 그림과 편지를 가정의 어머니께 보냈고, 할아버지께 전화로 말씀드려서 행복해하셨던 일화가 있었다.

[그림 10-5] 감사편지

한편, 유아교육현장에 있는 많은 교사들은 씨앗들을 언제 또는 무슨 씨앗을 뿌려야 하는지, 밭이랑을 어떻게 만드는지 등 텃밭 가꾸기에 대해 잘 모르는 경우가 많다(김경미 · 김현주 · 송연숙, 2013). 물론 교사가 영유아보다 모든 것을 많이 알아서 영유아들에게 "이건 상추라고 해요. 지난주보다 이만큼 더 자랐어요."라고 하며 이름을 직접적으로 가르쳐 주는 것이 좋은 교육은 아니다. 오히려 영유아들과 식물의 생김새도 자세히 바라보고, 다양한 모양이 있음을 발견하여 창의적으로 이름도 정해 보고, 교사와 교실에서 식물도감이나 인터넷, 핸드폰을 이용해서 궁금한 것을 찾아 가는 과정 자체가 창의적인 탐구 태도를 기르는 데 중요하다. 교사가 모르는 것을 망설이지 말고, 교사도 영유아와 같이 식물의 이름을 모르는 것이 많다는 것을 솔직히 이야기하며, 영유아들과 관심을 가지고 함께 찾아보고, 전문가에게 물어보며 알아보고 배우는 과정 자체가 중요하다는 것을 이해해야 한다.

따라서 처음 텃밭 활동을 시작할 때는 영유아들과 기르기 쉬운 것부터 선택하여 기르고, 수확한 후에는 탐구하기, 요리하기 등을 통해 직접 먹으며 의미 있는 경험이 되도록 지도하는 것이 중요하다. 실제로 H유치원에서 영유아들과 화분에 바질을 기르며 바질이 싹이 나서 자라는 과정을 신기해하며 관찰도 하고, 사랑의 말도 해 주고, 노래도 불러 주고, 화분에 있는 바질을 그냥 냄새 맡으면 냄새가 잘 나지 않는데 바질을 손으로 만진 후 냄새를 맡으면 특유의 바질 향이 나는 것을 발견하며 신기해하였다. 또한 바질을 이용하여 만들 수 있는 음식도 알아보고 피자 요리 활동으로 연계하기도 하였다. 바질을 기르며 잎이 여러 개 나올 때 영유아들은 너무 기뻐하였고 관심도 많았다. "내가 사랑하는 바질이에게 인사해야 해요." "빨리 유치원에 바질이 보러 가야 해요." 하며 즐겁게 활동하는 모습을 볼 수 있었다.

씨앗을 심은 뒤 일주일 정도 지나자 바질 싹이 올라왔어요.
믿음반 아이들은 '바질이'를 위해 사랑의 말과 아름다운 악기 연주로 '바질이'의 성장을 매일매일 응원해요.

[그림 10-6] 바질 키우기

텃밭의 바질이 무럭무럭 자랐어요.
바질 향기는 비누처럼 향기로웠지만 입 속에 들어온 바질은 매운 치약 맛 같았어요.
바질로 피자를 만들어 보기로 결정했어요.
치즈를 듬뿍 올린 바질 향기가 가득한 맛있는 바질피자
오븐에서 구워진 바질 잎의 색은 어둡게 변했지만 향기는 그대로, 맛은 향기로운 맛!!

[그림 10-7] 바질피자 만들기

(2) 산책하기

현대의 영유아들은 대부분 아파트에서 생활하므로 자연 속에서 자연을 바라보고 자연물을 이용하여 놀이할 시간이 부족한 실정이다. 산책은 나들이, 산보, 마실 등의 여러 가지 용어로 표현하며, 사색, 여유, 자유, 자연스러움, 즐거움, 만남 등의 뜻이 담겨 있다(하정연 · 임재택 · 배은진 · 백현운 · 이연주, 2009). 산책을 하다 보면 여러 가지 살아 있는 것들을 만날 수 있고 여러 가지 현상을 보게 된다.

많은 영유아들은 실제로 유치원이나 어린이집에서 실외 활동을 위해 밖에 나가면 말하지 않아도 무조건 앞을 보며 자유롭게 어디론가 뛰어가고 천천히 걸어가는 유아는 드물다. 뛰어가다가 예쁜 꽃이나 나무, 도깨비바늘 등을 만나면 그 자리에 멈추어서 자세히 보고 만지곤 한다.

개망초길

느티나무길

제2 놀이숲

메타세쿼이아길

마리골드

나무 진 관찰

도깨비바늘

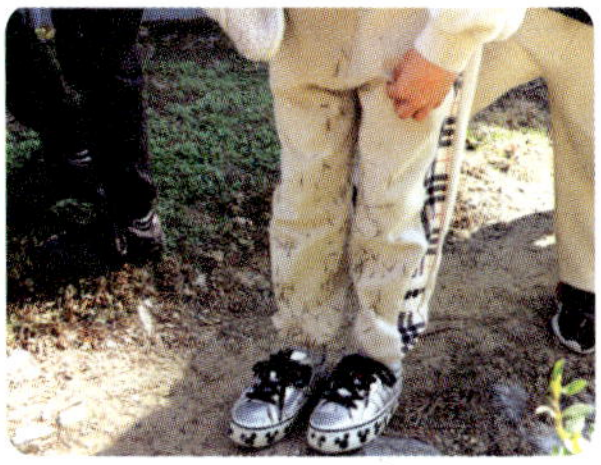

바지에 붙은 도깨비바늘 관찰

[그림 10-8] 산책길에서 만나는 여러 가지

영유아들은 자연과 일상에서 만나는 다양한 사물과 문제에 호기심이 많고 상상력이 풍부하며 궁금한 것을 적극적으로 탐구하면서 스스로 답을 찾아내며 탐색해 간다(교육부, 보건복지부, 2019). 특히 자연과 함께 산책하며 영유아들은 마음껏 뛰어놀며, 자연과 계절의 변화를 만나고 탐색한다. 또한 활발한 신체 움직임을 바탕으로 모험과 도전을 하면서 궁금한 것을 찾아 산책할 수 있다.

따라서 교사는 영유아들과 함께 산책할 수 있는 자연과 주변환경을 적극적으로 찾아보아야 한다. 특히 계절의 변화에 대해 이야기 나눈 뒤, 지난 봄, 여름의 산책 사진을 보며 가을철 변화된 자연을 느낄 수 있는 활동으로 산책을 계획할 수 있다.

가을의 변화를 느끼고 즐기기 위해 우리 반 산책길 중 코스(느티나무길→도넛길→텃밭→메타세쿼이아길→벚나무길→메타세쿼이아 숲길)를 창의적으로 정해도 좋다. 또한 안전하게 산책할 수 있도록 주의점을 이야기할 수도 있다.

산책하기를 하는 동안 교사는 변화된 가을의 모습을 인식하고 자연의 변화를 즐길 수 있는 기회를 제공해 주도록 한다. 산책의 필요성을 이해하면서도 환경과 안전 등의 문제로 소풍, 식물원, 동물원 견학 등 일회적인 행사로 이루어지는 것보다, 주변의 작은 숲이나 언덕, 공원 등 살아 숨 쉬고 있는 자연의 모든 생명들과 만날 기회를 갖기 위해 노력해야 한다. 햇볕 쨍쨍 내리쬐는 날 산책을 하거나, 비 오는 날 우산에 빗방울 떨어지는 소리, 나뭇잎에 빗방울 떨어지는 소리, 자동차 지나가는 소리, 물 웅덩이 밟는 소리, 발자국 소리를 듣고 영유아들과 소리에 대한 표현 활동을 하는 것도 재미있다.

햇볕 쨍쨍 내리쬐는 산책길에서
자연의 소리 듣고 동시 짓기

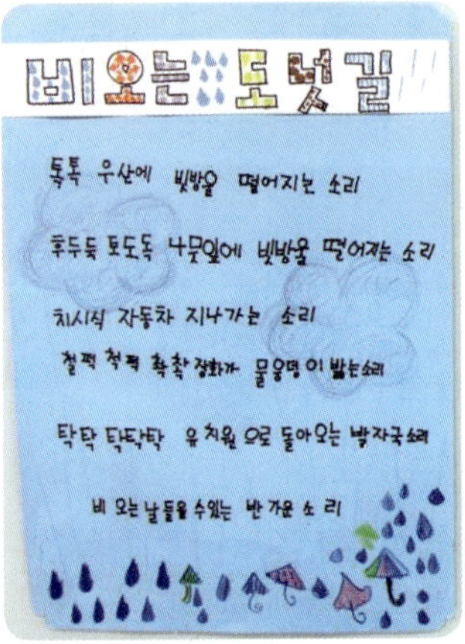

비 오는 날 산책길에서
자연의 소리 듣기

또한 산책을 마친 뒤 '계절이 변화하면서 산책길의 무엇이 달라졌니? 나뭇잎 색이 어떻게 변했니? 여름의 바람과 가을바람은 왜 다르게 느껴질까?' 등의 질문을 하며 산책길에서 느낀 계절의 변화에 대해 이야기 나누고, 동시로 표현해 보는 것도 좋다.

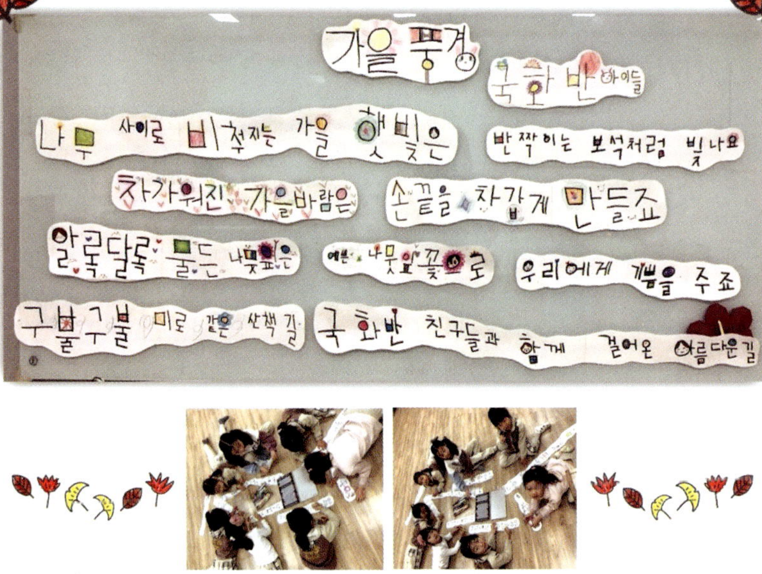

[그림 10-9] 가을 풍경 동시 짓기

가을 풍경

국화반 아이들

나무 사이로 비춰지는 가을 햇빛은
반짝이는 보석처럼 빛나요

차가워진 가을바람은
손끝을 차갑게 만들죠

알록달록 물든 나뭇잎은
예쁜 나뭇잎 꽃으로 우리에게 기쁨을 주죠

구불구불 미로 같은 산책길
국화반 친구들과 함께 걸어온 아름다운 길

(3) 동식물 기르기와 관찰하기

영유아는 동식물을 기르고 관찰하며 주변 사람을 포함한 모든 생명에 대한 감수성이 풍부해지며, 자신과 친근한 사람 및 주변 세계와 관계를 맺으면서 자발적으로 사회질서와 소통방식을 배워 나간다. 동식물 기르기는 영유아가 가족, 이웃, 동식물과 주변환경에 관심을 가지고 소중히 여기며, 서로 배려하는 마음과 태도, 책임의식을 가진 사람으로서 성장해 갈 수 있도록 돕는다(교육부, 보건복지부, 2019).

동식물 기르기의 가치는 첫째, 영유아와 자연과의 의미 있는 관계를 형성할 수 있게 된다. 둘째, 동식물을 돌보면서 책임감과 생명존중 의식을 기를 수 있다. 셋째, 주의 깊게 살펴보는 경험을 기르게 된다. 넷째, 동식물을 돌보는 방법을 탐구하여 동식물에 대한 지식을 넓혀 갈 수 있다. 다섯째, 동식물의 생태를 탐구함으로써 영유아의 탐구능력을 기를 수 있다. 여섯째, 영유아는 동식물을 기르며 호기심과 궁금증으로 다양한 질문을 제기하게 되어 영유아주도의 학습경험을 할 수 있다(조형숙 외, 2014).

동식물의 생명체에 관심을 갖게 되며, 특히 동물을 이해하는 방법을 배우게 된다. 예를 들면, 새, 닭, 토끼, 염소 등을 잘 만나기 위해서는 이들을 쫓아가기보다는 특정 장소나 공간에 상자나 먹이 등을 놓아 주고 기다리면 잘 만날 수 있음을, 말로 가르치기보다 놀이를 통해 생생한 경험으로 깨달을 수 있도록 기회를 제공할 수 있다. 이러한 경험을 통해 영유아들은 기다림의 지혜도 배우게 된다.

또한 유치원 동물원에서 만나는 염소, 토끼, 닭 등도 자세히 관찰하며 관심을 갖고 염소에게 먹이를 주기도 하며, 엄마 염소와 아기 염소가 먹이를 먹는 모습에 차이가 있다는 것도 발견하고 궁금해하기도 하는 모습을 볼 수 있었다. 동식물과의 이러한 경험은 다른 사람과의 관계에서도 타인의 입장과 욕구를 배려하는 마음을 기르게 되고 정서적 친근감과 안정감을 통해 행복감을 느끼게 된다.

"선생님, 엄마 염소가 자꾸 아기 염소한테 화내요."
"우리는 아기 염소에게 풀을 주고 있었는데 갑자기 엄마 염소가 왔어요."
"아기 염소 풀을 빼앗아 먹었거든요. 그런데, 갑자기 아기한테 화를 내요."
"왜 그래요? 엄마가 아닌가?"
생후 1~2개월까지는 엄마 염소의 극진한 보살핌을 받지만
그 이후로는 아기 염소가 독립할 수 있도록
엄마 염소가 잘 보살피지 않는다고 한다.

[그림 10-10] 아기 염소와 엄마 염소

영유아가 동식물 성장 과정을 관찰하고 기르는 경험을 통해 이들을 아끼고 사랑하는 태도와 자세하게 관찰하는 능력이 증진됨을 알 수 있다. 우연히 산책길에서 발견한 동글동글한 이상한 흙에 관심을 갖게 되고, 그 흙 속에는 지렁이가 산다는 것도 발견하고, 지렁이를 위해 화장실도 만들어 주고, 지렁이의 먹이는 무엇인지 책도 찾아보며 지속적으로 관심을 갖고 지렁이를 보게 되고 배려하는 것을 발견할 수 있다.

국화반의 숲 친구 지렁이

흙이 이상해요
몽글몽글, 동글동글
땅 여기 저기에서 보이는
누군가의 흔적에 국화반
아이들은 호기심을 갖기
시작했답니다.(4.12.)

화장실 만들어 줄까요?
지렁이 똥 발견!!
지렁이가 화장실에
올 때마다 꽃향기를 맡으면
기분이 좋아지겠죠?(4.13.)

꽃다지, 제비꽃, 민들레, 나무 열매 등
아이들은 눈에 보이는 예쁜 모든 것을
이용해 지렁이 화장실을 예쁘게 만들어
주었답니다.(4.13.)

그러던 어느 날…
지렁이 똥에 지렁이가
만든 구멍을 발견했죠.
너무나 신기했던
호기심 가득한 아이들은
나뭇가지를 지렁이
똥 구멍에 끼워
'지렁이 똥 꼬치'를
만들게 되었답니다.(9.22.)

공벌레가 왜 왔을까?(10.27.)
"지렁이하고 만나기로 약속을 했어요."
"혹시 지렁이하고 싸우려고 그러나?"
"땅속에 들어가려고 했는데, 마침 지렁이가
똥을 싸는 화장실 구멍을 발견했어요."
"지렁이를 만나서 파티 하려고?"
"지렁이하고 친구가 되고 싶어서?"
"지렁이하고 공벌레하고 데이트하려나 봐요."
"같이 놀고 싶어서 들어갔나?"

언제나, 어디서나 ^^
자세를 낮추고 땅을
바라보며 늘 지렁이를
찾는 습관이 생겼어요.

지렁이는 어떻게 생겼을까? | 지렁이는 무얼 먹고 살까?

[그림 10-11] 지렁이 관찰

영유아들이 산책길에서 자연을 감상하고 탐색하며 매미 소리에 경청을 하였고, 숲속의 매미에 관심을 갖고, 매미가 벗어 놓은 번데기 찾기 활동을 하였다. 활동 후 영유아들과 동시 짓기를 하는 것도 재미있다.

"매미 발견했다!"
"야, 그런데… 매미가 죽었나 봐. 매미 등이 찢어졌어."
"아니야, 죽지 않았어. 너무 슬프잖아."
"자세히 살펴봐. 진짜야?"
"그런데, 이상해. 매미 몸이 비어 있어."
"그럼, 혹시 매미가 번데기 옷을 벗은 게 아닐까?"

[그림 10-12] 번데기 찾기

또한 영유아들은 새학기가 시작되는 3월에 유치원 주변에서 관찰하고 싶은 나무를 선정하여 나무에게 이름표도 붙여 주고 1년 동안 지속적으로 나의 나무 관찰하기를 한다. 관찰하는 동안 나무 관찰 책을 만들기도 하며, 계절에 따른 변화에 관심을 갖게 되지만, 무엇보다도 특이한 점은 영유아들이 나무와 친밀한 관계 형성이 이루어지는 모습을 볼 수 있다. 나무가 우리에게 주는 고마움도 알고 고맙다는 편지도 쓰고, 유치원을 졸업할 때 친구들 · 선생님들과의 헤어짐에 대한 아쉬움뿐만이 아니라 유치원 나무들과 헤어지는 것에 대한 아쉬움을 표현(7장 [그림 7-19] 참고) 하는 것을 볼 때 자연탐구 기반 접근의 통합적 발달을 확인하게 된다.

[그림 10-13] 산수유나무의 봄, 여름, 가을, 겨울

5. 미술 활동 기반 접근

1) 미술 활동 기반 접근의 가치

어릴 때부터 영유아들은 무엇인가를 손으로 만지고, 먹어 보고, 냄새 맡는 등의 오감각을 활용하여 다양한 물체를 탐색한다. 이러한 탐색 과정에서 영유아들은 과학적 사실과 개념을 자연스럽게 접하게 된다. 미술과 과학은 공통적으로 탐구 과정과 창의적 사고를 중요한 가치로 본다(김남연, 조형숙, 2012). 미술 활동 기반 접근의 가치는 다음과 같다.

첫째, 다양한 재료 탐색 기회를 제공한다. 미술 활동은 단순한 표현 활동이 아닌 감각과 신체로 자신을 둘러싼 환경과의 만남을 통해 과학적인 태도를 형성하게 함으로써 과학적 사고의 기초를 형성한다. 미술은 과학적인 요소가 내재되어 있어서 과학과 융합해서 활용될 수 있다(김남연, 김명정, 2013).

산책(무궁화길)을 하던 중 새집을 관찰하게 되었다. 새집 안에 새들은 없었지만 새집을 어떻게 만들었는지, 어떤 재료를 사용했는지 자세히 관찰한 결과 나뭇가지, 머리카락, 거미줄, 나뭇잎, 짚 등을 사용하는 것을 알 수 있었다. 이 중 영유아들은 머리카락, 거미줄 등을 왜 사용했는지 궁금해하여 교실에 와서 인터넷을 검색하여 확인한 결과, 튼튼하게 집을 짓기 위해 새들이 가져오는 것임을 알게 되었다. 이러한 과정을 거쳐 산책 시간에 자세히 보았던 새집이 인상 깊었는지 놀이 시간에 새집을 한번 만들어 보겠다며 필요한 재료를 찾아 만들기를 하였다.

[그림 10-14] 새집 만들기

또한 과학은 미술에 방법론적 도구를 제공하고, 미술은 과학의 개념 이해 형성에 창의적 모델을 제공하여 서로 융합되어 순환하게 함으로써 보다 역동적으로 미술교육을 수행할 수 있도록 할 뿐 아니라, 동시에 과학교육도 효과적으로 운영할 수 있다. 다양한 색깔과 길이의 빨대를 이용하여 악기를 만들어서 노래도 부르고, 소리의 높낮이, 크기 등에 대한 소리놀이를 할 수 있다.

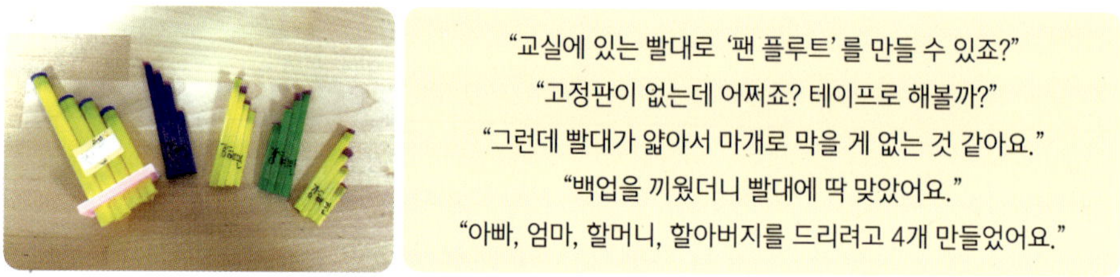

[그림 10-15] '팬 플루트'를 만든 후 놀이로 연결

둘째, 창의성 발달 기회를 제공한다. 미술과 과학은 공통적으로 영유아로 하여금 생각하고, 발견하고, 소통하는 기회를 제공하므로 효과적으로 창의성이 발달할 수 있다. 영유아는 자신의 삶과 관련하여 느끼는 궁금증에 관심을 기울이며 그 속에서 발생한 문제를 해결하기 위해 과학적 탐구 과정을 경험하며 자연스럽게 창의적인 다양한 시도를 한다(김남연, 조형숙, 2012). 미술과 과학은 상보성이 있으며, 상호 촉진 과정을 통해 창의적 융합인재로 성장할 수 있다(김왕동, 2011).

"그런데 알이 다르게 생겼네."
"하나는 뻐꾸기 알이에요."

선생님들의 자체연수 시간에 옆에서 듣게 된
뻐꾸기의 '탁란'이 생각나서 만들어 보았다고 한다.

셋째, 과학적 사고 및 탐구 과정이 발달한다. 미술은 과학적 발견과 원리를 활용하고, 과학은 미술의 상상력과 감성, 시각화 원리(사고의 힘)를 활용하면서 창의적이며 융합적 사고를 끌어내어 융합인재의 기초를 다질 수 있는 교육을 할 수 있다. 교육적으로 의미 있는 탐구는 과학 활동에서만 이루어지는 것이 아니다. 듀이의 미적 경험론에 근거하면 미술 활동은 근본적으로 탐구 활동이다(옥영희, 2009). 따라서 자연과의 관계 속에서 오감각을 활용하여 충분히 관찰하고 경험하면 다양한 재료를 이용하여 새로운 변화로 이어지고, 이러한 변화에 대하여 호기심과 의문을 갖고 다양한 방법으로 생각하고 고민하면서 탐구하게 된다.

과학적 사고와 탐구 과정을 증진하기 위해서는 과학과 미술 통합 프로그램으로 접근하는 것이 요구된다(김남연, 2012 ; Kamii & DeVries, 1978). 과학적 맥락에서 난해한 과학적 개념을 제대로 이해할 수 있도록 하기 위해서는 과학적 사고와 탐구 과정을 통해 신체와 감각, 예술, 과학 및 인지적 발달을 통합해야 한다. 봄과 가을에 다양한 꽃과 나뭇잎들을 이용하여 나뭇잎놀이, 풀꽃다발 만들기 등을 진행하는 과정에서 나뭇잎과 꽃이 시드는 것, 나뭇잎의 색깔과 모양이 다양하다는 것 등을 자연스럽게 활동 과정에서 탐구할 수 있다.

키 순서대로 줄줄줄

나뭇잎 무지개

나뭇잎 해바라기

풀꽃다발

풀꽃을 모아 꽃다발을 만들어요.

잎 다발

떨어진 잎을 모아 잎 다발을 만들어요.

열매 염색

놀이 재료:
보락색 열매
흰색 작은 돌멩이

흰색 돌멩이로
열매를 으깨자
열매가 터지면서
돌멩이 색이 변함

열매는 보라색인데
돌멩이는 분홍색?
돌멩이 색을
바꿔 볼까?
돌멩이 색이 진해지니
보라색이 나왔어요.

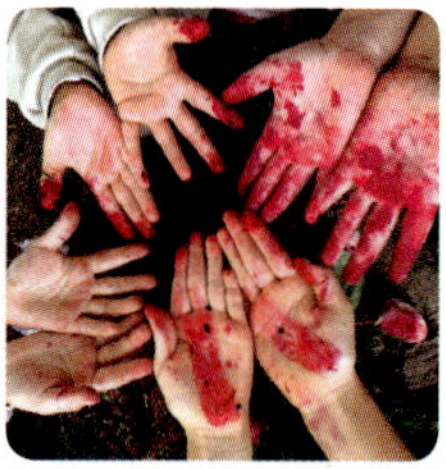

돌멩이만 염색이
된 게 아니였네.
우리 손도
분홍색이야.

2) 미술 활동 기반 접근의 교육방법

미술 활동 기반 접근을 통한 과학 활동의 중요성은 까미와 드브리스(Kamii & DeVries, 1978)가 물리적 지식 활동 접근으로 강조하였다. 이들에 의하면 물리적 지식 활동은 크게 3가지, 즉 물체의 움직임에 대한 활동, 물체의 변화에 대한 활동, 물체의 움직임과 변화 사이에 존재하는 활동으로 범주화된다. 이 중 미술 활동은 다양한 재료를 탐색하는 과정 속에서 과학적 태도를 경험할 수 있다. 다양한 재료를 만지며 활동하는 가운데 물체의 다양한 변화를 경험하며 과학적 탐색(가루물감과 물 혼합하기, 도자기 굽기, 왁스 녹여서 초 만들기 등), 실험(얼음과 물 가지고 놀기 등), 감상 활동(색 물들이기, 색깔 혼합 등)을 경험할 수 있다. 따라서 미술 활동 기반 접근을 통해 과학적 탐구 과정 및 창의성 발달 등의 통합적 활동을 전개하기 위한 구체적인 교육방법을 살펴보면 다음과 같다.

(1) 재료(실내외) 탐색 및 활동 계획하기

영유아의 발달 수준과 흥미에 따라 실내외 활동 장소와 재료들을 관찰 · 탐색하고 실험해 볼 수 있도록 지원할 수 있다. 또한 다양한 표현방법과 재료에 대해 궁금증을 유발하고, 어떤 재료를 이용하고, 어떻게 만들고 꾸미고 싶은지 생각하도록 질문을 제시하고, 영유아들이 오감각을 활용하여 다양하게 탐색해 보며 활동계획을 세워 볼 수 있도록 지원할 수 있다.

자연물을 이용한 미술 활동을 즐기기 위해 바깥놀이를 계획할 수 있다.

“우리 유치원의 제1놀이터와 제2놀이터 중 어느 놀이터로 가야 다양한 자연물로 놀이를 할 수 있을까?”라고 질문하여 유아들의 의견을 고려한다. 제2놀이터로 이동하는 동안 변화된 계절의 모습을 인식하고 자연의 변화를 즐길 수 있는 기회를 제공해 주도록 한다. 교사는 영유아가 안전하게 제2놀이터로 이동할 수 있도록 주의한다. 학교 내 차도를 지나갈 때 먼저 건너간 영유아들은 대기 장소(첫 번째 나무)에서 친구들과 선생님을 기다리도록 이야기할 수 있다.

(2) 활동하기

영유아들과 교사는 계획한 다양한 재료를 이용하여 직접 관찰하며 재료의 특성을 충분히 파악하도록 기회를 준다. 또한 계획한 것을 토대로 활동을 실행하는 과정을 통해 즐거운 마음으로 아름답게 표현하는 방법으로 활동할 수 있도록 허용적인 분위기를 제공하고 과학적으로 탐구하도록 기회를 줄 수 있다.

자유롭게 바깥놀이를 경험하는 시간을 갖는다. 자연물을 이용하여 놀이하는 영유아 중 선 만들기에 집중한 친구의 놀이에 관심을 가질 수 있도록 돕는다.

"숲에서 하얀색 돌을 찾았구나?"
"나무 그루터기에 하얀색 돌이 있으니
점이 선명하게 잘 보이네."
"점을 연결하여 어떤 선(그림)을 그리고 있니?"

친구들과 협동하여 자연물을 이용한 그림 그리기(점, 선, 면) 놀이를 경험한다.

"작은 돌멩이로 연결한 점으로
어떤 그림(선)을 완성했니?"

완성된 하트 그림(선)을 보며 흡족해하던 친구들 사이로 한 명의 친구가 초록색 나뭇잎 위에 앉은 무당벌레를 가져온다. 무당벌레가 쉴 수 있도록 하트 안에 초록색 나뭇잎을 채워 숲처럼 보일 수 있게 해 주자는 의견을 제시한다.

"다양한 초록 잎으로
하트 안(면)을 채워 볼까?"

(3) 회상하기

다양한 재료와 표현방법을 활용하여 미술 활동을 실행한 후 서로의 생각과 표현방법을 소개하도록 기회를 준다. 따라서 다른 친구들과 이야기 나누는 과정을 통해 다양한 재료의 특성에 관심을 갖고, 다양한 방법으로 표현 · 감상할 수 있음을 발견할 수 있도록 한다.

"점이 모여 무엇이 만들어졌니?"
"선으로 만들어진 모양은 무엇이었니?"
"모양의 면을 채우기 위해 우리는 무엇을 했니?"

다양한 자연물 재료를 이용하여 확장된 놀이를 할 수 있도록 생각의 공감과 언어적 지원을 하고, 같은 놀이 공간에서도 자신의 생각에 따라 다른 자연물을 활용하여 다른 방법으로 표현할 수 있음을 발견하며, 친구들의 다양한 미술 활동을 감상하고 느낌을 이야기 나눌 수 있도록 한다.

다양한 재료를 이용하여
다양한 형태의 놀이를
경험해 볼 수 있도록 한다.

나뭇잎 꽃 구성하기

나뭇잎 꽃 구성하기

나뭇잎 비행기

몬드리안 '빨강, 파랑, 노랑의 구성' 감상 후 놀이 확장

놀이하는 공간에 따라 놀잇감의 재료는 다양하다.
다만, 놀잇감을 탐색하는 시간과 놀이의 흐름이 끊기지 않는 충분한 놀이 시간, 그리고
생각의 다양성에 대한 격려와 인정이 아이들의 놀이를 풍부하게 만들어 준다.

6. 요리 활동 기반 접근

1) 요리 활동 기반 접근의 가치

과학 활동은 일상생활 속에서의 경험을 바탕으로 하여 유아의 호기심, 질문에서 시작되어야 한다는 점에서 볼 때 요리는 좋은 과학 활동이 될 수 있다. 특히 요리 활동을 하는 과정에서 재료의 구체적 탐색과 요리도구의 직접적이고 구체적 조작 활동은 과학적 개념과 탐구능력을 기를 수 있는 풍부한 기회를 제공한다. 요리는 유아의 과학 개념 발달을 돕는 가장 가치 있는 활동이다(Walsh, 1980). 요리 활동은 음식물에 대한 개념, 음식을 만들고 준비하면서 구성할 수 있는 영양, 사회과학적 지식, 측정의 개념 학습에 도움을 주며(Seefeldt, 1980), 온도와 변화의 개념, 시간의 개념, 물리화학적 개념들을 학습하는 통합적 발달을 도모하게 된다. 따라서 요리 활동을 계획할 때는 여러 영역의 활동과 통합적으로 접근해야 한다(Hilderbrand, 1986; Harlan, 1980). 요리 활동 기반 접근의 가치를 살펴보면 다음과 같다.

첫째, 과학적 · 수학적 개념 발달에 도움을 준다. 요리 활동은 음식의 조리 과정에서 나타나는 물리적 · 화학적 변화를 직접 관찰할 수 있다. 요리하며 경험하는 차가움과 뜨거움, 프라이팬이 뜨겁게 달구어지는 과정의 온도 변화 등은 과학 개념의 구성을 돕는다. 또한 전기 프라이팬이나 가스레인지를 사용하면서 전기에너지, 가스에너지에 대하여 생각할 수 있다. 고구마나 감자 찌기 요리 활동을 할 때 실제로 씻어 보고, 끓는 물에 쪄 보고, 쪄 보는 과정에서 고구마가 익었는지 젓가락으로 찔러 보는 등 고구마의 변화를 직접 확인할 수 있다(류원정, 2009). 또한 맛을 보면서 딱딱했던 고구마가 말랑해졌고 따뜻해졌다는 것을 자연스럽게 알 수 있다.

요리: 군고구마

고구마 씻기

고구마 굽기

익었는지 확인하기

이러한 과정에서 고구마가 우리 몸에 이롭고, 완전히 익으려면 얼마의 시간이 필요한지 측정하며 기다려야 하는 등 영양, 기다림, 시간개념도 발달할 수 있다. 요리재료를 통해 고구마, 은행, 콩 수 세기, 더하기, 숫자 읽기, 1:1 대응 등을 사용할 기회가 많다. 또한 재료의 가격이나 숫자 읽기, 음식물을 다루는 과정에서 보존개념이 형성된다. 또한 요리 활동은 3~8세 사이에서 구성될 수 있는 양의 보존개념에 관심을 갖게 하며, 다양한 음식물을 다루는 것을 통해서 크기, 모양, 색깔의 개념도 발달할 수 있다.

둘째, 사회적 개념 발달에 도움을 준다. 음식은 문화의 중요한 부분으로, 다른 나라의 음식을 접해 보는 경험은 그 나라의 문화를 이해하는 데 도움을 준다. 각 나라들은 저마다 특유한 음식의 종류 및 조리법이 있고, 특별한 날에 즐겨 먹는 음식이 있음을 아는 것은 그 나라의 풍습, 문화 등을 이해하는 데 도움이 될 것이다. 또한 요리 활동을 통해 자율성과 협동심을 구성하며, 직접 몸을 움직이며 재료를 만지고 친구들과 즐겁게 참여하는 동안 사회정서적 발달을 도모하게 되며, 공동의 목표를 이루기 위해 서로 돕는 과정에서 자신이 다른 사람에게 중요한 존재라는 것을 느낄 수 있다. 비록 말하는 것을 좋아하지 않는 영유아라 하더라도 집단의 한 사람으로서 참여한다는 것에 자부심을 느끼게 된다. 요리 활동을 통해 차례를 기다리고, 음식을 나누는 것, 음식을 즐겁게 먹는 방법은 다른 사람을 존중하고 친절하게 행동하도록 배우는 기회가 된다.

바깥놀이터에서 은행을 까는 아이들을 자세히 관찰해 보면 분업화가 되어 있다. 은행을 줍는 팀, 은행 과육을 까는 팀, 딱딱한 속껍질을 까는 팀으로 역할을 나누어 은행 볶기 요리 준비를 하거나 청국장 만들기 요리를 하기 위해 수많은 콩을 한알 한알 고를 때도 협동한다. 영유아들은 혼자 하면 힘들지만 친구와 협동해서 같이 하면 쉽게 할 수 있다는 것을 알고 '우리 이번에도 같이 하자.' 하는 모습을 자주 보게 된다.

셋째, 언어적 개념 발달에 도움을 준다. 요리순서도를 통해 다양한 재료 및 도구들의 이름, 요리 순서를 읽고, 요리 후 오감각 경험을 다양한 느낌으로 표현하면서 언어 사용 및 표현력이 풍부해진다. 요리 활동을 통하여 음식물의 이름, 요리도구의 이름, 시간에 대한 표현, 비교와 대조하는 표현 등을 습득할 수 있다(Macfee, 1974). 영유아들은 구체적인 요리재료와 요리순서를 통하여 읽기, 쓰기, 물건을 세는 단위 습득 등의 언어적 개념 발달에 많은 도움을 받는다.

삼색찰떡 요리순서도, 고구마의 다양한 맛 비교하기, 홍시 확장 활동을 하며 만든 음식을 먹어 본 후 맛을 친구들과 이야기하기도 하고, 글과 그림으로 비교해서 설명하기도 하고, 그림과 글로 표현하여 친구들과 노래도 개사하여 부르기도 하며 즐거워한다.

삼색찰떡 요리순서도
재료와 만드는 방법

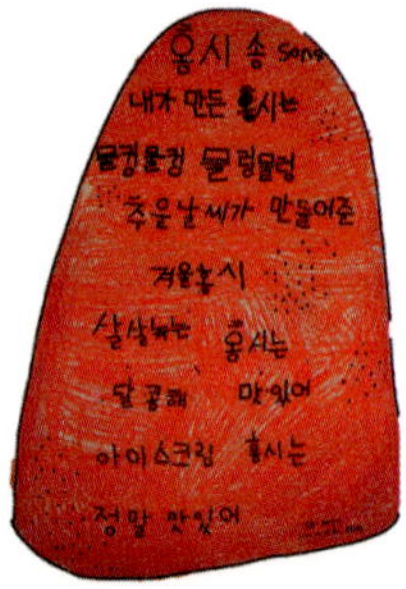

확장 활동
홍시 만들기 (원곡 '비행기')

관찰 활동
고구마의 다양한 맛 비교하기

넷째, 건강 및 영양에 대한 개념 발달에 도움을 준다. 건강 및 영양에 대해 소개하는 가장 좋은 방법은 자주 요리 활동을 하는 것이다. 영유아들이 요리 활동을 통하여 얻을 수 있는 영양에 대한 개념은, 음식물은 동식물에서 얻으며 다양한 종류가 있다는 개념, 음식물의 영양분은 우리에게 도움을 준다는 개념, 균형 있는 식사는 여러 종류의 음식물이 골고루 섞인 음식이라는 개념 등이다. 이러한 요리 과정은 좋은 식습관, 영양에 대한 관심 및 개념 발달에 적절하다(Herr & Mores, 1982).

영유아들은 은행이 뜨거운 열로 인해 청포도 색으로 변하는 과정을 관찰, 고약

했던 냄새만큼 맛도 고약할 것 같다는 의견과 맛있을 거라는 의견으로 나뉘었던 맛에 대한 여러 가지 추측들을 했지만, 맛있는 맛이 아닌 '쫄깃한 쓴맛'이라는 결론을 내렸다. '은행이 몸에 좋은 점'을 검색하여 찾았던 경험이 있어서인지 건강에 좋다며 먹는 모습을 보면 기특하게도 건강에 대한 관심이 있는 것 같다.

요리: 은행 익히기

손질한 은행을 불에 익히기

투명하게 익힌 은행 꼬치 만들기

은행 노래 개사하기 <원곡: 안녕 친구야>

2) 요리 활동 기반 접근의 교육방법

요리 활동은 영유아의 통합적 개념 발달을 도울 수 있고, 다른 어떤 활동보다 영유아들이 즐겁게 참여할 수 있는 가치 있는 활동이다. 또한 요리 과정에서 나타나는 물리적 · 화학적 변화를 주도하고, 관찰하고, 측정하므로 중요한 과학 활동이다(문미옥 외, 1998). 요리 활동 기반 접근을 통해 과학, 수학, 신체표현, 언어 등의 통합적 활동을 전개하기 위한 구체적인 교육방법을 살펴보면 다음과 같다.

(1) 요리 선정 및 재료 탐색하기

요리 선정은 영유아의 발달 수준과 요리 과정에서 물체의 변화 과정을 관찰, 탐색할 수 있는 간단한 요리 활동으로 시작한다. 영유아들이 익숙해짐에 따라 불을 사용하는 등 여러 단계의 기능이 요구되는 요리 종류를 선택(김혜실, 1984)하며, 제철에 나는 요리재료를 이용한다. 기관의 텃밭이 있는 경우에는 그곳에서 수확할 수 있는 요리재료를 활용할 수 있다. 또한 영유아의 특정한 음식에 대한 알레르기 여부, 무딘 칼이나 플라스틱 칼 사용, 가열된 도구의 주의점, 5가지 기초식품군이 고루 배합되는 등의 안전 및 건강문제 등을 고려하여 영유아의 통합적 발달을 증진할 수 있도록 계획을 세워야 한다.

가을 추수를 전개하는 동안 곡식과 열매에 관심을 가지고 콩을 이용한 요리 활동을 해 보기로 하고 콩에 대해 이야기해 본다. 콩을 발효시키면 콩의 상태가 변화하는 과정을 탐색해 볼 수 있고, 발효된 콩의 맛과 향을 느껴 볼 수 있다. 콩을 활용한 음식은 우리 전통음식이어서 요리 시간과 방법이 어렵긴 하지만 좋은 요리이다. 준비된 콩을 탐색한 후, '청국장을 만들려면 무엇이 필요할까?' (준비된 재료를 제시하며) '청국장을 만들기 위해서 준비된 재료는 무엇이 있을까?' '장갑과 빈 그릇은 왜 준비했을까?' '어떻게 하면 청국장을 잘 만들 수 있을까?' 등의 질문으로 청국장 만들기에 대해 이야기 나눈다.

- 첫째 날

1단계: 콩 고르기

섞은 콩이나 돌 고르기

2단계: 콩 불리기

콩을 깨끗이 씻은 후
콩이 잠길 만큼 물을 넣은 뒤 콩 불리기

(2) 요리하기

요리 활동을 할 때 요리재료와 만드는 방법으로 구성된 요리순서도를 이용할 수 있다. 요리를 하는 동안 재료의 변화를 관찰하며 통합적 지식 구성을 할 수 있다(Kamii & DeVries, 1978). 특히 영유아들이 구체물인 재료를 만져 보고 냄새도 맡는 등 직접적인 경험을 할 수 있다(Walsh, 1980). 요리 과정에서 나타나는 물리적·화학적 변화를 주도하고, 관찰하고, 측정하는 경험이 과학적 과정이므로 요리 활동은 좋은 과학 활동이다. 요리순서도를 만들 때에는 영유아의 발달 수준을 고려하여, 초기에는 요리 과정을 사진이나 그림을 활용하여 쉽게 이해할 수 있도록 간단한 문장으로 교사가 만든다. 하지만 차츰 요리 활동을 경험함에 따라 어떤 재료가 필요한지, 어떻게 만드는지, 몇 명이 먹을 수 있는지 등을 이야기하며 영유아들이 자신의 표상을 활용하여 순서도를 만들 수 있도록 기회를 제공할 수 있다. 요리하는 과정에서 영유아가 지켜야 하는 규칙을 영유아들이 생각해 보고 친구들과 이야기 나누도록 한다.

- 둘째 날, 셋째 날

3단계: 불린 콩 삶기

4단계: 콩 띄우기(발효)

삶은 콩은 면 보자기에 싼 뒤
소쿠리에 넣어 뜨거운 곳에 놓는다.

• 넷째 날

5단계: 발효 과정 관찰하기

• 다섯째 날

6단계: 청국장 완성하기

발효가 끝난 콩을 찧는다.

(3) 회상하기

요리 활동 후 회상하기에서 영유아들이 즐겁게 친구들과 요리한 것을 함께 맛있게 먹는다. 요리 과정에서 무엇을 관찰 · 발견했는지 요리책 만들기, 오감각표 혹은 간단한 모양종이를 활용하여 표상할 수 있도록 기회를 줄 수 있다. 또한 요리 종류에 따라 원장(원감)선생님을 비롯한 여러 선생님들 혹은 동생들(형님들)과 요리한 음식을 나누어 먹도록 하여 예절(인성)교육을 할 수 있다. 또한 친구들과 자신이 느끼고 경험한 것을 서로 보여주며 이야기하고, 다음에 하고 싶은 요리에 대해 이야기해 볼 수 있다.

건강한 우리 음식 청국장 〈책 만들기〉

1. 콩 고르기 (11.16.)	2. 콩 불리기 (11.20.)	3. 콩 삶기 (11.21.)	4. 콩 발효시키기 (11.22.)

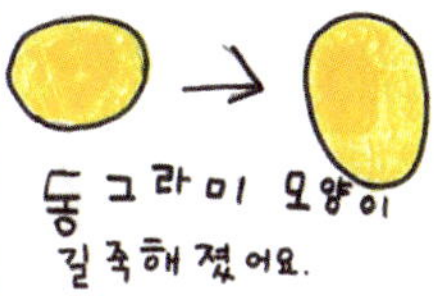

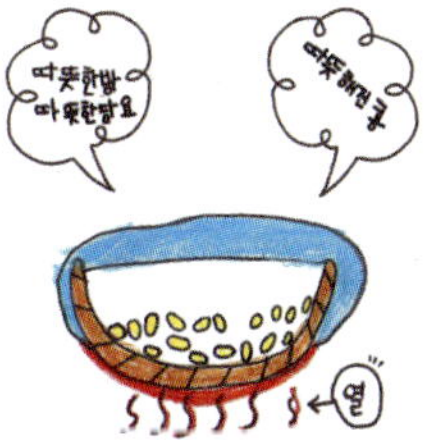

5. 발효가 끝난 콩 (11.23.)	6. 콩 찧기 (11.23.)	7. 청국장 완성 (11.23.)	8. 맛있는 청국장 (11.24.)

• 여덟째 날

7단계: 청국장 맛보기

점심 메뉴로 나온 청국장 맛보기

참고문헌

강민정, 권용주, 정완호(2004). 생물과 비생물의 구분에 대해서 유아들이 생각하는 바탕 개념 연구. 한국생물교육연구, 32(3), 256-266.

고선옥, 김경선, 임경례, 한성민(2016). 아동과학교육. 고양시: 공동체.

교육과학기술부 · 보건복지부(2013). 누리과정.

교육부(2018). 공공강화를 통한 유아교육혁신 방안.

교육부 · 보건복지부(2019). 5세 누리과정, 동식물과 자연.

교육부 · 보건복지부(2019). 2019 개정 누리과정. 놀이이해자료.

교육부 · 보건복지부(2019). 누리과정 고시문.

교육부(2019a). 2019 개정 누리과정 놀이실행자료.

교육부(2019b). 2019 개정 누리과정 놀이이해자료.

교육부(2019c). 2019 개정 누리과정 해설서.

교육부(2019d). 2019 개정 유치원 교육과정(교육부 고시 제 2019-189호).

교육부(2019d). 유치원 교육과정(교육부 고시 제 2019-189호).

권영례(2000). 유아과학교육. 서울: 학지사.

권영례(2015). 유아과학교육. 서울: 학지사.

김경미, 김현주, 송연숙(2013). 현장중심의 유아과학교육 -3차 표준보육과정과 3-5세 누리과정 연계-. 서울: 창지사.

김경미, 김현주, 송연숙(2018). 현장중심 유아과학교육. 서울: 창지사.

김경숙, 김희영(2013). 유아의 과학학습동기, 과학과정기술 생명과학개념 간의 관계 및 상호 영향력 분석. 한국영유아보육학, 76, 73-92.

김경숙, 김희영(2014). 유아의 과학적 탐구기술 이해 검사도구의 개발 및 적용. 한국보육지원학회지, 10(3), 137-158.

김남연(2012). 미술과 통합한 유아과학프로그램의 개발 및 적용효과. 중앙대학교대학원 박사학위논문.

김남연, 조형숙(2012). 미술과 통합한 유아과학교육 프로그램의 개발 및 적용효과. 유아교육학논집, 16(6), 73-101.

김남연, 김명정(2013). 예술과 통합한 유아과학교육에 대한 유아교사의 인식과 실태분석. 유아교육학논집, 17(3), 107-130.

김승희(2015). 유아과학교육. 서울: 학지사.

김승희(2015). 교수-학습 모형과 방법을 활용한 유아과학교육. 학지사.

김왕동(2011). 창의적 융합인재 양성을 위한 과제. STEPI Insight, 67(4), 1-31.

김유미(2002). 두뇌 기반 교수-학습의 원리와 적용 방안 탐색. 교육학연구, 40(3), 247-270.

김은정(2002). 탐구적 과학교수학습법이 소리에 대한 유아의 개념 형성 및 탐구능력에 미치는 영향. 덕성여자대학교 대학원 박사학위논문.

김이영, 오성숙, 이시진, 이우언, 이은미, 채혜선(2017). 영유아발달. 양성원.

김정희, 문혁준, 권희경, 김민희, 우수정, 조한숙(2020). 유아과학교육. 서울: 창지사.

김정희, 문혁준, 권희경, 김민희, 우수정, 조한숙(2017). 아동과학지도. 서울: 창지사.
김채연(2019). 예술표상과 연계한 식물중심 유아 과학탐구 프로그램 개발 및 효과. 중앙대학교 박사학위논문.
김치곤(2012). 유치원과 초등학교 저학년 SMR 과학 교수-학습 모형 개발 및 효과. 중앙대학교 박사학위논문.
김현경, 김경희, 정재은, 김윤자, 강혜현(2016). 유아과학교육. 서울: 학지사.
김현령(2013). 교실 안과 밖에서 이루어지는 유아들의 과학적 경험 탐색. 부산대학교 석사학위논문.
김현령(2015). 유아들의 자연체험에 나타나는 생태적 문해력에 관한 연구. 유아교육학논집, 19(3), 267-288.
김현자, 박근주, 박경난, 이지영(2019). 유아과학교육. 서울: 창지사.
김현정(2007). 우리나라 아이들의 일상에 관한 연구. 국제 유아교육 심포지움 자료집, 늦게 피어도 아름다운 꽃, 59-94.
김희영(2014). 유아 생명과학개념 검사도구 개발연구. 전남대학교대학원 박사학위논문.
김희정, 강숙현(2016). 유아과학교육. 파주: 정민사.
나명숙(2002). 구성주의 이론에 기초한 물놀이 활동에서 나타난 유아의 과학적 개념과 태도의 변화. 대구대학교 석사학위논문.
류시화 역(1997). 마음을 열어주는 101가지 이야기(잭 캔필드 · 마크 빅터 한센 저). 서울: 도서출판 이레.
류원정(2009). 요리를 통한 과학활동이 유아의 기초과학 개념 및 탐구능력에 미치는 영향. 중앙대학교교육대학원 석사학위논문.
미래창조과학부, 한국과학창의재단(2014). 무한상상실 운영매뉴얼. 진한앰앤비.
민행란(2019). 디지털 매체와 놀이 만들어가기. 2019년도 구성주의유아교육학회 춘계학술대회. 구성주의유아교육학회.
문미옥, 이혜상, 임미혜, 민행란, 류칠선(1998). 유아를 위한 전통문화 교육활동지도 자료. 보건복지부.
문미옥, 신현옥, 김영숙, 류칠선(2000). 유아를 위한 과학교육. 서울: 교문사.
문미옥, 신현옥, 김영숙, 류칠선(2013). 유아를 위한 과학교육. 서울: 교문사.
박선홍(2006). 상호작용적 교수법에 기초한 물에 관한 과학 활동에서 나타나는 유아의 개념의 이해와 태도 변화. 중앙대학교대학원 석사학위논문.
박진아(2020). 크로마키를 활용하여 놀이하기. 유아교육현장에서의 멀티미디어 적용 수업 사례. 2019 한국어린이미디어학회 동계 워크숍.
박찬옥, 서동미, 곽현주, 박성희, 한남주, 홍찬의(2020). 유아교육과정. 정민사.
박효정, 성용구, 신명희, 유승희, 이영만, 정재결, 정종진, 정태희, 하대현(2006). 다중지능이론과 수업. 파주: 양서원.
배미양(2001). 유치원 교사들의 과학에 대한 불안, 태도, 교수효능감. 이화여자대학교대학원 석사학위논문.

백윤수, 김영민, 노석구, 박현주, 정진수, 유은정, 이은아, 이동욱(2011). 2011 과학교육 내용표준 개발 연구서. 서울: 한국과학창의재단.

백성혜, 조부경, 이은진(2005). 「물에 물체가 뜨고 가라앉는 것에 대한 탐색 활동」에 나타난 유치원교사의 과학교수지식에 대한 고찰. 유아교육연구, 25(6), 59-85.

보건복지부(2020). 제4차 어린이집 표준보육과정 고시. (보건복지부 고시 제 2020-75호)

서동미, 엄은나, 이혜경, 박성희(2019). 영유아교수학습방법론. 공동체.

서울특별시교육청유아교육진흥원(2018). 누리과정 내실화를 위한 융합인재교육(STEAM). 서울특별시교육청유아교육진흥원.

송수연(2019). 5E 순환학습모형을 활용한 유아과학교육 프로그램 개발 및 적용. 광주대학교 박사학위논문.

송연숙, 정혜영, 유수경(2019). 아동관찰 및 행동연구. 서울: 창지사.

송응식(2014). 지속가능발전교육을 위한 유아교육과정 지역화의 재방향 설정. 열린교육연구, 22(1), 307-321.

송진웅, 강석진, 곽영순, 김돈건, 김수환, 나지연, 도종훈, 민병곤, 박성춘, 배성문, 손연아, 손정우, 오필석, 이준기, 이현정, 임혁, 정대홍, 정용재, 정종훈, 김진희(2019). 미래세대 과학표준. 서울: 한국과학창의재단.

신은수, 안경숙, 김은정, 안부금(2006). 생활과 환경 중심의 영유아과학교육. 양서원.

신인선(2010). 구성주의 화학 중심 과학 활동과 유아의 탐구능력 및 창의성. 고려대학교교육대학원 석사학위논문.

안경숙(2003). 유아 과학 활동과 통합된 과학능력 평가도구의 개발: 과학적 태도, 탐구능력, 과학적 개념에 대한 평가. 덕성여자대학교대학원 박사학위논문.

안현정(2011). 유아의 흥미를 반영한 과학영역 구성이 유아의 과학 관련 태도와 과학적 탐구 능력에 미치는 영향. 이화여자대학교 석사학위논문.

옥영희(2009). 듀이의 미적 경험론에서 본 유아 미술활동의 탐구적 성격. 영남대학교대학원 박사학위논문.

유경숙(1999). 구성주의에 기초한 밀가루 점토활동 구성방식에 따른 유아의 과학적 개념, 과정기술 및 태도의 차이 분석. 중앙대학교대학원 박사학위논문.

오현미(2008). 요리 활동을 통한 유아의 과학적 탐구능력에 관한 연구. 경남대학교교육대학원 석사학위논문.

유네스코한국위원회(2005). 지속가능발전교육 10년 이행계획. 서울: 유네스코한국위원회.

유명수(2009). 탐구중심 요리활동이 유아의 과학적 탐구능력에 미치는 영향. 한국교원대학교 교육대학원 석사학위논문.

유연화, 임경애, 최현정(2015). 유아과학교육. 서울: 공동체.

유윤영(2001). 유아의 생물학적 이론 구성에 기초한 교육활동이 생명과학개념 형성에 미치는 효과. 덕성여자대학교대학원 박사학위논문.

유칠선, 권종애, 이은희, 최유경, 손정민(2018). 보육교사인성론. 경기: 공동체.

윤은경(2012). 다중지능이론에 기초한 유아과학교육 프로그램 개발 및 효과. 전남대학교대학원 박사학위논문.

윤은주(2004). 이해를 위한 과학교육을 넘어서- 유아과학교육에 대한 듀이적 시사. 유아교육학논집, 8(3), 205-228.

윤순아(2010). 물놀이를 통한 과학 활동이 유아의 과학적 탐구능력과 과학적 태도에 미치는 영향. 전남대학교 석사학위논문.

윤희경, 김애옥, 나은숙, 이분려, 황혜경(2015). 유아 교수-학습방법. 창지사.

이경민(2000). 상호작용적 교수법에 의한 과학교육이 유아의 과학적 개념, 탐구능력, 태도에 미치는 효과. 중앙대학교 박사학위논문.

이경민(2007). 유치원에서 다루어지는 과학주제와 과학적 개념 분석. 유아교육학논집, 11(4), 407-425.

이경우, 이정화(1998). 유아를 위한 과학교육. 서울: 창지사.

이경우, 이현옥, 김영실, 박정민, 조경자, 김지영(1999). 유아컴퓨터교육. 서울: 다음세대.

이기현(2010). 자연과 상호작용을 위한 유아과학교육. 경기: 성빈사.

이상순(2003). 생활중심 과학 활동이 유아의 과학적 개념 변화에 미치는 영향: 구성주의 이론을 중심으로. 경남대학교교육대학원 석사학위논문.

이선경(1996). 유아과학교육 프로그램에 나타난 과학교육의 변화 양상. 이화여자대학교대학원 석사학위논문.

이수현(2005). 화학의 본질에 기초한 유아 화학 관련 활동 분석. 동덕여자대학교대학원 석사학위논문.

이연승(2019). 4차 산업혁명 시대의 신동력, '영 메이커(Young Maker)'로 길러라. 2019년도 구성주의유아교육학회 추계학술대회. 구성주의유아교육학회.

이은화, 이정환, 이경우, 이기숙, 홍용희, 박은혜, 김희진(2001). 유아교육개론. 이화여자대학교 출판부.

이정모, 강은주, 김민식, 감기택, 김정오, 박태진, 김성일, 신현정, 이광오, 김영진, 이재호, 도경수, 이영애, 박주용, 곽호완, 박창호, 이재식(2009). 인지심리학. 서울: 학지사.

이종희, 김선영(2002). 유아과학교육의 구성주의적 접근. 교육과학사.

임성신(2008). 탐구적 교수-학습방법을 적용한 유아 화학활동이 유아의 과학적 태도와 과학적 과정기술에 미치는 효과. 덕성여자대학교 석사학위논문.

임채성, 오윤화(2004). 초등학교 학생이 지각한 감성 상태와 과학 학습 경험에 대한 기억의 관계. 한국생물교육학회지, 32(2), 173-180.

장슬하(2017). 유아를 위한 극놀이 연계 과학교육 프로그램의 개발 및 효과. 중앙대학교 박사학위논문.

전경원(2015). 유아과학교육. 경기: 정민사.

전유영(2018). 바람직한 놀이지도를 위한 교사의 역할. 한국유아교육학회 대전 · 충청지회 동계

세미나발표자료집. 한국유아교육학회 대전 · 충청지회.

조부경, 고영미, 남인석(2015). 유아과학교육(4판). 파주: 양서원.

조재은(2006). 미술활동을 통한 과학교육이 유아의 '물'에 대한 개념과 과학적 태도에 미치는 효과. 중앙대학교대학원 석사학위논문.

조형숙, 김선월, 김지혜, 김민정, 김남연(2014). 유아과학교육. 서울: 학지사.

조형숙, 김선월, 김지혜, 김민정, 김남연(2014). 삶의 가치와 아름다움을 찾아가는 유아과학교육. 서울: 학지사.

조희형, 김희경, 윤희숙, 이기영(2010). 과학 교수 모형의 특징과 적용에 대한 이론적 고찰. 한국과학교육학회지, 30(5). 557-575.

지성애, 김치곤(2011). 유아과학교육에 대한 유치원교사의 인식과 실태 분석. 유아교육학논집, 15(4), 45-75.

차정주(2015). 예비유아교사를 위한 과학교재 속 과학교과내용 분석과 개정 및 수업모형 개발.

최은주(2014). 유아의 가상놀이 촉진을 위한 크로마키 가상현실의 활용방안. 한국컴퓨터게임학회 논문지, 제 27권 제 2호. 87-95.

최재천(2011). 호모심비우스. 서울: 이음.

최재천(2013). 생태소양(추천의 글). 경기: 교육과학사.

최혜윤(2018). 생활주제를 중심으로 본 3-5세 연령별 누리과정 교사용지도서 활동의 과학개념 및 교수학습방법 분석. 한국보육학회지, 18(4), 65-89.

최혜윤(2020). 2019 개정 누리과정과 초등학교 통합교과과정을 통해 살펴본 과학교육 내용 분석 연구. 미래유아교육학회지, 27(2), 23-48.

충청타임즈, 선생님이 들려주는 과학이야기. 2020.07.01.

하정연, 임재택, 배은진, 백현운, 이연주(2009). 아이들과 함께하는 산책. 경기: 공동체.

한유미, 오연주(2003). 단계별 포트폴리오 활동의 이론과 실제. 서울: 다음세대.

한유미(2010). 유아과학교육. 서울: 창지사.

한유미(2020). 유아과학교육. 서울: 창지사.

한유미(2015). 유아과학지도. 서울: 창지사.

황해익(2017). 아동연구방법. 서울: 정민사.

황해익, 송연숙, 정혜영(2008). 유아행동 관찰법. 서울: 창지사.

황의명, 조형숙(2019). 탐구능력 증진을 위한 유아과학교육. 파주: 정민사.

Anderson, J. A.(1981). Ten Tales: Books with a bonus. *Teacher, 95*(5). 60-63.

American Association for the Advancement of Science, AAAS(1990). Science for all American: A project 2061 report on literacy goals in science, mathematics, and technology. Washington D.C.: Author.

Apple, D. J.(2000). Clarifying the preschool assessment process: Traditional practices and alternative approaches. *Early Childhood Education Journal, 27*, 4, 219-225.

Association for the Advancement of Science(1993). *Benchmarks for Science Literacy: Project*

2061. New York: Oxford University Press.

Barrow, L. H. & Salesi, R. A.(1982). Integrating science activities through literature web. *School Science and Mathematics, 132*(1), 65-70.

Berk, L. E., Winsler, A.(1995). *Scaffolding children's learning: Vygotsky and early childhood*. Washington D.C.: NAEYC.

Butzow, C. M. & Butzow, J. W.(1989). *Science through children's literature: An integrated approach*. Englewood, Co. : Teachers Idea Press.

Can, B., Yildiz-Demirtas, V., & Altun, E.(2017). The effect of project based science education programme on scientific process skills and conceptions of kinder-garten students. *Journal of Baltic Science Education, 16*(3). 395-413.

Chaille, C. & Britain, L.(1997). 이종희 · 김선영 역(2000). 유아과학교육의 구성주의적 접근[*The Young Child as Scientist*]. 교육과학사.

Charlesworth, R., & Lind, K.(2010). *Math & Science for Young Childeren*. Belmont, CA: Cengage Learning.

Crain, W.(2014). *Theories of development: Concepts and applications, Sixth Edition*. Harlow: Pear-son Education.

Czerniak, C.(1989). An Investigation of the relationships among science teaching anxiety, self-efficacy, teacher education variables, and instructional strate-gies. Paper presented at the annual meeting of the National association for Research in Science Teaching, CA: Sanfrancisco.

Driver, R.(1987). Changing conceptions. Prepared for inernational seminar, Adoles-cent development and school science. London: King's College.

Eshach, H., & Fried, M.(2005). Should science be taught in early childhood? *Journal of Science Education & Technology, 14*, 315-336.

Fleege, P.(1997). Assessment in an integrated curriculum and developmentally ap-propriate practice: Birth yo age eight. State university of New York Press.

Fleer, M.(2009). Supporting scientific conceptual consciousness or learning in 'a roundabout way' in play-based contexts. *International Journal of Science Education, 31*, 1069-1089.

Gallas, K.(1995). *Talking Their Way Into Science*. NY: Teachers College Press.

Gardner, H.(1983). *Frames of Mind: The theory of Multiple Intelligences*. NYC: Basic Books.

Gardner, H.(2006). *The development and education of the mind: The selected works of Howard Gardener.* London, UK: Routledge.

Gardner, H.(2007). *Five minds for the future*. Boston, MA: Harvard Business School Press.

Garvey, D., & Zeedyk, S.(2017). *Nurturing Personal, Social and Emotional Development in Early Childhood: A Practical Guide to Understanding Brain Development and Young Children's Behav-*

iour. London: Jessica Kingsley Publishers.

Gelman, R., Brenneman, K., MacDonald, G., & Roman, M.(2010). *Preschool pathways to science*. Baltimore: Paul H. Brookes Publishing Co., Inc.

Gelman, S. A., & Kremer, K. E.,(1991). Understanding natural cause: Children's explanation of how objects and their properties originate. *Child Development, 62*, 396–414.

Goodwin, W. L., & Goodwin, L. D.(1997). Using standardized measures for evaluating young children's learning(pp.92–137) In B. Spodek & O. N. Saracho.(Eds). *Yearsbook in early childhood education Vol 7*. New York: Teachers College Press.

Guddemi, M., Sambrook, A., Wells, S., Randel, B.,Fite, K., Selva, G., & Gagnon, K. (2014). Arnold Gesell's developmental assessment revalidation substantiates child-oriented curriculum. *SAGE Open, 4*(2). 1–18.

Guilford, J. P.(1967). *The Nature of Human Intelligence*. New York : McGraw-Hill.

Gullo, D. F.(1997). Assessing student learning through the analysis of pupil products. In B. Spodek & O. Saracho(Eds.), *Issues in early childhood educational assessment and evaluation*. (pp.129–148). New York: Teachers College Press.

Hanafin, J.(2014). Multiple intelligence theory, action research, and teacher professional development: The Irish MI project. *Australian Journal of Teacher Education, 39*(4). 126–142.

Harlan(1980). *Science experiences for the early childhood years*. Columbus, Ohio: Charles E. Merrill Publishing Co.

Harlan, J. D., & Rivkin, M.(2003). 유아과학교육의 이론과 실제(진명남, 이혜주, 정정희 역). 서울: 창지사.

Harlan, J. D., & Rivkin, M. S.(2000). *Science exprinces for the early childhood years: An integreated approach*. Englewood Cliffs. NJ: Merill Prentice Hall.

Harlan, J. D., & Rivkin, M. S.(2008). *Science Experiences for the early childhood years*. Upper Saddle River, N.J.: Pearson Merrill Prentice Hall.

Hatch, M.(2013). *The Maker Movement Manifesto: Rules for Innovation in the New World of Crafters*, Hackers, and Tinkerers, New York: McGraw-Hall Education on Brilliance Audio.

Herr, J. and Morse, W.(1982). Food for Thought: Nutrition Educational for Young Children. *Young Children, 38*(1). 3–17.

Hilderbrand, V.(1986). *Introduction to early childhood education*. Michigan State Uni. N. Y.: Macmillan Publishing Co.

Holt, B. G.(1993). *Science with young children*. Washington D.C.: NAEYC.

Howe, Ann C.(1993). Science in Early Childhood Education. In *Handbook of Research on the*

Education of Young Children. Edited by B. Spodek. NY: Macmillan.

https://www.daum.net/DAUM 백과

Inagaki, K., & Hatano, G.(1987). Young children's spontaneous personification as analogy. *Child Development, 58*, 1013–1020.

Inagaki, K., & Hatano, G.(1991). Constrained person analogy in young children's biological inference. *Cognitive Development, 9*, 234–240.

Inagaki, K., & Hatano, G.(1993). Young children's understanding of the mind–body distinction. *Child Development, 64*, 1534–1549.

Inagaki, K., & Hatano, G.(1996). Young children's recognition of commonalities between animal and plant. *Child Development, 67*, 2823–2840.

Kalish, C.(1997). Preschooler's understanding of mental and bodily reactions to contamination: What you don's know can hurt you, but cannot sadden you. *Developmental Psychology, 33*, 79–91.

Kamii, C., & DeVries, R.(1978). *Physical Knowledge in preschool education*. 이경우 · 문미옥 역(1990). 물리적 지식활동. 서울: 창지사.

Kaplan, B.(1964). *Symbol Formation*. New York: John Wiley & Sons.

Kauchak, D. P., & Eggen, P. D.(1980). *Exploring science in the elementary schools*. Rand Mc–Nally College Pub. Co.

Kelly, M.(2001). The Primary Program: Growing and Learning in the Heartland(2nd ed). ERIC No.ED 449922.

Klingberg, T.(2012). *The learning brain: Memory and brain development in children*. Oxford University Press.

Koch, J.(2013). *Science Stories: Science Methods For Elementary And Middle School Teachers, 5th Edition*. Belmont, CA: Wadsworth Cengage Learning.

Krueger, A., & Sutton, J.(2001). EDThoughts: What We Know about Science Teaching and Learning. Mid–continent Research for Education and Learning.

Lightfoot, C., & Cole, M.(2012). *Development of children*. New York: Worth Publishers.

Lind, K. K.(1996). *Exploring science in early childhood: A developmental approach*. New York: Delmar.

Lind, K. K.(2000). *Expioring Science in Early Childhood Education(3rd Ed)*. Albany, NY: Thomson Delmar Learning.

Lind, K. K.(2005). *Exploring science in early childhood a developmental approach.(4th ed.)* New York: Tomson Delmar Learning.

Lucia, F. Kathleen, C. & Marylou, B.(2000). *Usuig Science as the Hub of an integrated early childhood curriculum: The Science Start Curriculum*. Arlington, VA: National Science Foundation.

Macbeth, D.(2000). On an actual apparatus for conceptual change. *Science Education, 84*(2), 228-264.

Macfee, O.(1974). *Cooking and eating with children*. N. J.: Prentice Hall, INC.

Martin, D. J.(1997). *Elementary science methods A constructivist approach*. New York: Delmar.

Martin, D. J.(2001). *Constructing Early Childhood Science*. Albany, NY: Delmar Cengage Learning.

Martin, D. J.(2003). *Elementary science methods*. Belmont, CA: Wadsworth: Thomson Learning.

Martin, R., Sexton, C., Wagner, K., & Gerlovich, J.(1997). *Teaching science for all children(2nd ed.)*. Needham Heights, MA : Allyn and Bacon.

Martin, R. Sexton, C. Franklin, T. & Gerlovich, J.(2007). *Teaching science for all children: Inquiry methods for constructing understanding*. Boston, MA: Pearson Education.

Mary Ann Kohl & Jean Potter(1993). *Science Art: Discovering Science through Art experience*. Washington D.C.: Bright Ring Publishing.

Morrison, K.(2012). Integrate science and arts process skills in the early childhood curriculum. *Dimensions of Early Childhood, 40*(1), 31-38.

NAEYC(1995). Reaching Potentias: Transforming Early Childhood Curriculum and Assessment. to vol. 2.

National Research Council(1996). *National Science Education Standards*. Washington D.C.: National Academy Press.

National Research Council(2001). *Classroom assessment and National Science Edocation Standards*. Washington D.C.: National Academy Press.

National Science Teachers Association(1990). Science reachers speak out "The NSTA lead paper on science and technology education for the 21st century." Washington D.C.: Author.

National Science Teachers Association(2014). NSTA Position Statement: Early Childhood Science Education. www.nsta.org(2014년 1월).

Ojose, B.(2008). Piaget's theory of cognitive development to Mathematics instruction. *The Mathematics Education, 18*(1). 26-30.

Orr, D. W.(2013). 생태소양. (김기대, 이효진, 이성희 역). 경기: 교육과학사.(원본발간일 1992년).

Parkay, F. W., & Hass, G.(2000). *Curriculum Planning(7th ed.)*. Needham Heights, MA: Allyn & Bacon.

Richards, D. D., & Siegler, R. S.(1984). The effect of task requirements on children's life judgments. *Child Development, 55*, 1687-1696.

Rosengreen, D. D., Gelman, S. A., Kalish, C. W., & McCormick, M.(1991). As time goes by: Children's early understanding of growth in animals. *Child Development, 62*, 1302–1320.

Samarapungavan, A., Mantzicopoulos, P., Patrick, H., & French, B.(2009). The development and validation of the science learning assessment(SLA): A measure of kindergarten science learniung. *Journal of Advanced Academics, 20*(3), 502–535.

Seefeldt, C.(1980). *A curriculum for preschools*. Columbus, Ohio: Charles E. Merrill Pub. Co.

Seefeldt, C., Galper, A., Jones, I.(2011). *Active experiences for active children science(3rd Ed)*. NJ: Pearson.

Slater, A., Hocking, I., & Loose, J.(2003). Theories and issues in child development. In A. Slater and G. Bremner(eds.), *An Introduction to Developmental Psychology*, (pp. 34–63). Oxford: Blackwell.

Strand, P. S., Barnes–Holmes, Y., & Barnes–Holmes, D.(2003). Educating the whole child: Implications of behaviorism as a science of meaning. *Journal of Behavioral Education, 12*(2). 105–117.

Sydney, L. S., & Sherry, M. C.(2013). 발현적 유아교육과정과 표준의 연계-교육 내용과 교수실제 강화하기(박은혜, 신은수, 김희진, 이지현 공역). 서울: 학지사(원전은 2010년에 출판).

Torrance, E. P.(1962). *Guiding creative talents*. NJ: Prentice –Hall.

Yager, R. E.(1993). *What research says to the Science Teacher: The science, technology, society mevement, Vol, 7*. Washington D.C.: NATA.

Yager, R. E. & Tamir, P.(1993). STS approach: Reasons, accomplishment and outcomes. *Science Education, 77*(6). 637–658.

Yasnitsky, A.(2018). *Vygotsky: An intellectual biography*. London: Routledge.

Venville, G.(2004). Young children learning about living things: A case study of conceptual change from ontological social perspectives. *Jounal of Research in Science Teaching, 41*(5), 449–480.

Walsh, H. M.(1980). *Introducing the Young Child to the Social World*, N.Y.: Macmillan.

World Commission on Environment and Development(1987). *Our common future*. London, UK: Oxford University Press.

저자소개

유칠선

- 서울여자대학교 일반대학원 문학박사 (유아교육 전공)
- 현) 대전과학기술대학교 유아교육과 교수

김희영

- 전남대학교 일반대학원 교육학박사 (유아교육 전공)
- 현) 광주여자대학교 유아교육과 교수

김현령

- 부산대학교 일반대학원 박사수료 (유아교육 전공)
- 현) 부산경상대학교 유아교육과 교수

최유경

- 배재대학교 일반대학원 문학박사 (유아교육 전공)
- 현) 대전보건대학교 유아교육과 교수

김채연

- 중앙대학교 일반대학원 문학박사 (유아교육 전공)
- 현) 부산과학기술대학교 유아교육과 교수

영유아과학교육

초판 1쇄 인쇄 2021년 7월 26일
초판 1쇄 발행 2021년 7월 30일

지 은 이 | 유칠선 · 김희영 · 김현령 · 최유경 · 김채연
펴 낸 이 | 김기섭
편 집 인 | 김도언
펴 낸 곳 | 창지사 www.changjisa.com
08589 서울시 금천구 가산디지털 1로 83 파트너스타워 1차 9층
전화 (02)719-2211~3
팩스 (02)701-9386
등 록 | 1977년 4월 28일 · 제1-421호

ISBN 978-89-426-1423-3 (93370)

값 21,000원